Jim Gaffigan

SCHLAFENSZEIT
oder Verhandeln mit
TERRORISTEN

Jim Gaffigan

SCHLAFENSZEIT

oder Verhandeln mit

TERRORISTEN

Aus meinem Leben als Vater von fünf Kindern

Aus dem Amerikanischen übersetzt von Manfred Allié

riva

Bibliografische Information der Deutschen Nationalbibliothek
Die Deutsche Nationalbibliothek verzeichnet diese Publikation in der Deutschen Nationalbibliografie; detaillierte bibliografische Daten sind im Internet über http://d-nb.de abrufbar.

Für Fragen und Anregungen:
JimGaffigan@rivaverlag.de

1. Auflage 2014
© 2014 by riva Verlag,
ein Imprint der Münchner Verlagsgruppe GmbH
Nymphenburger Straße 86
D-80636 München
Tel.: 089 651285-0
Fax: 089 652096

© der Originalausgabe 2013 by Jim Gaffigan. All rights reserved.
Die amerikanische Originalausgabe erschien 2013 bei Three Rivers Press, an imprint of the Crown Publishing Group, a division of Random House LLC, unter dem Titel *Dad is fat*.

This translation published by arrangement with Crown Archetype, an imprint of the Crown Publishing Group, a division of Random House LLC.

Übersetzung: Manfred Allié, Euskirchen
Redaktion: Andreas Klatt, Bielefeld
Umschlaggestaltung: Maria Wittek, München, unter Verwendung von iStock- und Shutterstock-Abbildungen
Bilder Innenteil: Alle Bilder mit freundlicher Genehmigung des Autors, außer: S. 74: © Mindy Tucker; Seite 142: © Kai Cheung; Seite 224: © Corey Melton.
Satz: Daniel Förster, Belgern
Druck: CPI – Ebner & Spiegel, Ulm
Printed in Germany

ISBN Print: 978-3-86883-401-7
ISBN E-Book (PDF): 978-3-86413-539-2
ISBN E-Book (EPUB, Mobi) 978-3-86413-540-8

Weitere Informationen zum Verlag finden Sie unter

www.rivaverlag.de

Beachten Sie auch unsere weiteren Verlage unter
www.muenchner-verlagsgruppe.de

Widmung und Dank

Dieses Buch widme ich Jeannie.

Es kommt mir albern vor, sogar kränkend, dass ich Jeannie dieses Buch »widme« oder dass ich ihr »danke«. Das wird Jeannies Anteil an *Schlafenszeit oder Verhandeln mit Terroristen* nicht gerecht. Dieses Buch ist unser Buch. Jeannie hat nicht nur einen Vater und einen besseren Comedian aus mir gemacht, sondern noch dazu einen Schriftsteller. Ja, sie hat magische Fähigkeiten. Verehrer von Jeannie werden ihre Stimme in diesem Buch hören. Ihnen zuliebe habe ich das ganze Geschimpfe ausgelassen. Das Bild von Jeannie an ihrem Computer, wie sie aus meinen schwachsinnigen Ergüssen brauchbare Buchkapitel macht und dabei zugleich dem neugeborenen Pa-

trick die Brust gibt, werde ich nie vergessen. Wieso ich so viel Glück gehabt habe, Jeannie als Partnerin beim Schreiben, als Geliebte und als Freundin zu haben, weiß ich nicht, aber ich habe das große Los gezogen. Sie ist wirklich eine wunderbare Frau.

Inhalt

Vorwort

Jim Gaffigan hat ein Buch geschrieben? Ist das nicht der mit dem Gag über Piz-
zataschen aus der Mikrowelle? Ich wette, den Auftritt bereut er. Piiiiiiizzataschen.
Na, wahrscheinlich gibt es Leute, die finden das komisch. Wieso schreibt der
denn ein Buch? Der sieht doch aus, als hätte er nie im Leben ein Buch gelesen.
Ein Kochbuch vielleicht. Obwohl man sich vorstellen kann, dass er zum Kochen
zu faul ist. Sagen wir: ein Essbuch. Anscheinend kann heutzutage wirklich jeder
ein Buch schreiben. Wenn er es tatsächlich geschrieben hat. Wahrscheinlich hat
er es nur einem Ghostwriter erzählt, und der hat dann etwas Lesbares daraus
gemacht. Moment, ist das nicht der mit den über den Daumen gepeilt zehn
Kindern? Verrückt, in der heutigen Welt so viele Kinder zu haben. Ich hoffe, das
ist keins von den Büchern, wo Leute sich nur beschweren, wie anstrengend
ihre Kinder sind; oder, schlimmer noch, eins von diesen munteren »Was sind
meine Kinder doch lieb«-Büchern. Puh. Seltsam, ich sage doch sonst nie »Puh«.
Oh, jetzt verstehe ich. Das ist er, der da spricht. Er spricht für mich, den Leser.
Deswegen ist es kursiv gedruckt. Mit so einem Vorwort würde ich ein Buch ja
nie anfangen.

Ein Brief an meine Kinder

Liebe Kinder,

ich bin euer Dad. Der Vater von euch allen, euch fünf blassen Geschöpfen. Und wenn man bedenkt, wie attraktiv und fruchtbar eure Mutter ist, dann seid ihr womöglich noch mehr geworden, bis ihr dieses Buch lest. Wenn ihr das lest, bin ich wahrscheinlich tot. Jedenfalls kann ich mir keinen anderen Grund vorstellen, warum ihr euch für etwas interessieren solltet, was ich getan habe. Im Augenblick interessiert euch ja wohl mehr, wie ihr mich von Dingen wie Arbeiten, Schlafen oder Wohlfühlen abhalten könnt. Mache natürlich nur Spaß. Jedenfalls mehr oder weniger. Ich liebe euch von ganzem Herzen, aber wahrscheinlich seid ihr der Grund dafür, dass ich jetzt tot bin.

Gut, ihr habt recht, ihr habt mich nicht umgebracht. Eure Mutter war's. Weil sie dauernd schwanger geworden ist! Ich weiß auch nicht, wie das kam. Am besten, ihr denkt gar nicht darüber nach. Ihr bekommt Albträume davon. Einmal kam es mir vor, als sei sie während der Schwangerschaft schwanger geworden. Sie war so leicht zu schwängern, ich habe gar nicht mehr zugelassen, dass sie Avocados auch nur in die Hand nahm. Aber egal, hier habt ihr das Buch, in dem ich ein paar Sachen festgehalten habe, die mir auffielen, als ihr noch ganz klein wart und ich noch ein paar Haare auf dem Kopf hatte, damals im guten alten Jahr 2013.

Warum also ein Buch? Weil ihr, seit ihr in mein Leben gekommen seid, ein immer sprudelnder Quell der Unterhaltung wart, auch wenn ihr mich dabei zugleich in den Wahnsinn getrieben habt. Ich fand, ich musste einfach meine Betrachtungen über euch in einem Buch festhalten. Auch des Geldes wegen, damit ihr zu essen habt und immer wieder neue Sachen kaputt machen könnt. Übrigens, es tut mir leid, dass ich euch so oft angebrüllt und mit Händeklatschen erschreckt habe. Ich habe das als Kind gehasst, wenn mein eigener Dad so laut in die Hände klatschte, und jedes Mal, wenn ich es heute mache, leide ich gleich mehrfach daran. Nicht zuletzt, weil es an den Händen richtig wehtut, wenn man sie so laut zusammenklatscht.

Ihr fragt euch vielleicht, wie ich dieses Buch zustande bekommen habe. Ihr habt ja alle schon früh gemerkt, dass ich eigentlich nicht gerade der hellste Bursche bin. Spätestens als ich euch Bilderbücher vorlas und ihr mich immer verbessern musstet. Ja zum Teufel, für mich sind schon Emails eine Tortur. (Merci Rechtschreibprüfung, dass es dich gibt!) Viele Leute haben mir bei der Abfassung dieses Buches geholfen, vor allem aber eure Mutter. Eure Mutter ist nicht nur die Liebe meines Lebens, sondern auch der witzigste Mensch, den ich kenne. Immer, wenn eure Mutter mich mal nicht in den Wehen liegend ange-brüllt hat, hat sie mich zum Lachen gebracht.

In Liebe,
Dad

P. S. Wie habt ihr das geschafft, den Hula-Hoop-Reifen in das Restaurant zu brin-gen, Ostern 2011?

Besetzungsliste

Jim Gaffigan *(Dad).* Jim rechnet es sich als große Ehre an, dass er für die Titel-rolle des *Dad* ausgewählt wurde. *Vor Schlafenszeit oder Verhandeln mit Terroris-ten* spielte Mr. Gaffigan ebenfalls die Titelrolle in der langjährigen Serie *Der ver-trottelte Onkel.* Es ist ihm eine große Freude, dass er Gelegenheit bekommt, mit dem hervorragenden Ensemble von *Schlafenszeit oder Verhandeln mit Terro-risten* zusammenzuarbeiten. »Er hat praktisch keinerlei Ausbildung, kein Talent, keinen blassen Schimmer, wie er diese Rolle spielen soll.« – *New York Times*

Jeannie Noth Gaffigan *(Mom, Regie, Produktion, Kostüme, Haar & Make-up, Casting, Technik, Catering, Musik & Texte, Platzanweiserin, Choreografin, Weitere Musik & Texte).* Außerdem coacht Ms. Noth Gaffigan Jim Gaffigan in der Rolle des *Dad.*

Marre Gaffigan *(Älteste, Ensemble, Gründungsmitglied der Schlafenszeit oder Verhandeln mit Terroristen-Truppe)* Miss Gaffigan ist acht Jahre alt, besucht die dritte Klasse und ist eine umwerfende Tänzerin. Off-Brodway: *Früher hatte ich mein eigenes Bett.*

Jack Gaffigan *(Erster Sohn, Ensemble, Sound- und Spezialeffekte).* Zuletzt war Jack in *Brüllen ohne jeden Grund* zu sehen. Er ist sechs und möchte Gott dafür danken, dass er so unverschämt gut aussieht, was ihm zur Hauptrolle in der erfolgreichen Show *Zu süß für jede Strafe* verhalf.

Katie Gaffigan *(Mittleres Kind, Ensemble).* Katie ist drei Jahre alt und war die Inspiration zu dem Song »You Are My Sunshine«. Sie möchte den Machern von *Scooby-Doo* danken sowie der Farbe Grün.

Michael Gaffigan *(Seniorbaby, Ensemble)*. Michael ist ein Jahr alt und bezaubert das Publikum seit seinem Debüt 2011. Er möchte allen danken, die ihn ermunterten, seinen Kindheitstraum zu verwirklichen das Spiel mit einem Ball.

Patrick Gaffigan *(Säugling, Ensemble)*. Patrick ist das jüngste Mitglied der Truppe. Erst seit Wochen dabei, ist er unermüdlich in seinen Auftritten und hat bereits den Titel als *Schreihals des Jahres* (2012) errungen.

Schauplatz: Gegenwart. Eine winzige, vollgestopfte Dreizimmerwohnung an der Bowery, mitten in Manhattan.

Keine Pause. Niemals.

Verflucht sei der Tag

Mein Freund Tom (Name geändert, um seine Identität zu schützen und damit ich, wenn es sich irgendwie einrichten lässt, auch weiterhin sein Freund bleibe) schlug vor, wir könnten einen Wanderausflug zum Grand Canyon machen, was für meine Begriffe unnötig anstrengend und entschieden zu viel nach Natur klang, aber ich wusste, dass es Jeannie, munter wie sie ist, gefallen würde.

Jeannie und ich trafen am Abend ein. Der Flug hatte Verspätung, und wir waren viel später als erwartet. An der Tür zu Toms Haus war alles dunkel, und er ermahnte uns im Flüsterton, leise zu sein, um das Baby nicht zu wecken. Ich kam mir vor wie ein Teenager, der sich lange nach Sperrstunde ins Haus seiner Eltern schleicht. Auf Zehenspitzen, kichernd, gingen wir zum Gästezimmer. »Das fängt ja gut an!«, flüsterte Jeannie. Als wir uns eingerichtet hatten, kam Tom und wünschte uns eine gute Nacht, um sieben Uhr früh wollten wir zum Canyon aufbrechen, und da wolle er zuvor noch ein paar Stunden schlafen. Als er wieder draußen war, sah Jeannie mich verblüfft an: »Ich dachte, es gibt Abendessen oder so was?« Ich warf einen Blick auf meine Uhr: neun Uhr abends. »Tja, sie haben ein Kind«, dachte ich bei mir. »So ist das wohl, wenn man Vater ist. Bei Erwachsenen gibt es kein spätes Abendessen mehr.«

Am nächsten Morgen, Punkt sieben Uhr, brachen wir zu der langen Autofahrt zum Grand Canyon auf, eine landschaftlich schöne Strecke. In Toms Saab saßen die beiden Männer vorn, die Damen hinten mit dem Einjährigen im Kindersitz zwischen ihnen. Ich denke mir, der erste wirklich große Wink mit dem Zaunpfahl auf dieser Fahrt war, dass nur eine einzige CD gespielt werden durfte. Wir erfuhren, dass diese CD das Baby beruhige. Die Lautstärke wurde von Zeit zu Zeit angepasst, je nach den Bedürfnissen des Babys. Ähm – ja, sicher.

Wir fuhren und fuhren, redeten und hörten uns an, wie Sachen wie »Ding-a-ding-dong, Ding-a-ding-dong« gesungen wurden. Für diejenigen, die noch nie im Südwesten waren: Das Einzige, was auf solchen Fahrten noch beeindruckender ist als die Schönheit der Landschaft, ist die Abwesenheit von Menschen. Man kann stundenlang fahren und sieht absolut niemanden. Restaurants sind selten, teuer und bieten wenig Auswahl. Wir hielten zu einem frühen Mittagessen, und ich aß meinen ersten und hoffentlich letzten Taco-Salat – Hauptbestandteil waren Tortilla-Chips. Wir kamen an einem Drive-in-Laden für Beef Jerky vorbei. Nicht einfach nur ein Laden, der nichts anderes als Trockenfleisch verkauft, sondern ein *Drive-in*-Laden, der nichts anderes als Trockenfleisch verkauft. Vermutlich vernünftig, denn ich nehme an, wenn man Beef Jerky isst, dann hat man es so eilig, dass man keine Zeit hat, aus dem Wagen zu steigen, um Beef Jerky zu kaufen. Ich malte mir aus, was dem Besitzer des Drive-in-Beef-Jerky-Ladens wohl durch den Kopf gegangen sein mochte, als er sich diese Geschäftsidee zurechtgelegt hatte. Mit verstellter Stimme gab ich zum Besten: »Für all die braven Leute, die's eilig haben und gar keine Zeit haben, ihre Pickups abzustellen und in 'nen Laden für richtig erlesenes Jerky zu gehen ...« Ein bisschen lustig war es schon. Zumindest fanden Jeannie und Tom das. Toms Frau hingegen, Barb (Name ebenfalls geändert), ließ mich höflich wissen, dass mein Tonfall das Baby störe. Ich drehte mich um und sah es an; das Baby schlief fest. Ich wusste nicht, was ich sagen sollte. Ich hielt einfach den Mund. Wir legten den restlichen Weg zum Grand Canyon ohne ein Wort zurück und lauschten der beruhigenden Baby-CD: »Ding-a-ding-dong, Ding-a-ding-dong.«

Gegen ein Uhr mittags trafen wir am Canyon ein. Die »Hotels« dort sind Staatsbetriebe und haben den Charme von Militärlagern. Als wir anstanden, um unser Quartier zugeteilt zu bekommen, verkündete Toms Frau, das Baby müsse nach draußen. Das Baby hatte nicht ausdrücklich gesagt, dass es nach draußen müsse, aber irgendwie wusste Barb, dass es das musste. So blieben Jeannie und ich in der Warteschlange zurück. Bevor er sich um Barb kümmerte, die sich um das Baby kümmerte, das nach draußen musste, schärfte Tom mir ein, er habe zwei nebeneinanderliegende Zimmer bestellt und ich müsse aufpassen, dass wir auch wirklich zwei nebeneinanderliegende Zimmer bekämen. Als ich eine halbe Stunde darauf am Empfangstisch angelangt war, teilte man mir mit, wenn ich nebeneinanderliegende Zimmer wolle, müsse ich noch eine weitere Stunde warten. Ich antwortete, so wichtig sei es nicht. Wir nähmen die Zimmer auch getrennt.

Als ich eben die Schlüssel ausgehändigt bekam (richtige Schlüssel, das gehört hervorgehoben), kehrte Tom zurück: »Sind sie auch nebeneinander?« Nein, erklärte ich, das seien sie nicht; dafür hätten wir noch eine Stunde warten müssen. Als er das hörte, wurde Tom richtig aufgeregt. Er war offenbar tief enttäuscht von mir und forderte von der Empfangsdame noch einmal Zimmer nebeneinander; das Warten mache uns nichts aus. Mir *machte* das Warten etwas aus, doch wieder hielt ich den Mund.

Nach einer verlorenen Stunde luden wir unsere Sachen in den nebeneinanderliegenden Zimmern ab und begannen unsere Wanderung durch den Grand Canyon. Tom und Barb hatten eine Weile in dieser Gegend gelebt und wussten, was man für eine Wanderung im Südwesten brauchte; sie hatten alles dabei. Tom gab uns spezielle Rucksäcke mit Wasser, und das Baby kam in ein Tragegestell mit Sonnenschutz auf Barbs Rücken. Ich kam mir vor, als schmuggelten wir den nächsten Dalai Lama aus Tibet heraus. Jetzt, wo die Ausrüstung komplett war, konnte es losgehen, und wir machten uns auf den Weg. Nach zwanzig Minuten krähte das Baby ein klein wenig. Sofort verkündete Barb:»Wir müssen umkehren. Das Baby braucht sein Nickerchen.«

Einen Moment lang dachte ich, das solle ein Scherz sein, doch dann ging mir etwas Schreckliches auf: Sie erwarteten, dass wir ebenfalls umkehrten. Wir hatten länger gebraucht, um die Ausrüstung anzulegen, als wir tatsächlich»gewandert« waren. Ich sah Jeannie an; sie war so weit gereist, um zum ersten Mal den Grand Canyon zu sehen, und war sichtlich enttäuscht, dass der Tag jetzt schon zu Ende sein sollte. Sie sah mich einfach nur an, was wohl heißen sollte.»Tja, da müssen wir wohl zurückgehen.« In einem seltenen Augenblick der Ritterlichkeit verkündete ich:»Also wir gehen weiter. Wer weiß, ob wir noch mal die Gelegenheit haben. Das macht euch doch nichts aus, oder?«

Nach einer entschieden zu langen Pause sagte Barb:»Aber nein, überhaupt nicht. Wir gehen einfach allein zurück. Komm, Tom.«

Wieder schien Tom ganz kribbelig und fragte:»Was meint ihr, wie lange ihr braucht?«

Ich betrachtete den langen, gewundenen Pfad, versuchte meilenweit unten den Colorado River auszumachen.»Keine Ahnung – eine Stunde oder zwei?«

»Dann sagt uns bitte Bescheid, wenn ihr zurück seid.« Also wirklich. Ich meine, in *so* schlechter Verfassung bin ich ja nun auch wieder nicht.

Als sie fort waren, ging mir auf, dass Jeannie und ich seit unserem Aufbruch kein einziges persönliches Wort mehr gewechselt hatten.»Ich weiß nicht, was da los ist«, sagte Jeannie,»aber ich habe eine Menge Babys gesehen, und normalerweise schlafen die, egal, wo sie sind.« Da ich nicht über meinen Freund herziehen wollte, sagte ich mir, dass wir eben einfach keine Vorstellung davon hatten, was für eine Herausforderung die Betreuung eines Einjährigen darstellt. Ich wollte Tom das gerne abnehmen. Das Wandern im Grand Canyon ist nicht unanstrengend, aber ich habe es auf mich genommen. Unbezahlt, darf ich hinzufügen. Die einzige Enttäuschung war, dass ich, unten angekommen, feststellen musste, dass ich auch wieder hinaufwandern musste. Es gibt keine Seilbahn im Grand Canyon. Kann man sich das vorstellen? Jeannie war begeistert. Meine Beine brannten, ich war entsetzlich erschöpft, aber ich tat so, als sei ich ebenfalls aus dem Häuschen.

Bei der Rückkehr zum Hotel sahen wir zu unserem Erstaunen, dass Barb und Tom vor ihrem Zimmer nebenan saßen. Hatten sie sich ausgeschlossen? Müde erklärte uns Tom:»Wir haben gerade das Baby zum Schlafen gebracht.« Ich weiß noch, wie ich bei mir dachte:»Ist denn dieses Baby überhaupt je wach?«

Ich schloss die Tür zu unserem Zimmer auf und Tom und Barb folgten uns hinein und setzten sich auf eins der beiden Betten. Tom griff zur Fernbedienung und zappte sich durch die drei verfügbaren Programme. Ich bat um Verzeihung und sagte, ich bräuchte wirklich ein Nickerchen vor dem Abendessen. Ob sie denn nicht in ihrem eigenen Zimmer fernsehen könnten?

Tom und Barb schienen schockiert.»Wir können doch in unserem Zimmer nicht den Fernseher einschalten!«, fuhr Tom mich an.»Da schläft das Baby! Wir hatten gehofft, dass wir bei euch bleiben und fernsehen können, solange das Baby schläft. Wir warten schon seit zwei Stunden auf eure Rückkehr.«

Ich war perplex. War denn so etwas normal, wenn man Kinder hatte? Ich beteuerte, dass mir wirklich die Beine wehtäten und ich wirklich müde sei und ich wirklich ein Nickerchen bräuchte. Tom, der offenbar nur mit Mühe seinen Ärger im Zaum halten konnte, fragte, ob ich, wenn ich mein *Nickerchen* gemacht hätte, wohl so freundlich sein und bei ihnen klopfen könne, damit sie dann wieder herüberkommen könnten. Noch einmal entschuldigte ich mich, aber ich konnte mich kaum noch auf den Beinen halten. Ich musste mich einfach hinlegen, sonst würde ich den Rest des Abends nicht mehr zu gebrauchen sein. Barb und Tom stapften aus dem Zimmer.

»Na, das war peinlich«, sagte Jeannie. Sie duschte und machte sich frisch zurecht, ich schlief eine Dreiviertelstunde lang tief, die Schuhe noch an den Füßen.

Von meinem *Nickerchen* erwacht, klopfte ich behutsam nebenan an die Tür, und wir versammelten uns, um in einer staatlichen Cafeteria zu Abend zu essen. Barb, schon im Schlafanzug, wollte nicht mit. Als ich fragte, ob wir ihr etwas mitbringen könnten, antwortete sie nur knapp:»Ich habe schon mit dem Baby gegessen. Macht euch um mich keine Gedanken. So ist das eben, wenn man Mutter ist. Kann ich mir bei euch im Bad die Zähne putzen?«Ähm, natürlich. Ich wollte ja schließlich nicht, dass der Radau des Zähneputzens das Baby weckte.

Auf dem Weg zum Abendessen war Tom sehr schweigsam. Als ich fragte, ob etwas nicht in Ordnung sei, blieb er stehen, senkte den Blick, dann lachte er.

»Du wirst das nicht begreifen, bis du selbst Kinder hast.«

»Was werde ich nicht begreifen?«

Plötzlich schrie er: »Du wirst *den Tag noch verfluchen*, an dem du das Nickerchen gemacht hast.«

Nun habe ich schon manchen Tag in meinem Leben verflucht, aber noch nie ein Nickerchen. In dem Augenblick ging mir auf, warum die beiden Zimmer unbedingt nebeneinanderliegen mussten – das Baby brauchte sein *eigenes* Zimmer, und das andere war in Wirklichkeit für uns vier. Es sollte als »Pausenraum« dienen, wenn das Baby einmal keine Versorgung brauchte, als Rückzugsraum von der anstrengenden Arbeit der Elternschaft. Noch einmal entschuldigte ich mich, aber bei mir dachte ich doch, dass man den ganzen Ärger hätte vermeiden können, wenn uns zu Anfang der Fahrt jemand die Lage erklärt hätte. Es schien mir das einzig Logische, mir diese Hintergedanken zu erklären, *bevor* ich die Sache mit dem »Pausenraum« vermasseln konnte. Und noch logischer wäre es gewesen, gleich drei Zimmer zu nehmen und einfach einzugestehen, dass das Baby eins für sich allein brauchte. Ich bin mir ziemlich sicher, dass uns allen auf diese Weise eine Menge Verlegenheit erspart geblieben wäre, aber mich hatten ja auch noch nie Aliens entführt.

Tom nahm meine Entschuldigung an, und am nächsten Tag ging es zurück über die lange Schnellstraße durch die Wüste. Es war eine recht ruhige Fahrt, abgesehen von der CD mit Babymusik. »Ding-a-ding-dong, Ding-a-ding-dong.« Plötzlich tauchte wie aus dem Nichts ein riesiger Hirsch vor uns auf. Tom wollte ausweichen, doch der Hirsch erstarrte wie, nun ja, wie ein Hirsch im Scheinwerferlicht. Wir prallten zusammen, mit fünfzig Meilen die Stunde. Alle schrien vor Schreck. Das Auto konnte Tom abschreiben. Der Hirsch sprang verletzt davon und verschwand in der Wüste. Außer dem Hirsch waren zum Glück alle unversehrt, vor allen Dingen das Baby. Das schlief seelenruhig weiter.

»Ding-a-ding-dong, Ding-a-ding-dong.«

Wenn alle es sagen, muss es stimmen

Ich weiß noch, wie ich, wenn ich im Flugzeug Leute mit Babys auf dem Schoß sah, gedacht habe:»Blödmann. Wieso tust du dir so was an?« Ich hab's nicht begriffen. Im Grunde kamen mir Eltern wie Leute vor, die in einer Sekte sind. Und das stimmt auch. Elternschaft ist eine Religion. Es geht weit über Schlafentzug und Schlechtangezogensein hinaus. Hier die amtlichen Definitionskriterien der Sektenberatungsstellen, denen ich [in Klammern] Erläuterungen beigefügt habe.

- Die Mitglieder der Gruppe [Eltern] sind von übermäßiger, fanatischer, kritikloser Hingabe an eine einzelne Person [ihr Kind] getrieben.
- Die Mitglieder der Gruppe [Eltern] versuchen zwanghaft, neue Mitglieder zu werben.
- Die Mitglieder der Gruppe [Eltern] versuchen zwanghaft, Geld zu erwerben.
- Der Anführer [Kind] weckt Schuldgefühle bei den Mitgliedern [Eltern], um sie zu beherrschen.
- Die Unterordnung der Mitglieder [Eltern] unter die Gruppe [Kinder] führt zur Vernachlässigung von Angehörigen und Freunden und zur Aufgabe von persönlichen Zielen und Aktivitäten, die sie vor dem Eintritt in die Gruppe pflegten.
- Von Mitgliedern [Eltern] wird erwartet, dass sie ihre Zeit vollständig in den Dienst der Gruppe [Kinder] stellen.
- Mitgliedern [Eltern] wird geraten oder es wird von ihnen verlangt, [in Vororten] ausschließlich mit anderen Mitgliedern zu leben und [in Spielgruppen] Umgang zu pflegen.

Das hört sich nach Panikmache an, und, zugegeben, es ist nur die halbe Wahrheit. Stimmt, auf den ersten Blick mögen Eltern einem wie hirntote Zombies vorkommen, aber das sind wir nicht. Wirklich nicht. Wir sind mit Begeisterung Eltern. Mit Begeisterung. Und auch Sie werden begeistert sein. Kommen Sie, machen Sie bei uns mit. Machen Sie mit. Sie *müssen* einfach mitmachen! Nehmen Sie die Broschüre hier mit, schauen Sie sich das Video mit Baby Einstein an. Ist das nicht großartig? Bald werden auch Sie begeistert sein. Es wird Ihnen inneren Frieden geben. (Hilfe, ich kann hier nicht raus!) Machen Sie mit!

Man muss dazusagen, dass diese Horrorfassade den Blick auf den eigentlichen, ideellen Lohn der Elternschaft verstellt. Als ich noch keine Kinder hatte, war mir das nicht klar, und da musste ich es ja auch nicht wissen. Mir war es nie passiert, dass ich tagsüber im Vietnamkrieg gekämpft hatte und in Paris zu Abend gegessen. Ich hatte keine Vorstellung davon, was Eltern binnen eines einzigen Tages für Opfer bringen und welche Freude sie haben können. Ich kannte dieses Glücksgefühl nicht, wenn man einen Zweijährigen endlich zum Einschlafen gebracht hat. Na ja, das kenne ich bis heute nicht, aber darum geht es hier nicht. Für Leute ohne Kinder ist das Elternsein einfach verrückt. Man kann es niemandem begreiflich machen. Man muss Mitglied der Glaubensgemeinschaft sein, sonst versteht man es nicht. Natürlich will ich hier niemanden zu etwas drängen. Lassen Sie sich ruhig Zeit, überlegen Sie es sich. Der nächste Termin für das Raumschiff ist am Donnerstag.

Familienfreundlich

Ich gelte als »anständiger« Komiker. Das heißt, ich fluche wenig und es gibt keine Anzüglichkeiten. Ich habe mich nie bewusst dafür entschlossen, anständig zu sein; es hat sich einfach so ergeben. Wenn man über Mini-Muffins spricht, muss man dabei nicht fluchen, und es gibt auch keinen Grund, Sex ins Spiel zu bringen. Bisweilen heißt es in einer Besprechung, ich sei »familienfreundlich«, und wenn ich das lese, fahre ich jedes Mal zusammen.

Als Vater weiß ich, dass »familienfreundlich« einfach nur ein anderes Wort für *schlecht* ist. In familienfreundlichen Restaurants gibt es ungenießbares Essen. Familienfreundliche Hotels haben den Stil eines Schwimmbads. Alles, was als ersten Namensbestandteil das Wort »Familie« hat, ist schlecht. Waren Sie schon mal in einem »Familienwaschraum«? Ich finde, so was sollte es allenfalls in Autobahnraststätten geben.

Was mich am Konzept des Familienfreundlichen besonders beunruhigt, ist, dass immer andere Familien dazugehören. Andere Familien haben per definitionem Kinder, also mehr Gebrüll. Kinder haben eine Tendenz dazu, sich immer so schlecht zu benehmen wie das Kind im Raum, das sich am schlechtesten benimmt. Die Gesetze der Physik schreiben zwingend vor, dass, wenn ein Kind kreischend einen Hotelflur entlangläuft, alle anderen Kinder ebenfalls kreischend den Hotelflur entlanglaufen.

Wahrscheinlich ist das einzige Wort, das noch Schlimmeres erwarten lässt als »familienfreundlich«, die Bezeichnung »kinderfreundlich«. Kinderfreundlich heißt, dass keinerlei Rücksicht auf die Wünsche oder Bedürfnisse eines Erwachsenen genommen wird. Was so bezeichnet wird, ist nicht einfach nur schlecht. Es ist grottenschlecht. Man könnte es genauso gut »erwachsenenfreundlich« nennen. Vielleicht ist »freundlich« der Wortbestandteil, bei dem man auf der Hut sein sollte. Wenn man sich das überlegt – irgendwie ist mit dem Wort »freundlich« etwas nicht in Ordnung. Oft tritt es zusammen mit dem Wort »scheiß« auf.

Wenn mir jemand »scheißfreundlich« kommt, werde ich jedes Mal misstrauisch und möchte mit so jemandem lieber nicht befreundet sein. Manchmal kommt es vor, dass jemand von einem Ort sagt, dass er »nicht kinderfreundlich« sei. Immer wenn ich höre, dass jemand von einem Restaurant sagt, es sei »nicht kinderfreundlich«, denke ich bei mir: »Der Laden muss gut sein! Lass uns einen Babysitter besorgen.«

Ich habe Kinder

Als Vater von fünf Kindern habe ich gelernt, was im Leben wirklich wichtig ist. Allem voran das erhebende Gefühl des Alleinseins. Natürlich bin ich jetzt nie mehr allein. Ich habe fünf Kinder, die ich von Herzen liebe. Selbst jenes, das mir diese Nachricht hinterlassen hat:

Geschrieben von meinem einstigen Sohn.

»Ich habe Kinder« ist ein Satz, den es nur im Präsens gibt. Die Kinder sind immer da. Selbst wenn ich allein bin, habe ich Kinder. Wenn ich auf Reisen bin, habe ich Kinder und ein schlechtes Gewissen, dass ich nicht bei ihnen bin. Wenn ich im Bad bin und ein wenig Daddyfreizeit genieße, habe ich Kinder, die an die Tür klopfen und fragen: »Daddy, was machst du da drin?« Als ob ich ihnen etwas vorenthielte. »Ich habe Kinder« ist ein Satz wie »Ich habe eine Stirnglatze«. Es ist eine unheilbare Krankheit und ich habe sie. Zu den Symptomen gehören chronische Erschöpfung, Schlaflosigkeit und natürlich generell ein Mangel an Schlaf.

Gegenüber Leuten ohne Kinder werde ich zunehmend unsicherer, weil ich »Kinder habe«. Mir kommt es vor, als sei ich ausgestoßen aus der Welt der Kinderlosen. Ich achte genau auf das Gesicht, das Leute Mitte zwanzig machen, wenn sie erfahren, dass ich Kinder habe. Ich habe den Eindruck, dass sie einen kleinen Schritt zurücktreten, damit sie sich nicht anstecken, mit einem Ausdruck, der »Das tut mir aber leid« sagt. Als hätte ich in meiner Einfalt freiwillig einem Leprakranken die Hand geschüttelt und müsse von jetzt an abseits von den Freuden der Welt leben, in Quarantäne wegen Kindern.

Natürlich ist es reine Einbildung, wenn ich das Gefühl habe, dass Freunde mich wegen meiner Kinder meiden. Ich bin in dieser Hinsicht inzwischen der reinste Hypochonder, wahrscheinlich weil ich noch weiß, was ich von Leuten mit Kindern gedacht habe, als ich noch Single und kinderlos war. Ich habe mir immer vorgestellt, wenn ich Leuten mit Kindern zu nahe käme, geriete ich vielleicht auf eine Art Förderband, das mich in der Vorstadt absetzt, wo ich zu vernünftigen Zeiten zu Bett gehen müsste.

In Wirklichkeit sind meine kinderlosen Freunde voller Mitgefühl, sie bewundern meinen Mut. »Toll, wie du das machst!« »Das schaffst du.« »Ist doch irgendwann vorbei.« Natürlich maulen alleinstehende Freunde manchmal; mit mir sei nichts mehr anzufangen, weil ich nicht die ganze Nacht mit ihnen in einer Bar hocken kann. Oft höre ich ein Zungenschnalzen, wenn ich mich von einer fröhlichen Runde vorzeitig verabschiede. Ich habe immer noch Spaß, und genau wie bei meinen Freunden ist mir am nächsten Morgen zumute, als habe ein Lastwagen mich überrollt. Da weiß ich, dass ich nichts verpasst habe.

Natürlich ist es eine andere Form von Spaß als bei meinen alleinstehenden Freunden. *Meine* Art von Spaß lernen die erst kennen, wenn die Bazille sie erwischt, wenn sie Kinder haben und selbst erfahren, was richtiger Spaß ist. Mit »Spaß haben« meine ich »Kinder haben«, denn erst dann lernt man das erhebende Gefühl des Alleinseins wirklich schätzen. Es *war* doch erhebend, oder? Kann mich nicht mehr erinnern. Heutzutage bin ich so selten allein, da erinnere ich mich an nichts mehr.

Der einsame Wolf

Bevor ich Frau und Familie bekam, lebte ich allein, weil ich mich wohl dabei fühlte. Ich aß allein, ging allein ins Kino, ja ich tat sogar überhaupt nichts, wenn ich allein war. Der Gedanke, dass dieses Einzel-Ich einen Zellengenossen bräuchte, kam mir absurd vor. Jetzt habe ich jede Menge solcher Genossen. Ich habe eine Achtjährige, einen Sechsjährigen, eine Dreijährige, einen Einjährigen, und ich glaube, den Neuesten kenne ich noch gar nicht. Mann, das sind fünf! Fünf Kinder, da kann man es schon mit der Angst zu tun bekommen; aber mir, wie ist mir stattdessen zumute? Vor zehn Jahren fand ich kaum eine, die mit mir ausgehen wollte, und jetzt quillt meine Wohnung regelrecht über vor Babys. Als hätte ich sie mit Erdnussbutter gelockt.

Entsprechend hatte ich auch nie vor zu heiraten, geschweige denn Kinder zu bekommen. Mag sein, dass es die romantische Vorstellung gab, eines Tages Kinder zu haben, genau wie es die romantische Vorstellung gab, eines Tages Astronaut zu werden; und glauben Sie mir, dass ich Astronaut würde, hätte ich für wahrscheinlicher gehalten. Mit Ausnahme gewisser Körpermerkmale wies nichts in meiner Kindheit, meinen Teenagerjahren, meinem frühen Erwachsenenleben darauf hin, dass ich einmal Vater von Kindern sein könnte. Andererseits gab es jede Menge Indizien für ein zukünftiges Astronautenleben. Na, nicht übertreiben; aber einmal habe ich Astronautennahrung probiert.

Ich bin das jüngste von sechs Kindern. Jawohl, ich komme selbst aus einer kinderreichen Familie, aber nichts daran, dass man das jüngste von sechs Kindern ist, hilft einem, mit Kindern umzugehen. Es hilft einem bestenfalls, mit Eltern umzugehen. Ich war nie Babysitter oder Aufseher im Ferienlager. Ich hatte nie kleinere Cousins und Cousinen, nicht mal einen Nachbarn mit jüngeren Kindern. Ich bin einem Kleinkind nie näher gekommen als in der Cosby-Show, damals als Raven-Symoné ein paar Folgen lang bei den Huxtables wohnte.

Nichts an meiner Berufswahl deutete darauf hin, dass ich heiraten und Vater werden sollte. Das Komikerleben ist nomadisch, nächtlich, es ist das Gegenteil jener Normalität und Kontinuität, die ein gesundes Mitglied der Gemeinschaft ausmachen und erst recht ein gesundes Mitglied einer Elterngemeinschaft. Es gab Zeiten in meinem Leben, da hatte ich an einem Tag nur eine einzige Sache zu tun und habe sie trotzdem nicht hinbekommen. »Ich müsste zur Post, aber das kann man wahrscheinlich nicht ohne Hosen machen. Außerdem haben die nur bis fünf offen. Bleibt mir wohl nichts anderes übrig, als es nächste Woche zu versuchen.« Komiker sind meist introvertierte Außenseiter, die sich eher mit dem verschmähten Spielzeug in *Rudolf Rotnase* identifizieren als mit einem »normalen« Vater in einer Fernsehserie.

Den meisten Komikern ist durchaus bewusst, dass sie nicht normal sind. Es ist nichts Normales daran, sich auf die Bühne zu stellen und Fremde zum Lachen zu bringen. Versuchen Sie's mal. Das ist ein verrücktes Gefühl. Der Nonkonformismus liegt uns im Blut. Fordern Sie einen Komiker zu etwas auf, und wahrscheinlich wird er genau das Gegenteil davon tun, nur um zu sehen, wie Sie reagieren. »Du solltest Fußball spielen wie dein Bruder« »Du solltest Geschäftsmann werden wie dein Vater« »Du solltest ein vernünftiges, lustiges, gut gemachtes Buch schreiben wie Bill Cosby.«

Gerade als ich mich damit abgefunden hatte, dass ich für alle Zeiten der stolze und verrückte Onkel aus New York bleiben würde, begegnete ich Jeannie. Jeannie war anders als jede Frau, die ich bis dahin gekannt hatte, anders als jede, die ich noch kennenlernen werde. Etwas Mädchen von nebenan, etwas Superstar und etwas Patientin einer geschlossenen Anstalt. Jeannie ist das älteste von neun Kindern, und als ich sie kennenlernte, inszenierte sie gerade ein Shakespeare-Stück mit Hip-Hop-Musik mit etwa fünfzig Getto-Kids. *Kostenlos.* Jetzt kannte ich also eine lustige, kluge, sexy Frau, die leidenschaftlich ihre Kunst und, aus irgendwelchen Gründen, Kinder liebte. Die Arbeit mit Kindern inspirierte Jeannie, und die Arbeit mit Jeannie inspirierte mich. Es war eine unglaubliche Beziehung. Jeannie hatte sich in den Kopf gesetzt, für mich zu sorgen, und als Dank dafür war es mir ein verrücktes, geradezu biologisches Bedürfnis, ihr immer mehr zu geben, wofür sie sorgen konnte.

Zum ersten Mal konnte ich mir vorstellen, mit jemandem mein ganzes Leben zu verbringen. Ja verdammt, ich konnte mir sogar vorstellen, ein Kind mit ihr zu haben. Ich hatte keine Ahnung von Kindern, aber Jeannie konnte doch alles, oder? Es war schon abgemacht, dass ich sie nicht dafür bezahlen musste.

Und dann habe ich Jeannie mit einigen Kniffen dazu gebracht, mich zu heiraten. Das war der Zeitpunkt, als ich dahinterkam, dass Jeannie ein Baby nur ansehen muss, und schon ist sie schwanger.

Jetzt bin ich also ein einsamer Wolf mit einem gleichermaßen chronischen wie akuten Fall von fünf Kindern. Ich versuche, mit dieser Behinderung zu leben, und will anderen, die in eine ähnliche Lage geraten sind, Mut machen. Deshalb habe ich einen jährlich stattfindenden Dauerschläfer-Marathon organisiert, mit dem Forschungen finanziert werden sollen. Wenn Sie mich fördern wollen, und ich bin sicher, das wollen Sie, spenden Sie bitte hundert Dollar für jede Stunde, die ich schlafe. Sie tun damit ein Werk der Nächstenliebe, und ich werde durch Ihre Freundlichkeit und Ihre Unterstützung ein besserer Vater. Wir können beide nur gewinnen. Ich weiß, es hört sich an, als würden Sie mich einfach nur dafür bezahlen, dass ich schlafe, aber es ist mehr dran. Zusammen können wir das Los derer, die Kinder haben, um ein Vielfaches erträglicher machen. Jedenfalls mein Los und das meines Bankkontos. Ich danke Ihnen vorab für Ihre Großzügigkeit.

Durch Kinder ans Bett gefesselt.

Anti-Familie

Ich poste gern auf Twitter und Facebook Beobachtungen und Bemerkungen über meine Kinder und über das Elterndasein. Die meisten dieser Posts handeln davon, wie ratlos und schlecht vorbereitet ich bei meiner Aufgabe als Versorger von Kindern bin und davon, dass Babys kein Wasabi mögen. Ich weiß auch nicht, warum. Die Texte sollen lustig sein (hoffe ich), übermütig und/oder erhellend. Manche dieser Beobachtungen haben einen Hang zum Finsteren, Sarkastischen, man könnte den Eindruck bekommen, dass Elternschaft eine Gefängnisstrafe ist. Ein familienfreundliches Gefängnis natürlich.

Manchmal bekomme ich Kommentare von Leuten, die glauben, ich hätte an Kindern etwas auszusetzen; meine Bemerkungen seien ein Versuch, Leuten den Wunsch nach Kindern auszureden. Diese Kommentare sind so absurd, dass ich nur lachen kann. Als ob die Leute immer fetter würden, weil *ich* bissige Kommentare über Sport und Fitness schreibe. Vielleicht steigen wegen mir sogar die Tortenverkäufe. Ich hatte ja keine Ahnung, was für eine Macht ich habe.

Ich soll was gegen Kinder haben? Weit gefehlt. Ich liebe das Elterndasein, und zwar gerade da, wo ich es am komischsten finde. Wer darüber klagt, dass er sein Kind am Sonntag auf eine Geburtstagsparty bringt, muss doch wohl jemand sein, der seine Kinder auf Geburtstagspartys bringt. Wer darüber klagt, wie schwer es ist, einem Kind lesen beizubringen, hat den Wunsch, seinem Kind lesen beizubringen. Wer darüber klagt, dass sein Kind nicht bei der Haushaltsarbeit hilft, der hat ein fettes, faules Kind. Man macht Witze darüber. So kommt man zurecht. Wenn Eltern nicht gern Eltern sind, dann reden sie nicht über das Elternsein. Dann sind sie nicht da. Und vermutlich irgendwo da draußen, um sich prächtig zu amüsieren. Ich habe ausgiebig nachgeforscht, und fast jedes Mal stelle ich fest, dass Leute, die aus meinen Kommentaren und Betrachtungen schließen, ich hätte etwas gegen Kinder, Idioten sind. Dass sie scheitern und über ihre eigenen Fehler lachen, daran erkennt man Eltern, die wissen, was sie tun.

Wenn Sie Ihr kreischendes Neugeborenes zum ersten Mal gereicht bekommen, bekommen Sie damit auch die Lizenz zum Galgenhumor. Derjenige, dem die Wendung »das Kind nicht mit dem Bade ausschütten« eingefallen ist, wird wohl ein Kind gehabt und zumindest für einen Moment mit dem Gedanken gespielt haben, es auszuschütten.

Ich beichte

Darauf, was für eine Menge an Schuldgefühlen das Elterndasein mit sich bringt, war ich nicht gefasst. Ich komme aus einer katholischen Familie, deshalb ist Schuld ein vertrauter Freund der Familie. Schuld gehört zur katholischen Kultur wie das Anfeuern zum Fußball.

Ich bin mit dieser »Gott sieht alles, also ärgere ihn nicht«-Einstellung groß geworden. Ich fühlte mich schuldig, wenn es mir gut ging, wenn es mir schlecht ging und wenn überhaupt nichts ging. Die Beichte sollte diese Schuldgefühle zumindest mildern, aber ich fühlte mich danach immer schuldig dafür, dass ich dem Priester nicht alles erzählt hatte, wofür ich mich schuldig fühlte, deshalb bin ich am Ende gar nicht mehr zur Beichte gegangen. Dann fühlte ich mich schuldig dafür, dass ich nicht mehr zur Beichte ging. Das ist eine Menge Schuld. Und gerade als ich dachte, katholische Schuldgefühle seien durch nichts mehr zu übertreffen, lernte ich die elterlichen Schuldgefühle kennen, die katholische Schuldgefühle vollkommen in den Schatten stellen. Sorry, katholisches Schuldgefühl. Jetzt fühle ich mich schuldig dafür, dass ich dich beschäme. Na, zumindest weißt du jetzt, wie mir zumute ist.

Ganz gleich, wie sehr man sich anstrengt, seine Elternarbeit gut zu machen, man weiß im Grunde seines Herzens doch immer, dass man noch mehr tun könnte. Ich fühle mich schuldig, wenn ich für Auftritte die Stadt verlasse. Ich fühle mich schuldig, wenn ich in der Stadt bin und nicht jede Minute mit den Kindern verbringe. Ich fühle mich schuldig, wenn ich mit den Kindern zusammen bin und nichts tue, was ihre geistige Entwicklung fördert. Ich fühle mich schuldig, wenn ich sie mit ungesunden Sachen füttere, die sie gern essen. Ich fühle mich schuldig, wenn ich sie mit gesunden Sachen füttere, die sie nicht gern essen. Ich fühle mich schuldig, wenn ich sie an der Schule absetze. Ich fühle mich schuldig, wenn ich sie von der Schule abhole. Ich fühle mich schuldig dafür, dass ich dieses Buch schreibe, statt die Zeit mit ihnen zu verbringen.

Toll, jetzt habe ich es wahrscheinlich geschafft, dass Sie sich schuldig dafür fühlen, dass Sie dieses Buch lesen. Aber glauben Sie mir, das ist allein meine Schuld. Tut mir leid. Ich glaube, am schuldigsten fühle ich mich dafür, wie oft das Wort »schuldig« in diesem Text vorkommt. Ich möchte mich in aller Form dafür entschuldigen. Und jetzt, nach dieser Beichte, da geht es mir gleich viel besser. Da ist doch was dran an diesen katholischen Schuldgefühlen. Danke.

Cool und cooler

Mich hat noch nie jemand für cool gehalten. Das war und blieb für mich ein unerreichbares Ziel. Vielleicht sind es meine blasse Haut oder die pummelige Figur, die dafür gesorgt haben, dass ich in Lederjacke oder Shorts nie cool ausgesehen habe. Nicht mal in beidem gleichzeitig. Schon früh war mir klar, dass ich es nie auf den Umschlag des *Rolling Stone* schaffen werde.

Nicht, dass ich als Teenager nicht gern cool gewesen wäre. Während meiner ganzen Jugend kam mir »cool« wie eine Aufgabe vor, bei der ich jedes Mal zu spät am Drücker war. Ich war nicht »uncool«, was auf der Highschool so viel heißt wie »wandelnde Zielscheibe für Spott und Gemeinheiten«, aber die Angst davor lastete immer auf mir. Ein paar coole Kids duldeten mich in ihrer Nähe, weil ich manchmal einen Witz riss. Ich weiß noch, bei einem dieser coolen Mitschüler fand ich immer, dass er auch richtig coole Eltern hatte. Nicht, dass sie besonders reich gewesen wären, aber seine Mom und sein Dad sahen stets ungeheuer schick aus, wenn sie zu irgendwelchen Veranstaltungen kamen. Jedes Jahr gaben sie eine Weihnachtsparty, und alle anderen Eltern hofften, dazu eingeladen zu werden. Anscheinend waren sie nie wegen etwas ärgerlich oder in Verlegenheit. Sie hatten immer die neuesten technischen Errungenschaften und verbrachten ihren Urlaub stets an ungeheuer angesagten Orten. Ihr Sohn hatte immer die hippsten Klamotten an, die man sich vorstellen kann. Dieser Knabe war einfach von Natur aus cool, und für uns Schüler war das ein Adelstitel. Ich weiß noch, wie ich immer gedacht habe: »Meine Eltern sind so uncool. Wenn sie cool wären, wäre ich selbst auch cool. Wenn ich so blöd bin und mir später Kinder zulege, dann will ich auf alle Fälle ein cooler Vater sein.«

Und was ist daraus geworden? Jetzt bin ich Vater und immer noch nicht cool. Mir begegnen auch ziemlich viele ehemals coole Kids, die gern coole Eltern wären, aber es funktioniert einfach nicht. Weil Elternschaft nun mal nichts Cooles ist. Und wissen Sie, was sonst noch ganz und gar nicht cool ist? Wenn man unbedingt cool sein will. Tut mir leid, Leute, aber ihr werdet nie Gwen Stefani oder David Beckham. Weiß der Geier, inzwischen gelten die wahrscheinlich überhaupt nicht mehr als cool. Coolness ist etwas Subjektives. Waren die Eltern von dem Jungen wirklich cool? Ich wette, ihm selber kamen sie nicht so vor. Wenn ich jetzt überlege, kann ich mich nur an einen einzigen Fall erinnern, bei dem damals jemand gesagt hat, seine Eltern seien cool, und er meinte damit, dass sie mit ihm Hasch rauchten. Und selbst damals fand ich solche Eltern schon bescheuert.

Seit ich selbst Vater bin, fällt mir überall auf, wie versessen Leute darauf sind, als coole Eltern zu gelten. Man sieht Dreijährige, die von Kopf bis Fuß in Designerklamotten stecken. Ich könnte mir vorstellen, dass zumindest manche dieser Dreijährigen sich die Sachen nicht selbst ausgesucht haben. Einige darunter haben womöglich nicht mal eine Kreditkarte. Es gibt Zeitschriften, Websites, Blogs, die sich mit nichts anderem beschäftigen als der Frage, was für Eltern cool ist; man kann dort lesen, was man seinem Kind zu essen geben muss, welche Kinderzimmermöbel man haben muss, was man mit dem Kind unternehmen muss, damit es in der Gesellschaft anderer cooler Eltern Erfolg hat. Ich kann den Wunsch verstehen. Der Fünfzehnjährige in mir horcht interessiert auf. Was ich merkwürdig finde, ist, dass manche dieser Leute, die auf solchen Elternwebsites verkehren und Kommentare dort posten, mir vorkommen wie die so ziemlich uncoolsten Bewohner des Planeten. Ich habe eigentlich immer an die Menschheit geglaubt, bevor es üblich wurde, auf Websites Kommentare abzugeben. Diese wackeren anonymen Eltern tratschen schamlos übereinander, hauen sich Gehässigkeiten um die Ohren, prahlen damit, wie klug und cool ihre Kids seien, und ziehen über Leute her, die etwas anderes cool finden als sie selbst. Aufgepasst, Leute: Die Highschool ist vorbei. Ihr seid nicht cool. Coolsein ist eine lächerliche Idee.

Ich finde es zum Schreien, dass »ironisch« derzeit als »cool« gilt, wo doch Coolsein selbst pure Ironie ist. Schon in den Siebzigern und Achtzigern war sich die Fernsehserie *Happy Days* der Ironie des Begriffes »cool« bewusst. Fonzie war der coole Typ in *Happy Days*, und er war ein Witz. Er hatte sein Büro auf dem Männerklo. Das ist nicht nur uncool, sondern auch unhygienisch. Vielleicht ist *Happy Days* sogar an der heute vorherrschenden Verwirrung um den Begriff »cool« mit schuld. Die meisten von uns haben die Serie gesehen, als wir noch zu jung waren, um zu begreifen, was Sarkasmus ist. Wir haben tatsächlich geglaubt, Fonzie sei der coolste Typ, den man sich vorstellen kann, weil es ja im Fernsehen so gesagt wurde. Der Kerl, der mit der Faust auf eine Musikbox schlägt, und dann spielt sie, der nur mit den Fingern zu schnippen braucht, schon hat er rechts und links ein Mädel, der ist cool! So möchte ich auch sein. Ja, wie der Kerl da mit dem schmierigen Haar, der immer am Pissoir rumsteht.

Zu Fonzies Gunsten muss man anführen, dass »cool« ursprünglich einen Menschen bezeichnete, der sich nicht um die Konventionen des gesellschaftlichen Mainstreams scherte. Jemand, dem einfach egal ist, was die anderen denken, und der macht, was ihm Spaß macht. Heute schauen alle in Blogs oder in den Medien nach, was gerade cool ist. Wer wissen will, was die anderen gerade machen, um cool zu sein, der ist vermutlich selbst nicht cool.

Als ob Journalisten wüssten, was Coolsein heißt. Auf der Highschool wären die Letzten, die man gefragt hätte, was cool ist, wohl die gewesen, die bei der Schülerzeitung arbeiteten: »He, Jungs, könnt ihr mir etwas Cooles fürs Wochenende empfehlen? Eins, wo ihr nicht seid?« Das ist die Wahrheit, denn ich habe bei der Schülerzeitung gearbeitet.

Ebenso ironisch ist, dass damals an der Highschool die Sportler cool waren und die Nerds nicht. Heute machen die Nerds die Trends. Die Nerds sind reich und erfolgreich, die Sportler blöde geschiedene Männer mit Bierbäuchen. Nebenbei gesagt: In der Highschool habe ich auch Fußball gespielt, und ja, ich habe einen Bierbauch. Jeannie kann sich nicht von mir scheiden lassen. Wir sind katholisch. Danke, Jesus.

Mein Rat also an alle Eltern, die gern cool sein wollen: Gebt's auf. Selbst wenn ihr eurem Dreijährigen einen Filzhut aufsetzt, wissen wir alle, dass ihr bespuckt werdet und Nasen und Hintern wischen müsst, genau wie der Rest von uns. Egal wie cool ihr sein wollt, wir wissen alle, dass ihr mehr Zeit auf dem Klo verbringt als Fonzie. »Ayyy!«

Der Pharao und der Sklave

Als ich klein war, habe ich geglaubt, mein Vater habe sich die sechs Kinder zugelegt, damit er genug Arbeitskräfte für den Garten hatte. Jeden Samstag mussten ich und meine Geschwister im Garten arbeiten, der immer wieder umgestaltet wurde und in dem wir – so kam es mir vor – willkürlich Löcher buddelten. Mein Vater sagte Sachen wie: »Heute verlegen wir den Hügel da.« Selbst in den besseren Augenblicken kam es mir wie Folter vor, in den schlimmen wie Sklaverei. Damals dachte ich, ein Vater ist immer der Boss. Allmächtig. Hat alles in der Hand. Der Vater war der Pharao, und wir waren die Sklaven und bauten für ihn Pyramiden. Damals hatte ich keine Ahnung, dass ich in Wirklichkeit nicht Sklave war, sondern Herr. Mein Vater war der Sklave. Na, vielleicht nicht gerade der Sklave, aber auf alle Fälle nicht der Herr.

Heute, wo ich selbst Vater bin, weiß ich, dass Machtlosigkeit der Grundzustand des Vaterlebens ist. Das fängt schon mit der Schwangerschaft an. Ein Mann ist immer aktiv. Unsere Vorfahren waren Jäger. »Arbeit kriegen, Mädchen kriegen, Mädchen schwanger machen. Dann Mund halten und warten, was Mädchen sagt.« Als werdende Väter sind wir stille Zuschauer. Passive Beteiligte bei einer Folge äußerer Ereignisse, auf die wir nicht den geringsten Einfluss haben.

Sicher, man hilft, wo man kann. Man reibt den Bauch der Partnerin mit Sheabutter ein. Man isst, als sei man selbst schwanger. Man kauft winzige Windeln, groß wie ein iPhone, die dem Baby nur drei Tage lang passen werden. Dann isst man wieder. Man besucht blödsinnige schwangerschaftsbegleitende Kurse und lernt Techniken, die man schon vergessen hat, bevor man zur Tür hinaus ist, denn jetzt braucht man erst einmal dringend etwas zu essen. Eigentlich weiß man überhaupt nicht, was man tut oder tun sollte, also hält man sich am besten zurück und konzentriert sich aufs Essen. So habe ich das jedenfalls gemacht.

Die Geburt des Babys ist das Unglaublichste, dem man in seinem Leben beiwohnen wird, aber selbst einen physischen Beitrag leisten wird man nicht. Bei der Niederkunft kommt man sich wie ein NASA-Ingenieur vor, der an seiner Tafel voller Schalter und Knöpfe sitzt und zusieht, wie die Rakete sich vom Boden abhebt. Das ist dein Baby, aber heute bist du nur der Ingenieur im kurzärmeligen Uniformhemd mit Kugelschreiberetui in der Brusttasche und Siebziger-Brille mit Krankenkassengestell, schaust hilflos zu, wie das Ding, das du mitgeschaffen hast, seinen großen Augenblick erlebt. Du zählst beim Countdown mit, aber gezündet wird anderswo.

Während der Wehen versucht der werdende Vater immer, seine Anwesenheit zu rechtfertigen:»He, ich bin der Vater. Ich gehöre zum Team. Ohne mich wären wir jetzt nicht hier. Na, hier bin ich im Wege, ich stelle mich einfach da drüben in die Ecke und mache ein paar Fotos.«

Man möchte da sein und Mut machen, doch alles, was man sagt und tut, stört die zukünftige Mutter in ihren Wehen. *Warnung:* Die Wehen sind *nicht* der richtige Augenblick, neue Witze an ihr auszuprobieren oder Chips und Guacamole mit einer Extraportion Knoblauch zu essen. Ich weiß nicht, warum, aber sie wollte nicht mal probieren. Ich frage Sie: Kann es denn eine Zeit geben, zu der man keine Guacamole will?

Die alte Sitte, den Vater die Nabelschnur durchtrennen zu lassen, ist ganz offensichtlich nur dazu da, ihm einen Grund für seine Anwesenheit zu geben: »Wir müssen uns was einfallen lassen, um diesen Deppen zu beschäftigen.« Sie machen uns weis, das Nabelschnurdurchtrennen sei eine magische Zeremonie, die uns und das Baby für immer vereint. In Wirklichkeit sind wir aber nur die Schießbudenfigur, die vor einem neuen Haus, das andere gebaut haben, das Band durchschneiden darf. Ulkig, dass der, dessen Manneskraft für das alles überhaupt gesorgt hat, jetzt der Impotenteste im ganzen Raum ist.

Die Nabelschnur ist für das ungeborene Baby die Schnur des Lebens. Sie ist mit der Plazenta verbunden, der einzigen Quelle von Nahrung und Sauerstoff für das Kind. Wenn das Kleine seinen ersten Atemzug getan hat, braucht es die Schnur nicht mehr. Wem, wenn nicht dem Vater, sollte die Aufgabe zufallen, sein Kind von der Lebensquelle im Mutterleib zu lösen und ihm den Weg in die Welt draußen zu bahnen? Er wird ja auch derjenige sein, der es an seinem dreißigsten Geburtstag vor die Tür setzt. Man bekommt die Schere in die Hand gedrückt und hat die Aufgabe, dieses schleimige menschliche USB-Kabel zu durchtrennen, ohne dabei etwas zu vermasseln. Aber keine Sorge, es kann nichts schiefgehen. So viel Verantwortung würden sie uns nie geben. Die Schnur ist schon abgeklemmt, der Akt hat also gar keine medizinische Funktion mehr. Er ist symbolisch.»Jetzt können Sie symbolisch das Kind aus der Obhut der Mutter entlassen ... um es ihrer Obhut sofort im Anschluss für die nächsten dreißig Jahre erneut anzuvertrauen.«

Ist die Entbindung erst einmal vorüber, verwandeln wir uns in jenen übereifrigen Typ Wachmann, der eigentlich gern Polizist geworden wäre.»Oh, ihr wollt die Mutter und das neue Baby besuchen? Zeigt erst mal euren Ausweis. Habt ihr euch auch die Hände gewaschen?« Wir tun gern so, als hätten wir das Kommando, aber die meiste Zeit sind wir vollkommen machtlos. Durch halb geschlossene Augen betrachten wir das Baby und die Mutter des Neugeborenen, wie sie sich langsam erholen, denn wir wissen genau: Alles, was wir tun und was nicht mit Mutter oder Kind zu tun hat, gilt als Kränkung. Sollte ich ihr etwas zu essen holen? Eine Decke? Wäre das übertrieben? Sollte ich *mir* etwas zu essen holen? Eine Decke? Wäre das selbstsüchtig? Am besten, ich starre einfach nur vor mich hin. Früher haben die Väter im Warteraum Zigarren verteilt. Jetzt stehen wir einfach nur da und kommen uns so nutzlos vor wie eine Zigarre im Warteraum einer Entbindungsstation. Wir nehmen die Glückwünsche von Freunden entgegen, dann kehren wir wieder auf unseren Wachmannposten zurück und merken überhaupt nicht, dass man uns gerade zum Vizepräsidenten degradiert hat.

Vizepräsident

Als Vater ist man Vizepräsident. Man gehört zwar zum ausführenden Arm der Familie, ist aber der Partner mit der geringeren Autorität. In den Augen der Kinder hat das Amt eher zeremonielle Funktion und beschränkt sich auf Auftritte bei Paraden und das Bestellen von Pizza.

Ich bin niemals die erste Wahl; meine Kinder verbergen das nicht einmal, und ich achte sie dafür. »Nehmen wir den griesgrämigen Kerl mit dem kratzigen Bart oder lieber die warme, weiche Lady, die uns acht Stunden am Stück Geschichten erzählt?« Nicht gerade ein Kopf-an-Kopf-Rennen.

Jeannie ist Bill Clinton, ich bin Al Gore. Sie entwickelt einen siebten Sinn für ihre Wehwehchen, ich bin der Depp, der schimpft, wenn sie das Licht anlassen. Ich bin immer Joe Biden, der gerade das Falsche sagt. Wenn ich meinen Kindern eine Geschichte vorlese, weiß ich, wie Dan Quayle zumute war, als er das Wort »Kartoffeln« falsch geschrieben hatte. Die meisten Väter wissen, dass sie Vizepräsidenten sind, und geben sich damit zufrieden. Die Position als »Präsident Mom« entspricht weder unserer Gehaltsklasse noch unserer Qualifikation. Wir können niemandem die Brust geben und wir bekämen auch nie einen geflochtenen Zopf hin.

Es gibt aber auch Fälle, da werden wir Väter als der »Vollstrecker«-Vize hingestellt, der Dick Cheney. »Wenn du jetzt nicht gehorchst, dann sage ich es deinem Vater.« Plötzlich mutiert die lahme Ente zu Darth Vader. Ich weiß nicht, wie die Kinder das auf die Reihe bekommen. Sie müssen doch denken: »Soso, wenn wir nicht brav sind, meldest du das dem Burschen, den du die ganze Zeit anbrüllst und rumkommandierst. Was soll denn das für eine Drohung sein?«

Die meiste Zeit sind mir die Verbrechen, die meine Kinder unter der Aufsicht ihrer Mutter begangen haben, vollkommen egal. Aber ich setze trotzdem mein gestrenges Vater-Gesicht auf. »Von deiner Mutter höre ich, du bist auf Möbel geklettert, und als sie sagte, du sollest damit aufhören, hast du nicht gehorcht.

Stimmt das?« Meine Kinder tun dann zerknirscht und verängstigt, aber ich nehme es ihnen nicht ab, denn in Wirklichkeit fürchten meine Kinder mich nicht so, wie ich meinen eigenen Vater gefürchtet habe. Wenn ich meine Kinder erziehen will, dann komme ich mir vor wie beim Dreh zu *Unser lautes Heim.*

Manchmal werden Entscheidungen mit dem Etikett »Fragt euren Vater« versehen und der Anschein erweckt, die väterliche Meinung sei gefragt, aber man ist natürlich nicht so unklug, sich gegen seinen Präsidenten zu stellen. »Aber sicher. Warum denn nicht? Für mich ist das vollkommen in Ordnung ... oder wollte eure Mutter, dass ich das Gegenteil sage? In dem Falle natürlich Nein. Auf keinen Fall! Ich verbiete es!« Das ist der Punkt, an dem man begreift, dass man nicht nur keine Ahnung hat, sondern auch keine Prinzipien. Man ist die Art Vizepräsident geworden, die nur noch »Der Himmel stehe uns bei, wenn dem Präsidenten etwas zustößt« sagen kann.

Mein Dad, der Profiwrestler

Ich weiß noch, als ich zum ersten Mal Vater wurde, habe ich mir vor allem vorgenommen, nicht die Fehler zu machen, die mein eigener Vater gemacht hat. Allerdings sagte ich mir auch, dass ich in dem Punkt nichts zu befürchten hätte, denn dermaßen viel Alkohol hätte ich gar nicht bezahlen können. Mein Vater war mit Sicherheit nicht der perfekte Dad, aber gerade im Vergleich zu ihm komme ich mir gleich viel weniger schlimm vor; in gewissem Sinne hat er also einen besseren Vater aus mir gemacht.

In der Generation meines Vaters kam es nicht oft vor, dass ein Vater ein guter Vater war. Um die Wahrheit zu sagen, mein Dad hat es vermutlich so gut gemacht, wie er konnte. Er hat immer für uns gesorgt. Die anderen haben ihren Kindern auch nie Geschichten vorgelesen oder sie von der Schule abgeholt. Mein Dad stammte aus einer Zeit, da gab es die Phil-Donahue-Show noch nicht. Damals in den Siebzigern sorgten Väter dafür, dass Essen auf den Tisch kam, aber sonst trugen sie zur Erziehung ihrer Kinder praktisch nichts bei. Ich sollte dazusagen, dass die Väter damals das Essen nie selbst auf den Tisch brachten. Das war Frauenarbeit. Die Väter deckten nicht den Tisch, sie wickelten nicht die Babys, sie badeten sie nicht. Sie verdienten das Brot, aber sie kauften es nicht. Sie aßen es nur. Wer wollte es ihnen verdenken? Wer isst nicht gern ein Butterbrot, wenn ein anderer es ihm schmiert? Aber das Verblüffendste an all den Dingen, die Väter damals nicht taten, ist, dass sie sich kein bisschen schuldig dafür fühlten. Ich habe mein eigenes Tragetuch und fühle mich trotzdem die ganze Zeit schuldig.

Immer schön lächeln, so schuldig man sich auch fühlt.

Ich bekomme oft zu hören, kleine Kinder sähen ihren Vater oft als Superhelden. Als jemand Starken, Tapferen, der sie vor Bösewichten beschützt und mit einem einzigen Satz über ganze Hochhäuser springen kann. Da muss ich passen. Ich werde meinen Dad für immer in den mythischen Gefilden im Gedächtnis behalten, die normalerweise Profiwrestlern vorbehalten sind. Genau wie bei diesen Champions des Rings, die sich immer benehmen, als ob sie eigentlich in einen Cartoon gehörten, schienen sämtliche Eigenheiten und alle kleinen Ticks bei meinem Dad irgendwie stärker und größer, damit ich sie bestaunen, bewundern und mich darüber ärgern konnte. Wenn er einen Raum betrat, umgab Bedrohlichkeit ihn wie eine Wolke. Der französische Wrestler André the Giant hätte das nicht besser gekonnt, wenn er den Fuß auf die Matte setzte. Bis heute jagt mir ein plötzliches, Schweigen gebietendes Husten einen Riesenschreck ein. Ich hatte Angst vor ihm. Vor seiner Wut. Mein Vater war gar nicht so groß, aber seine Präsenz war gewaltig. Er konnte einen Raum mit einer endlosen Pause zum Vibrieren bringen. Bei seinem bösen Blick wurden mir die Knie weich. Wenn er im Anmarsch war, spürte ich, wie der Erdboden unter seinen schweren Absätzen zitterte, ich roch den Zigarettenrauch, und sofort machte die Angst sich in meinem Magen breit. Meine Geschwister fürchteten meinen Dad. *Jeder* fürchtete meinen Dad. Ich erinnere mich, dass mein einziger Freund die Frage, ob er vorbeikommen würde, jeweils davon abhängig machte, ob mein Vater zu Hause war oder nicht. Mein Dad hat mal einen Mann erschossen, weil er schnarchte! Gut, hat er nicht. Aber mir als Sechzehnjährigem kam er ganz wie ein Mann vor, der so etwas getan hätte, hätte er im Wilden Westen gelebt und eine Knarre zur Hand gehabt und jemand neben ihm hätte geschnarcht oder auch nur einen Atemzug gewagt.

Mein Dad war kein böser Mensch. Er wollte immer alles bestimmen, und er verlangte viel. Die Antwort »Nein« gab es bei ihm nicht. Er fand es ganz normal, von meinen Freunden zu verlangen, dass sie in der familieneigenen Gartenbautruppe mitarbeiteten. Trübsal blasen galt nicht.

DAD: [*hustet*]   Geh nach draußen und amüsiere dich.
ICH: Aber Dad, wir sind auf einer Beerdigung.
DAD: [*hustet*]   Ist mir egal. Jetzt stell dich mal neben den Sarg. Ich will ein paar Fotos machen.

Technische Geräte hat mein Vater eigentlich nie so richtig begriffen. Wenn er bei mir anrief, später in meiner Erwachsenenzeit, und ich nicht da war, ließ er immer dieselbe Nachricht auf meinem Anrufbeantworter zurück.

DAD: [*biiiep*] [*hustet*]   Hallo. Hallo? Hallo! [*lange Pause*] Sag Jim, sein Dad hat angerufen!

Ich habe mir immer ausgemalt, wie ich zurückrufe und sage: »Hallo Dad! Mein Anrufbeantworter hat mir erzählt, dass du angerufen hast. Und dann erzählte mir der Toaster, ich sei hungrig.«

Dass das Leben als Vater von sechs Kindern nicht spurlos an ihm vorüberging, zeigte sich allmählich in meiner Teenagerzeit. Am Vorabend des Tages, an dem ich aufs College kam, setzte mein Dad mich auf einen Stuhl.

DAD: [*hustet*]   Also, Jim, ich schicke dich nicht aufs College, damit du
                          da säufst und von der Schule fliegst.

ICH: Ja, wenn das so ist, dann gehe ich nicht. Vielleicht
                          kannst du einen von den Nachbarn schicken.

Natürlich habe ich das nicht gesagt. Ich habe es nur gedacht; ich wollte schließlich keinen verbalen Bodyslam riskieren. Mein Dad konnte warm und großher-
zig sein, aber er fragte nicht, ob der andere das, was er ihm Gutes tat, auch wollte: »[*hustet*] Morgen stehen wir um fünf Uhr früh auf und sitzen den ganzen Tag
in der Knallhitze im Boot, bis dein Kopf einen schönen Rote-Bete-Ton annimmt.
Alles Gute zum Geburtstag!«
    An Geburtstagen fuhr unser Dad immer mit uns in ein Lokal. Wir durften
uns ein Restaurant aussuchen, und er fuhr mit uns dorthin. Es konnte jedes Restaurant in der Stadt sein, solange es Giovanni's war, das Lieblingslokal meines
Vaters. Jahr für Jahr spielte sich die gleiche Szene ab.

DAD: [*hustet*]   Dieses Jahr möchten deine Mutter und ich zu deinem
                          Geburtstag mit dir essen gehen. Nur wir drei. Wo
                          möchtest du denn gern hin?

ICH: Danke. Wie wäre es mit dem House of Kobe?

DAD: Du willst nicht zu Giovanni's?

ICH: Da waren wir letztes Jahr. Wir gehen immer dorthin.
                          Wie wär's mit dem House of Kobe?

DAD: Ich könnte mir vorstellen, deine Mutter geht lieber zu
                          Giovanni's.

ICH: Aber es ist mein Geburtstag. Und ich würde gern ins
                          House of Kobe gehen, wenn ihr nichts dagegen habt.

DAD: Schön. [*hustet*] Dann gehen wir eben ins House of
                          Kobe.

Später saßen wir dann im Wagen, meine Eltern vorne, ich auf dem Rücksitz.
Mein Vater warf mir im Rückspiegel einen Blick zu.

DAD: Du wolltest doch zu Giovanni's, oder?

ICH: Klar.

Manchmal, wenn ich mich ärgerte, gab ich ihm Widerworte, aber ich lebte immer in Angst. Ich weiß noch, wie meine Mutter zu mir sagte: »Den wirst du nie ändern.« Für meine Mutter und meine Geschwister war es aussichtslos, meinen Vater herauszufordern, ein Kampf, den man nur verlieren konnte. Warum ein Hornissennest aufstacheln? Warum riskieren, dass er einen Wutanfall bekam? Das war schließlich einer, der andere wegen Schnarchens erschoss.

Meine Mutter und mein Vater sind beide schon viele Jahre tot. Gut, dass Sie fragen. Die Zeit hat in meiner Erinnerung aus meiner Mutter eine Art Heilige gemacht. Hauptsächlich, weil sie es mit meinem Dad ausgehalten hat. Aber sie war auch wirklich eine tolle Mutter. Mit den Jahren sind auch meine Einstellungen zu meinem Vater milder geworden, aber irgendwie fürchte ich mich noch immer vor ihm. Höre ich Eis im Glas klimpern oder rieche ich Zigarettenrauch, dann stehe ich gleich ein wenig gerader da.

Mein Dad, meine Brüder und ich feiern, nachdem Dad gerade einen Mann erschossen hat, weil er schnarchte.

Natürlich ist es unfair, meinen Vater – oder überhaupt jemanden – nur mit seinen Schattenseiten darzustellen. Ich würde jedenfalls nicht wollen, dass bei mir jemand nur die Dummheiten und Ungeschicklichkeiten aufzählt. Ich bin sicher, auch ich habe mein Giovanni's. In jungen Jahren habe ich meinen Vater als brutalen, selbst- und kontrollsüchtigen Hulk Hogan gesehen, aber heute sehe ich dieses Bild in einem größeren Zusammenhang. Mein Dad war ein strenger, aber mitfühlender Mann, dem seine Familie, seine Arbeitskollegen und seine Gemeinde sehr viel bedeuteten. Ein ganzes Jahr lang wich er meiner Mutter nicht von der Seite, als sie den Kampf gegen den Gebärmutterkrebs verlor. Ich habe meinen Vater gern gehabt. Die meisten Menschen haben das. Er hat sein Bestes versucht. Er hat für seine Familie gesorgt. Er hat mir eine Menge beigebracht und mir ein Arbeitsethos eingebläut, das mich zu dem gemacht hat, was ich heute bin: ein Kerl, der in einem Buch über Elternliebe seinen eigenen Vater unter den Bus schubsen würde.

Wahrscheinlich habe ich es meinem Vater zu verdanken, dass ich heute Komiker bin. Ich habe immer gern meine Mutter zum Lachen gebracht, aber es waren die Vater-Imitationen für meine Geschwister, die meinem Leben eine neue Richtung gaben. Wenn ich den gefürchteten Hausdiktator nachmachte, konnte ich sicher sein, dass meine Brüder und Schwestern mich achteten und respektierten. Einen Augenblick lang war ich dann nicht einfach nur der Jüngste oder noch einer, der etwas vom Essen abhaben wollte. Ich war auf gleicher Höhe mit ihnen. Das war ein ungeheuer gutes Gefühl. Ich konnte etwas.

Nach heutigen Maßstäben würde man meinen Dad nicht gerade als den besten aller Väter ansehen und ich nehme an, das wäre bei seinem eigenen Dad nicht anders. Ich bin sicher, den Dad meines Großvaters würde man als noch schlechteren Vater sehen. Wahrscheinlich geht das zurück bis zu Steinzeitvätern, die ihre Kinder einfach fraßen. Anders ausgedrückt: Väter werden besser! Entweder das oder wir Männer verwandeln uns alle allmählich in Frauen. So sieht zumindest mein Gynäkologe das.

Der Narzisstenratgeber zum Thema Babys und Kleinkinder

Ehe und Kinder haben mich gelehrt, dass ich ein narzisstischer Mensch bin. Das Gute daran ist, dass ich ein wirklich großartiger, hochbedeutender, ganz besonderer Narzisst bin. Als ich noch allein lebte, sogar noch in den ersten Jahren der Elternschaft, habe ich immer nur gesehen, dass ich es mir bequem machte. Wenn ich meine Post aus dem Kasten holte, in die Wohnung ging und dann sah, dass ein Brief für einen Nachbarn dabei war, dachte ich: »Den werden die wohl nie bekommen. Viel zu viel Arbeit, jetzt noch mal nach draußen zu gehen. Außerdem muss ich mir gleich *Glücksrad* ansehen.«

Meine Bedürfnisse – das, was ich dafür hielt – beherrschten alles. Wenn es um Karriere, Beziehung oder das letzte Stück Pizza ging, dachte ich nur an mich. Und natürlich an die Pizza. Meine Auftritte waren ganz um die Figur des trägen, verfressenen, selbstsüchtigen Kerls gebaut, und meinem Erfolg nach zu urteilen konnten die Leute sich damit prima identifizieren. Anscheinend ist insgeheim jeder von uns Narzisst. Außer Ihnen natürlich. Sie sind perfekt. Lesen Sie weiter.

Leider taugen diese narzisstischen Züge, die mich zu einem beliebten (und beleibten) Comedian machten, nicht so besonders, wenn man ein anständiger Ehemann und Vater sein möchte. Ich will nicht sagen, dass die Elternrolle mich vom Narzissmus geheilt hat, aber sie hat mich verändert und verändert mich jeden Tag neu. Heute bin ich um bestimmt ein Prozent weniger narzisstisch als früher. Das Abenteuer der Elternschaft verlangt Selbstlosigkeit. Die Weltanschauung des »Sorge zuerst für dich selbst« ist einfach nicht mehr praktikabel, wenn das Baby mitten in der Nacht hungrig aufwacht. »Was? Die Kleine hat Hunger? Na, egal, ich brauche meinen Schlaf.« Als ich Vater wurde, war das im wahrsten Sinne des Wortes ein Weckruf, der mich aus meinem einfältigen Egoismus herausriss. Anders gesagt, ich bin nicht mehr *ganz* so grässlich, wie ich früher war. Gewiss, Kinderaufziehen ist eine undankbare Aufgabe mit lächerlichen Arbeitszeiten, aber schließlich bekommt man dafür ja auch kein Geld. Man sollte meinen, es müsse unmöglich sein, ein Kind aufzuziehen und trotzdem selbstsüchtig zu bleiben. Aber das stimmt ganz und gar nicht, und ich bin der lebende Beweis dafür. Es gibt sogar Leute, bei denen ist Eigenliebe überhaupt der Grund dafür, dass sie Kinder haben. Das ist eine Falle, in die man leicht gerät. Wir alle denken unterschwellig, dass ein Kind eine Zweitausgabe unserer selbst ist ... und ich ganz besonders, weil kahlköpfige schwabbelige Neugeborene einfach immer aussehen wie ich, nur nicht so süß.

Die Babys und Kleinkinder selbst sind natürlich durchweg Narzissten. Aber bei ihnen macht es *Sinn*, wenn sie glauben, dass die ganze Welt sich um sie dreht. Es gehört zu ihrer natürlichen Entwicklung und anderem Zeug aus dem Munde vor Freud, die mir zu hoch sind, als dass ich sie erklären könnte. Eins weiß ich: Es funktioniert nicht, wenn in einer Eltern-Kind-Beziehung zwei Narzissten miteinander wetteifern. Wenn Sie mir nicht glauben: Versuchen Sie mal, einen Dreijährigen dazu zu bringen, dass er Ihnen den letzten Keks überlässt. Da wird gebrüllt und geweint, und auch das Kind leidet. Ein täglicher Kampf.

Jetzt, wo ich eingestanden habe, dass ich Narzisst bin, möchte ich auch noch eingestehen, dass ich mit Sicherheit als Vater nicht gerade ein Held bin. Ich will wirklich nicht, dass eins meiner Kinder dieses Buch in zehn Jahren liest und denkt: »*Der* Typ hat geglaubt, er sei ein toller Vater?« Ich weiß zwar nicht, warum meine Kinder von mir als »dem Typen« sprechen sollten, aber ich erwarte lieber zu wenig als zu viel. Als Vater bin ich, wie gesagt, keine Koryphäe, aber ich gebe mir Mühe. Ich klage über das Elterndasein und die Kinder, ich mache meine Witze darüber, aber alle Eltern wissen, dass es eine heroische Anstrengung ist, und als Beteiligter muss man darüber lachen können. Schließlich kann man sich jetzt nicht mehr umbringen.

Wenn Frauen träge werden

Eins steht fest: Ich hatte großes Glück mit einer Frau wie Jeannie. Sie ist tatkräftig, arbeitet hart und kümmert sich rührend um die Kinder und mich. Aber es hat in unserer Ehe auch Zeiten gegeben, in denen sie reichlich träge war. Jeannie nennt diese Zeiten »Schwangerschaft«. Ich habe immer gefunden, Schwangerschaft ist kein Grund, nicht mal eben ein paar Betonplatten wegzuräumen. Wir sind ein Team, und ich brauche heute mein zweites Nickerchen.

Natürlich sind schwangere Frauen in Wirklichkeit nicht träge. Sie sind sogar das Gegenteil von träge. Was immer sie sonst noch tun, sie sind die ganze Zeit damit beschäftigt, ein Baby wachsen zu lassen. Selbst wenn sie schlafen, wächst das Baby. Ständiges Multitasking. Wohingegen es bei mir Zeiten ganz ohne Tasking gibt.

Frauen sind erstaunlich. Und das meine ich als Kompliment. (Ich habe mir sagen lassen, dass mehr Frauen als Männer Bücher kaufen und lesen, und ich hoffe doch, Sie lesen es gern, meine Damen.) Glauben Sie mir, Frauen sind erstaunlich. Bedenken Sie doch nur: Eine Frau kann in ihrem Körper ein Baby wachsen lassen. Dann bringt die Frau mit ihrem Körper dieses Baby zur Welt. Danach, auch das ein Wunder, kann eine Frau mit ihrem Körper dieses Baby nähren. Vergleicht man das mit dem Beitrag, den der Mann zur Fortpflanzung leistet, ist es schon ein wenig peinlich. Väter sagen immer: »He, ich war auch daran beteiligt. Ungefähr fünf Sekunden lang. Habe genau das getan, woran ich vierundzwanzig Stunden am Tag denke. Also dann viel Spaß mit der Morgenübelkeit – ich esse derweil das Chili hier. Mmmm, riech mal, die Zwiebeln.« Wenn eine schwangere Frau im Raum ist, darf man kein Chili essen. Manchmal darf man in Gegenwart einer schwangeren Frau nicht husten, schnarchen oder atmen. Vor allem darf man sich nicht beschweren. Ich weiß das, denn meine Frau ist schon seit acht Jahren schwanger. Im Vergleich gesehen ist alles, was ein Mann als Anlass zum Klagen haben mag, unbedeutend.

EHEMANN:	Ich bin müde.
SCHWANGERE FRAU:	Ach wirklich? Ich bekomme ein Kind.
EHEMANN:	Ich habe so viel zu tun.
SCHWANGERE FRAU:	Ach wirklich? Ich muss ein Baby mit deiner Kopfgröße aus meinem Leib pressen.
EHEMANN:	Ich stehe jetzt neun Monate lang in der Ecke.

Fünfmal war ich dabei, als Jeannie ein gesundes Baby zur Welt brachte; ich habe manches dabei gelernt, vor allem aber, dass ich so etwas niemals könnte. Zugegeben, ich habe keine Gebärmutter. Aber selbst wenn ich eine hätte, könnte ich so eine Geburt, glaube ich, nicht aushalten. Wenn Männer die Kinder bekämen, wäre unsere Art schon lange ausgestorben. Deswegen bekommen immer Frauen die Kinder. Außer bei Seepferdchen, bei denen, wie man hört, die Männer die Kinder bekommen. Keine Ahnung, warum sie die dann nicht einfach zum weiblichen Seepferdchen erklärt haben. Vermutlich ein starrköpfiger Wissenschaftler, der unbedingt recht behalten wollte.

STARRKÖPFIGER WISSENSCHAFTLER [*herablassend*]:	Und das hier ist das männliche Seepferdchen.
ASSISTENTIN DES STARRKÖPFIGEN WISSENSCHAFTLERS:	Entschuldige, Bill, aber dieses Seepferdchen ist schwanger.
STARRKÖPFIGER WISSENSCHAFTLER:	Oh ... [*kurze Pause*] ... Bei Seepferdchen bekommen die *Männchen* die Kinder. Sie sind entlassen.

Schwangerschaft ist ein ungeheures Opfer. Ich dachte immer, Morgenübelkeit hieße so, weil es ein Übel ist, wenn man morgens aufstehen muss, aber Morgenübelkeit ist kein Witz. Es ist unglaublich, was ein Frauenkörper alles mitmachen muss, wenn er schwanger ist. Ich habe schon Mühe, wenn ich Käse verdauen soll, aber Jeannie hat fünf komplette Schwangerschaften durchgestanden. Plötzlich werden aus ganz alltäglichen Sachen wie Essen, Schlafen, Pinkeln und Schuheanziehen olympische Hürden. Ich kann mich nur an ein oder zwei Fälle erinnern, in denen Jeannie sich beschwert hat – »Ich bin müde. Ich bin hungrig. Mir ist kalt. Lass mich wieder nach drinnen.« Als solidarischer Ehemann habe ich ihr erklärt, dass sie natürlich wieder ins Haus darf, sobald sie die Betonplatten weggeräumt hat. Versprochen ist versprochen.

Das in der Schwangerschaft vorhe
die lateinische Bezeichnung heißt übe
Ruhe, du grässlicher Kerl, du hast mein
an alle werdenden Väter: Eine schwang
man sie »Zicke« nennt. Danke, ich helfe
Ich bin neidisch auf schwangere Frau
haben, ist das »bezaubernd«; wenn sie z
Monaten zulegen, gilt es als »nur gesund«
und dreißig Pfund zulege, bin ich ein »verfre
ganz sicher, aber ich glaube, das ist sexistisch
Frau den Bauch streicheln, aber wenn ich frag
streicheln will, werfen sie mich aus dem Lokal. D
von Jeannies Schwangerschaften nehme ich me
mich mit dem Gedanken: »Na, das ist eben auch w
kann als sie.«

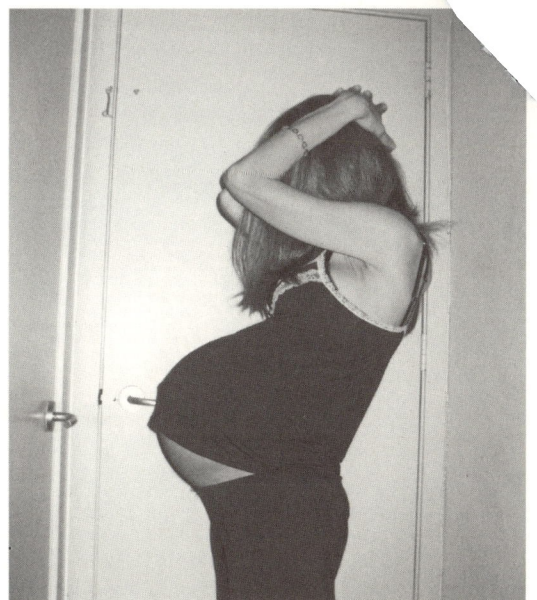

Immer noch nur halb so groß wie meiner.

bist schwanger?

te Vorstellung. Man sieht, wie der Bauch sich
n einen, aber erst wenn man das 3D-Ultraschall-
was da drin wirklich vorgeht. Schon sehr früh ist
nnen, das strampelt und am Daumen lutscht. Ich
ich war, als ich meinen Sohn bei einer Untersuchung
zum ersten Mal sah. Schon da hatte er mehr Haare

g unserer Gesellschaft zur Schwangerschaft kann recht ver-
sere Kultur als solche achtet schwangere Frauen. Wir wissen
zu schätzen. Leute geben ihren Platz im Bus für sie auf. Wir sagen
vunsch« zu einer schwangeren Frau, aber irgendwie finden wir es doch
jedes Mal skandalös. Die Frau ist zu jung oder zu alt, es ist zu früh nach
ihrer letzten Schwangerschaft oder sie wird damit Ärger bei der Arbeit bekommen. Sie ist zu arm, zu reich, zu erfolgreich, zu dünn, zu dick, zu durchgedreht,
zu beschäftigt, zu sehr Single, zu verheiratet, zu *zu*.

»Meine Güte, deine Schwester ist schwanger? Vor zwanzig Jahren war sie
doch noch ein *Kind*!« Wieso sind wir immer dermaßen erstaunt, wenn wir hören, dass jemand schwanger ist? Schwanger zu werden ist ja nun eigentlich die
normalste Sache der Welt. Natürlich ist die Empfängnis ein Wunder der Natur,
aber *jeder* von uns ist so zustande gekommen. Meine Mom wurde schwanger. Ihre Mom wurde schwanger. *Alle* Mütter sind schwanger geworden. Trotzdem sind wir schockiert, wenn es einer Frau, die wir kennen, passiert. Wir sind
schockiert, wenn ein Teenager schwanger wird. Wir sind schockiert, wenn eine
Fünfzigjährige schwanger wird. Aber in Wirklichkeit ist das alles schon immer
so. Und wir tun, als seien wir die erste Generation auf diesem Planeten, die mit
Schwangerschaft zu tun hat. Am meisten schockiert es uns, wenn hochattrak-
tive, erfolgreiche Frauen schwanger werden. Dann ist das unglaublich. »Hast du

gehört, dass Beyoncé schwanger ist? Als wäre sie ein ganz normaler Mensch!« Unausgesprochen schwingt dabei mit: »Wie kann sie sich mit so was ihre Karriere ruinieren?« Wie viele Grammys würde Beyoncé brauchen, bis man ihr ein Baby zugestünde?

Ich glaube, die Leute denken, dass Frauen nicht mehr sexy sind, wenn sie Mutter sind, oder dass sexy Mütter die Ausnahme sind. Die Wendung MILF – »Mother I would like to fuck« – wäre eine ziemliche Kränkung, wenn der Gedanke dahintersteckt, dass Schwangerschaft eine Frau unattraktiv macht. Deshalb braucht man für die seltenen Fälle, in denen eine Mutter attraktiv ist, einen eigenen Ausdruck. Natürlich ist es so oder so keine schöne Wendung. Bitte um Verzeihung, dass ich das erwähnt habe, meine Damen. Ich finde, Jeannie wird mit jedem Baby sexier. Und ich sage das nicht nur, weil sie höchstwahrscheinlich dieses Buch lesen wird. Hallo Jeannie. Tut mir leid, dass ich gestern Abend schon wieder den Mikrowellenherd so zugerichtet habe. Kannst du den sauber machen? Aber überlegen Sie mal: Wenn Sie eine tolle Frau sehen, und dann erfahren Sie, dass sie schon einen ganzen Stall voller Kinder hat, macht sie das nicht noch hundertmal attraktiver?

Nicht nur bei Berühmtheiten. Wir sind bei *jeder* schönen, erfolgreichen Frau überrascht, dass sie ein Baby will. Warum sollte sie so etwas tun? Ich weiß es nicht. Warum wollte Ihre Mutter Sie haben? Als ob keine Frau freiwillig schwanger würde, wenn es nicht die von der Gesellschaft programmierte biologische Uhr gäbe. Leute tun so, als ob man sich vom erfolgreichen Leben verabschiedet, wenn man ein Kind bekommt. Die reinste Niederlage. Haben Sie schon mal ein Baby gesehen? Die sind ziemlich süß. Gar nicht so schwer, die zu lieben. Eigentlich sollte die Pharmaindustrie lächelnde Babys als starkes Antidepressivum einstufen. Und Glücklichsein, das ist doch der Inbegriff des Erfolges, oder etwa nicht?

Hexerei

Jeannie hat all unsere Babys zu Hause in der Wohnung bekommen. Dafür haben wir doch den Platz, oder? Wenn Sie, genau wie ich seinerzeit, mit dem Konzept der Hausgeburt nicht vertraut sind, denken Sie wahrscheinlich, dass man damit hundert Jahre Fortschritt in der Geburtshilfe schlicht und einfach zum Fenster hinauswirft und sich stattdessen auf sein Glück verlässt. Na ja, so habe ich mir das auch vorgestellt. Ich weiß noch, bei der Geburt unseres ersten Kindes dachte ich: »Hey, ich kann zwar keinen Videorekorder programmieren, aber ich bin hier, um zu helfen. Also, wo soll ich mich schreckerstarrt hinstellen? Das wird mein Beitrag.«

Manchmal könnte man denken, wir hätten uns nur deswegen für die Hausgeburt entschieden, weil andere sich darüber ärgern. Ich habe schnell gemerkt, dass Leute von häuslicher Geburt nichts wissen wollen. Die erste Reaktion ist etwas wie: »Ach, ihr habt euer Kind zu Hause bekommen? Ja, wir hatten das auch überlegt, aber wir wollten, dass es am Leben bleibt.« Meist wird einem Verantwortungslosigkeit oder Faulheit unterstellt: »Die Fahrt ins Krankenhaus wolltet ihr nicht auf euch nehmen?« Ich antwortete dann manchmal, dass das Krankenhaus ungefähr zwanzig Häuserblocks entfernt lag und ich mir nicht die Arbeit machen wollte, Hosen anzuziehen. »Habt ihr euch keine Sorgen gemacht, dass etwas schiefgeht?« Machen sich Leute im Krankenhaus etwa keine Sorgen? Die machen sich so viele Sorgen, dass es in »Sorgenhaus« umbenannt werden sollte. Nebenbei gesagt, wir haben unsere Kinder zu Hause bekommen, nicht in einer Frittenbude. »Zu Hause? Habt ihr es euch da nicht ein bisschen zu leicht gemacht? Wieso habt ihr euer Kind denn nicht da bekommen, wo die meisten Bazillen sind, da, wo sämtliche Kranken sich ein Stelldichein geben? Wollte deine Frau nicht gern in einem Kittel gebären, in dem am Vortag jemand gestorben ist?«

Glauben Sie mir, ich habe Verständnis, wenn jemand die Augenbrauen hebt. »Hausgeburt« hört sich verrückt an. Ich weiß noch, bei unserer letzten Hausgeburt kam ein Punkt, an dem das Gebrüll ein Ausmaß annahm, dass ich davon aufgewacht bin. Ich dachte, es habe jemand einen Elfmeter verwandelt oder so was. Als ich sah, dass es nur meine Frau war, die schon wieder ein Kind bekam, habe ich gesagt, sie solle mal ein bisschen leiser sein, und bin wieder eingenickt.

Niemand wird überrascht sein, wenn ich sage, dass die Hausgeburt Jeannies Idee war. Ich persönlich finde es nicht einmal gut, wenn zu Hause gekocht wird. Bei all unseren Hausgeburten habe ich Jeannie zur Seite gestanden, mit anderen Worten, ich war der, der im Wege stand. Ich sollte gegendrücken und wurde angeschnauzt, weil ich es falsch machte. Aber keine Sorge, Jeannie und ich waren nicht allein; wir hatten eine Hebamme dabei – was bedeutet, wir glauben an Hexerei. Genau genommen ist eine Hebamme allerdings eine diplomierte Medizinerin. Sie hebt überhaupt nichts und gibt einem auch nicht die Brust. Das war eine schwere Enttäuschung. Die meisten Hebammen sind ehemalige Geburtshilfeschwestern und haben deshalb mit der Niederkunft und all ihren Einzelheiten mehr Erfahrung als manche Ärzte. Wenn die Wehen normal sind, kommt der Arzt erst am Ende der zweiten Spielzeit aufs Feld und darf dann den Ball beim Siegtreffer halten, wohingegen die Hebamme beim ganzen Spiel dabei ist.

Eigentlich war Jeannies erste Niederkunft gar nicht als Hausgeburt geplant. Es sollte eine »natürliche« Geburt sein, ohne Medikamente, auf einer Geburtsstation im Krankenhaus. Die Station befand sich im Bellevue Hospital, von dem ich immer geglaubt hatte, es sei eine psychiatrische Klinik. Wenn man bedenkt, wie durchgeknallt Jeannie und ich sind, schien es das einzig Vernünftige, dass sie ihr Kind in einer geschlossenen Anstalt zur Welt brachte.

Im ersten und zweiten Schwangerschaftsdrittel nickte ich eifrig mit, wenn Jeannie mir erzählte, was sie über die natürliche Geburt im Gegensatz zum Kaiserschnitt gelernt hatte, über die Bradley-Methode und die Hausgeburt. Wie die meisten von Ihnen es zweifellos auch tun würden, fragte ich am Ende solcher Diskussionen jedes Mal: »Aber wir bekommen das Baby nicht hier zu Hause, oder?« Jeannie versicherte mir »Nein«, und dann konnte ich mich wieder ganz dem widmen, was ich gerade aß. Unser »Geburtsplan« sah vor, dass wir warten würden, bis Jeannie mit den Wehen so weit war, dass sie das Baby im Kreißsaal des Krankenhauses natürlich zur Welt bringen konnte, ohne ärztliche Eingriffe und ohne Medikamente. Wunderbar. Aber im dritten Drittel gingen Jeannies Gedanken immer mehr in Richtung Hausgeburt. Unser nächstes Kind bekämen wir zu Hause, sagte sie. Soll wohl so sein, sagte ich mir und wandte mich wieder dem Essen zu. Als schließlich bei Marre die Wehen einsetzten, war immer noch Bellevue geplant. Die Hebamme kam, Jeannie ging durch die Wohnung und schimpfte, dass sie ins Krankenhaus solle.

Inzwischen hatte ich gelernt, dass Hausgeburt eine gefahrlose Alternative ist, aber ich rechnete doch immer noch damit, dass wir jeden Moment zum Krankenhaus aufbrechen würden. Die Tasche war gepackt, alles bereit. Das Baby war in der richtigen Lage, gesund und mit kräftigem Herzschlag, und Jeannie musste nur ordentlich pressen, damit es herauskam. Und ich weiß noch, das war der Punkt, an dem Jeannie sich zu mir umdrehte und sagte, sie wolle das Kind zu Hause bekommen. Eine unnötige Belastung, jetzt noch anderswohin zu fahren. Aber ja. Mir blieb der Bissen im Halse stecken. Ich wusste nicht, was ich tun sollte.

Die Hebamme hatte alle notwendigen Gerätschaften dabei und wies mich an, Handtücher anzuwärmen und alle Flächen abzudecken, auf denen wir kein Blut wollten. Ja natürlich.»Blut?« Ich war noch nie bei einer Geburt dabei gewesen, geschweige denn einer Hausgeburt. Ich machte mich an die Arbeit. Als die Hebamme und Jeannie schließlich aus dem Bad ins Wohnzimmer zurückkamen, mussten sie beide lachen. Na ja, bei Jeannie waren es eher Schmerzensschreie, aber doch mit einem gewissen lachenden Unterton.

Ich hatte den Boden mit einem Duschvorhang abgedeckt, Sofas und unseren neuen . Flachbildfernseher mit Müllsäcken. Die Hebamme fragte:»Was glauben Sie denn, was hier passiert?« Ich habe nie behauptet, einer von der schlauen Sorte zu sein.

Jeannie hatte lange, schmerzhafte Wehen, aber sie hat es überstanden. Als Marre kam, knieten wir alle auf dem Wohnzimmerboden. Es war ein schönes, gesundes Baby, und wir waren zu Hause. Die Hebamme beeindruckte mich sehr. Sie war unglaublich geschickt und professionell, dabei aber auch ruhig und respektvoll. Wir feierten alle zusammen mit Champagner, und Jeannie und ich schliefen in unserem eigenen Bett. Wir waren überzeugt: Wenn wir weitere Kinder bekommen sollten und die Schwangerschaft dann ohne Komplikation verlief, würden wir sie zu Hause zur Welt bringen. Bei unserem nächsten Baby, Jack, planten wir eine Wassergeburt. Damals hatten wir noch nicht gelernt, dass das, was man für eine Geburt plant, und das, was tatsächlich geschieht, zwei verschiedene Dinge sind. Jeannie hatte ihre Wehen in der Wanne, doch Jack kam in ihren Armen auf dem Weg zum Schlafzimmer auf die Welt, als wir gerade neues Wasser einließen. Ich wollte den Neuankömmling dafür tadeln, dass er es falsch gemacht hatte, aber er beachtete mich überhaupt nicht und schlief gleich ein. Katie, Michael und Patrick waren braver. Sie kamen in der Wanne unter Wasser heraus und wurden sogleich von ihren Brüdern und Schwestern begrüßt. Jeannie erholte sich jedes Mal schnell von der Geburt, deshalb hatte ich auch kein schlechtes Gewissen, wenn ich sie anschließend sauber machen ließ. Immer, wenn mir jemand sagt »Das ist so tapfer von Ihnen, wenn Sie auf die Bühne kommen und die Leute zum Lachen bringen«, denke ich an Jeannie. Sie ist schlicht und einfach unglaublich. Und Hebammen sind das auch. Sollte ich jemals selbst ein Kind zur Welt bringen, dann nur mit Hebamme.

Nicht, dass ich etwas gegen Mediziner hätte. Ich glaube, der heutige Erwartungsdruck auf die Ärzte – die gottgleiche Lichtgestalten sein sollen – ist einfach zu groß, und deshalb gibt es in diesem Metier viel Arroganz. Ärzte sagen immer: »Hören Sie, wir sind Wissenschaftler – wir wissen, wie der menschliche Körper funktioniert. Vertrauen Sie uns.« Wenn ich dann allerdings zur Untersuchung gehe, heißt es: »Es ist entweder ein Leberfleck oder wir müssen Ihren Kopf amputieren. Das macht fünftausend Dollar.« Ich glaube, die meisten fürchten sich vor der Hausgeburt, weil kein Arzt dabei ist. Stellen Sie sich doch nur vor, es wäre kein Arzt dabei gewesen, als Jesus zur Welt kam. Die ganze Menschheitsgeschichte wäre anders verlaufen.

Neugeborenenland

Ich bin nicht überrascht, dass ich meine Kinder so sehr liebe. Ich bin erleichtert. Beim ersten Kind machte ich mir Sorgen, als ich erfuhr, dass Jeannie schwanger war. Würde ich die bedingungslose Liebe geben können, die ein Vater geben muss? Ich fand diese Baby-Blumen-Fotos von Anne Geddes immer abstoßend, und ich muss sagen, es hebt meine Stimmung, wenn ich sehe, wie ein Teenager vom Skateboard fällt. Wie konnte jemand wie ich hoffen, dass er ein guter Vater wird? Ich wusste ja selbst, dass meine »Ach, was für ein süßes Baby«-Nummer nicht ganz glaubwürdig war. Was, wenn ich meinen Neuankömmling sehen würde und die Reaktion wäre etwas wie »Igitt!«?

Wenn es Ihnen auch so geht, machen Sie sich keine Gedanken. Das bedeutet einfach nur, dass Sie ein schrecklicher Mensch sind. Und keine Sorge, wenn das Baby da ist, ändert sich alles. Ich weiß nicht, wie das kommt. Man liebt sein Kind einfach. Bedingungslos. Selbst wenn man für diese ganze Babysache vorher überhaupt kein Verständnis hatte – sobald das eigene da ist, verliebt man sich, und von da an könnte man für dieses Kind morden oder sterben. Ich bin mit einem Herzen zwei Nummern zu klein auf diese Welt gekommen, doch als ich mein Kind sah, da war ich wie der Grinch, der endlich begreift, was Weihnachten ist.

Die Zeit unmittelbar nach der Geburt ist eine ganz besondere Zeit. Es ist eine heilige Zeit, in der niemand erwartet, dass man etwas anderes tut, als sich über die Ankunft des neuen Wonneproppens zu freuen. Diese heilige Zeit dauert ungefähr zwanzig Minuten, anschließend wird man Publicity-Agent für Mutter und Baby. All die Familienmitglieder und Freunde wollen hören, dass Mutter und Kind wohlauf sind. Ich weiß nicht, warum, aber für die Leute ist es immer wichtig, dass sie wissen, wie viel das Baby wiegt. Das habe ich nie verstanden. »Wie viel wiegt sie?« Ich finde das ungehörig. Sie ist noch nicht einmal einen Tag alt, und schon reden die Leute darüber, wie viel meine Tochter wiegt. Sie wog vier Kilo, aber ich weiß noch, dass ich Leuten gesagt habe »Sie wiegt drei Kilo und gut zwei Pfund«, weil das schlanker klang. Die Pfunde standen ihr gut, aber wir haben sie trotzdem gleich auf Atkins-Diät gesetzt. Natürlich kann niemand mit dem Gewicht eines Babys etwas anfangen. Egal, wie viel es wiegt, alle sagen immer: »Ooooh, was für ein stattliches Baby!«

Ich muss nicht eigens betonen, dass neugeborene Kinder eine Menge Arbeit machen. Als wir Marre bekamen, war ich vollkommen erschöpft von dem, was Jeannie alles tun musste. Bei jedem Neugeborenen war ich neu schockiert, wie viel Plackerei man sich einhandelte. Das Kind liegt einfach nur da, schläft, schreit, weint und denkt überhaupt nicht daran zu helfen. Ich denke dann immer: »Na toll, schon wieder so ein Faulpelz.« Neugeborene sind faul. Selbst beim Rülpsen brauchen sie Unterstützung. Zum Dank hat man später achtzehn Jahre lang die Arbeit, ihnen das Rülpsen wieder abzugewöhnen.

Aber Babys sind es wert. Es ist unglaublich, welche Macht ein Baby über seine Eltern hat. Babys sind so süß, obwohl sie ja lächerlich schlapp sind. Ich meine, ich bin auch nicht gerade eine Sportskanone, aber ein Baby? Also wirklich. Der Muskeltonus geht gegen null. Die können ja kaum den Kopf oben halten. Regelrecht peinlich. Aber irgendeine Art von geheimem Zauber haben sie, denn es gibt nichts anderes auf der Welt, was so schwierig sein, einen um so viel Schlaf bringen, so schlecht riechen kann und immer noch geliebt wird. Einmal kam ich auf der Straße an einer Stelle vorbei, wo es übel nach Stinktier roch, und sofort dachte ich: »Meine Kleine fehlt mir.«

Babys sind putzig, aber das müssen sie auch sein, denn Benehmen ist nicht ihre Stärke. »Baaaa!« Das ist doch nicht höflich. »Baaaa, baaaaa, baaaa!« Ich spreche zwar nicht Babysch, aber ich glaube, ein »bitte« kommt da nicht vor. Babys als Wohngenossen sind eine Katastrophe. Sie sind arbeitslos. Sie zahlen keine Miete. Sie sind zu den verrücktesten Zeiten aktiv. Ihre Hygienestandards sind skandalös. Wenn man eine Wohnung mit jemandem teilte, der auch nur eines von den Dingen täte, die Babys tun, würde man ihn vor die Tür setzen. »Weißt du noch, was gestern Abend war? Ja, jetzt tust du, als sei alles Sonnenschein, aber gestern Abend, da hast du ja ordentlich zur Flasche gegriffen. Dann hast du angefangen zu brüllen und auf mich gekotzt. Schließlich bist du zusammengeklappt und hast dir auch noch in die Hosen gemacht. Ich gehe nach nebenan, um dir was Trockenes zum Anziehen zu holen, und als ich zurückkomme, machst du an den Brüsten von meiner Frau rum! Vor meinen Augen, und ich bin ihr Ehemann! Jetzt habe ich aber wirklich genug, Kumpel. Verschwinde.«

Ein seltsames Gefühl für einen Vater, wenn seine Frau dem Kind die Brust gibt. Das Kind sieht den Vater jedes Mal an, als wolle es sagen:»Ja, nun mach doch irgendwas! Armleuchter. Warum machst du nicht wenigstens ein Foto?« Wenn ich mich bei Jeannie darüber beschwere, erklärt sie mich für verrückt, aber ich traue einem Neugeborenen nicht. Wir wissen so gut wie nichts über sie. Wir wissen nichts darüber, was sie in den neun Monaten im Mutterleib treiben. Es könnte ein Terrorist sein, ein Kommunist oder, schlimmer noch, ein Buchclubwerber!

Merkwürdig ist auch, wie viele Babys als Skinheads auftreten. Nehmen Sie sich in Modefragen nie ein Baby zum Vorbild. Ich habe es letzten Sommer mit dem Strampler-Look probiert und ich hatte den Eindruck, die Leute lachten über mich. Jeder, der jemals mit Neugeborenen zu tun hatte, weiß, dass Babykleider der reine Unsinn sind. Ich meine, es ist schön, um ein Foto zu machen, aber danach ziehen Sie ihm die bescheuerten Sachen am besten wieder aus und wickeln es in ein Handtuch. Was wir an Zeit und Geld sparen würden, wenn wir unsere Babys in Handtücher wickelten! Wenn Sie es nicht so genau mit der Umwelt nehmen, sind Papierhandtücher sogar noch praktischer.

Leider bekommt man tonnenweise Babykleider geschenkt. Leute wollen einem das schenken. Für Baby und Eltern sind Babykleider die reine Folter. Die Kinder in dieses winzige Zeug zu stecken, ist eine Heidenarbeit. Das Baby brüllt, man ist in Panik, da steckt man immer das falsche Bein ins Armloch und den Kopf durchs Beinloch. Inzwischen ist das Baby schon ganz rot im Gesicht; mit seinem Geschrei will es mit Sicherheit sagen:»Warum tust du mir das an?«, und immer wieder entschuldigt man sich.»Verflixt, nicht aufgeben, gleich haben wir's geschafft, verd..., das hat deine Oma dir geschenkt, und sie will dich darin sehen, meine Güte, oh, das ist falsch herum, tut mir leid, wir müssen noch mal von vorn anfangen ... Himmel, Arsch und Zwirn ...« Wenn sie die Sachen dann endlich anhaben, kotzen sie in der Regel drauf oder es müssen sofort die Windeln gewechselt werden, und alles geht wieder von vorn los.

Windeln, *das* wäre ein vernünftiges Geschenk für Neugeborene. Windeln und Windelgutscheine, sonst nichts. Neugeborene verbrauchen einen ganzen Karton davon pro Woche. Neugeborenen Kleider zu schenken ist einfach absurd. Neugeborene können sich nicht selbst anziehen, und nach meinen bisherigen Erfahrungen gehen sie auch nie aus. Entweder trifft das zu oder unsere Neugeborenen sind ungewöhnlich häuslich. Ich habe jetzt fünf Neugeborene kennengelernt, und keiner von ihnen hat gesagt:»Heute Abend treffe ich mich mit Freunden zum Sushi – hilfst du mir, ein Outfit auszusuchen?« Der große Auftritt ist in dem Alter noch kein Thema.

Und die Reißverschlüsse und Knöpfe nehmen kein Ende. Ich komme mir immer vor, als wollte ich einen Bettbezug über eine strampelnde Steppdecke ziehen. Wenn ich die Druckknöpfe an Babykleidern schließe, dann höre ich die Leute in den Babykleiderfabriken lachen: »Ha, ha, ha; nein, Bob, wir sollten beim nächsten Modell noch mal zwanzig Knöpfe mehr drannähen. Ha, ha ha! Und noch einen, zu dem es überhaupt kein Gegenstück gibt. Ha, ha, ha! Guter Witz, Bob!« Ich bin sicher, dass es in der Fabrik für Babykleidung jemanden namens Bob gibt. Oder jedenfalls mal gegeben hat.

Statt sich etwas auszudenken, wie man Babykleider ohne blöde Druck-knöpfe herstellt, haben sich die Schlaumeier namens Bob in den Babyklei-derfabriken etwas noch Blöderes ausgedacht: Babyausgaben von Erwachse-nenschuhen. Mein Schwager Patrick brachte uns für den drei Monate alten Jack winzige Timberland-Wanderstiefel mit. Unser Baby konnte nicht laufen, geschweige denn wandern. Die Schuhe würden süß an ihm aussehen, war Patricks Erklärung. Süß, ja, aber nur, weil es ironisch ist. Ein Baby, das Bauar-beiterschuhe trägt, die mehr wiegen als es selbst. Das ist doch unglaublich. Als schenkte man einem Blinden ein Mikroskop. »Sieh doch nur, wie dumm er sich damit anstellt. Ist das nicht wunderbar? Ich muss ein Foto machen. Jetzt hält er es verkehrt herum.«

Neugeborene bekommen immer Geschenke von Freunden und Verwand-ten. Den Vätern der Neugeborenen schenkt nie jemand etwas. Ich weiß; ich finde das auch ungerecht. Was hat das Neugeborene denn schon geleistet? Nichts, oder? Die Leute schenken Sachen und wissen nicht mal, was das Neu-geborene gern hätte. Meist sehen die Leute das Baby zum ersten Mal. Wie können sie da den Geschmack des Babys kennen? Und meistens bringen sie etwas mit, was es nicht mal gebrauchen kann. Einmal hat jemand unserem Neugeborenen ein Buch mitgebracht. Hallo, das Baby kann noch nicht einmal sprechen – wie soll es denn da lesen können? Dann sah ich, dass es eins von diesen coolen Büchern zum Anfühlen war und nur ein paar einzelne Wörter drinstanden. Eine Seite ist Filz, dann ein Knisterpapier, dann Seide und so weiter. Jedenfalls habe ich mir das Buch in die Schublade gelegt, um es später zu lesen. Ein viel zu schönes Buch für ein Baby. Also, Windeln bitte.

Bevor ich Kinder hatte, fand ich Windeln einschüchternd. Heute bin ich Wi-ckelexperte. Manchmal fühle ich mich wie ein berufsmäßiger Wickler. Ich kann eine Windel im Stehen wechseln, unter Verrenkungen, unter Brüllen, im Flugzeug, sogar im Dunkeln. Und ich kann die Windeln eines Babys wechseln. Nicht jeder bringt es fertig, mitten in der Nacht eine Windel zu wechseln. Es ist wie *Tödliches Kommando*, nur tödlicher … und man hat nicht die beiden anderen von der Eliteeinheit, die einem aus der Patsche helfen. Da sind nur man selbst, das Baby und die nasse Windel, in vollkommener Dunkelheit. Und gegen vier Uhr morgens hören Sie den Halbschlafschrei des Babys. Das mit dem Halbschlaf will ich erklären. Ein schlafendes Baby wird oft brüllen, weil es irgendeine Art von Unwohlsein verspürt. Wenn Sie eine Möglichkeit finden, das Problem sofort zu lösen, wird es wieder ganz in den Schlafzustand zurückkehren. Wenn Sie das Zeitfenster für diesen Eingriff verpassen, und sei es nur um Sekunden, hat unter den Folgen unter Umständen ein ganzer Haushalt zu leiden.

Zurück zu vier Uhr morgens. Das Kind schreit weiter. Hunger oder die Windel? Alle Eventualitäten im Blick, wärme ich ein Fläschchen in einem Kaffeebecher mit in der Mikrowelle erhitztem Wasser an. Sie werden sehen, wie nützlich das später noch wird. Man muss rasch und zielgerichtet auf die Schreie des Babys reagieren. Wenn nicht, sind Konsequenzen unabwendbar. Sie bleiben drei Stunden auf, mit einem müden, quengeligen Baby. Genau wie beim Bombenentschärfen muss man alles ganz vorsichtig machen, damit das Baby nicht vollständig erwacht. Vorsichtig rein, vorsichtig raus.

Ein erfahrener Profi wie ich wird nun zu der oben erwähnten, inzwischen erwärmten Flasche greifen (ich hatte doch gesagt, die kommt wieder), zu einer neuen Windel, einigen Wischtüchern aus dem Wischtuchwärmer sowie zu einer jener duftenden blauen Windeltüten, die man nicht nur nicht aufbekommt, sondern die dazu noch einen Lärm machen wie Popcorn in der Mikrowelle. Man muss diese Tüte benutzen, sonst riecht das Haus am nächsten Morgen wie eine U-Bahn-Station am Neujahrstag. Mit der Melodie von *Mission: Impossible* im inneren Ohr stecke ich dem Baby den Schnuller des Fläschchens in den Mund und stopfe die Flasche mit einem Kissen fest. Zugleich öffne ich die fünfundvierzig Druckknöpfe des Strampelanzugs. Für diese Aufgabe bleiben mir exakt zwanzig Sekunden. Vorsichtig ziehe ich das Klebeband auf beiden Seiten der alten Windel ab. Die Schreie werden lauter, jetzt wo die Flasche abrutscht. Und noch lauter, als es kalt wird, wo vorher die Windel war. Werde ich schnell genug sein? Die eben noch warmen Tücher fühlen sich jetzt ziemlich eisig an, aber es gibt kein Zurück. Die eiskalten Wischtücher schrecken das schreiende, aber doch auch irgendwie immer noch schlafende Baby weiter auf. Dann ist die Windel an Ort und Stelle, die Klebebänder sind fixiert, die Flasche wieder an Ort und Stelle. Das Schlimmste ist überstanden. Das Unglück in letzter Sekunde abgewendet. Aber noch bin ich nicht aus dem Schneider. Im Stockdunklen muss ich die Druckknöpfe wieder schließen. Ein paar habe ich wahrscheinlich verpasst, aber egal. Das Baby ist still. Ich sorge dafür, dass die Stange am Bettchen wieder an Ort und Stelle ist und schleiche mich auf Zehenspitzen zum Zimmer hinaus, ein Sieger, ein Held. Ich stoße mir den großen Zeh am Schaukelstuhl, doch ich kann meinen Schmerzensschrei ersticken. Ich lausche noch einmal, bevor ich die Tür schließe, und höre nur das schmatzende Geräusch an der Flasche. Dann: »Waaah!« Wieder ist die Windel nass. *Mission: Impossible II.*

Auf den Hund gekommen

Jedes Mal, wenn Jeannie ihr jährliches Baby bekommen hat, beglückwünschen Freunde und Verwandte mich. Einer ist immer dabei, der sagt: »Ach, ihr habt ein neues Baby. Ja, wir haben uns auch gerade einen jungen Hund zugelegt.« Also wirklich! In keinem anderen Fall könnte man Mensch und Tier gleichsetzen und so ungestraft davonkommen. Man könnte niemals sagen: »Ach, du hast gerade geheiratet? Ja, ich hatte früher ein Schwein. Wälzt deine neue Frau sich auch gerne im Dreck? Mein Schwein hat das immer mit Begeisterung gemacht.«

Dass Hunde und Babys gleichgesetzt werden, ist natürlich nichts Neues. Hunde sind Leuten wichtig, und sie wollen niemanden kränken. Für sie ist der Hund ihr Baby. Natürlich ist ein Hund etwas anderes als ein Baby. Er ist ein Hund. Und ich habe Verständnis, dass manch einem ein Hund lieber ist als ein Baby. Unsere Kinder wachsen mitten in New York auf, nicht gerade eine Gegend, die unter Eltern hohes Ansehen genießt. Wenn man irgendwo auf den Straßen von New York City jemanden »Ach, ist der süüüüß!« rufen hört, sollte man immer nach unten schauen, denn in den meisten Fällen geht es um einen Hund.

Für die Babys ist es nur gut, dass sie nicht wissen, wie oft jemand sie mit einem Hund vergleicht. Ich denke mir, das würde die Babys doch kränken. Damit es kein Missverständnis gibt: Ich liebe Tiere. Ich streichle sie gern. Ich esse sie gern. Ich bin ein hundertprozentiger Tierfreund, aber vom Sabbern und Jaulen abgesehen hat ein Kind eigentlich nicht allzu viel Ähnlichkeit mit einem Hund. Nehmen wir zum Beispiel die Gerüche. Babys sind an den beiden äußersten Enden des Geruchsspektrums angesiedelt. Sie riechen entweder wie ein Himmel voller Bonbons oder wie Jauche in der Mikrowelle. Auch der sauberste Hund riecht immer noch nach Hund.

Ich will noch ein paar weitere Unterschiede aufführen:

1. Hunde kommen, wenn man sie beim Namen ruft.
2. Wenn man die Pille nicht nimmt, bekommt man nicht automatisch einen Hund.
3. Man muss nicht befürchten, dass der Hund jemals methadonsüchtig wird.
4. Man muss nicht sparen, damit der Hund aufs College gehen kann, und dann nach dem Examen erfahren, dass er lieber Schauspieler werden möchte.
5. Leute, die Babys in Kinderwagen spazieren fahren, sind vermutlich Eltern oder Betreuer. Leute, die Hunde in Kinderwagen spazieren fahren, sind vermutlich verrückt.

In manch einer Hinsicht ist ein Kind einfacher als ein Hund. Wenn man in Urlaub fährt, muss man es nicht in Pension geben (obwohl eine Kinderpension doch eine faszinierende Geschäftsidee wäre – das dürfen Sie gern weiterverwerten). Die meisten Hotels lassen auch Kinder zu, und man muss sie nicht verstecken, wenn der Zimmerservice kommt. *Ich* verstecke mich manchmal, aber nur damit die Kinder nicht sehen, dass ich Pommes habe. Bei Kindern kann man sich auf die Zeit freuen, wenn sie in der Lage sind, allein zu essen und zu baden. Wenn Sie einem Hund ein Stück Seife geben und ihn im Bad einsperren, frisst er die Seife. Kinder und Hunde können beide sehr zärtlich sein, aber Hunde riechen aus der Schnauze immer nach Hund. Oder nach seifigem Hund.

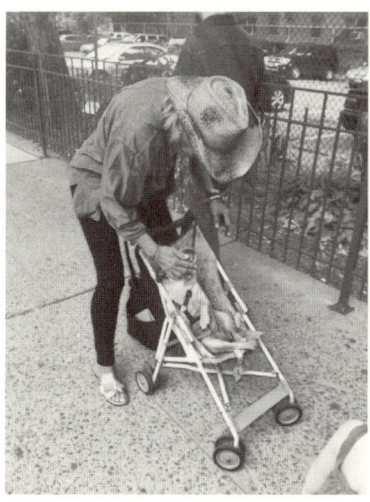

Und ich bin der Verrückte mit den vielen Kindern.

Bisweilen trifft man Leute, die glauben, ein Hund sei eine Art Übungsobjekt für die Elternschaft. »Meine Freundin und ich legen uns einen Hund zu. Wir wollen mal sehen, wie wir damit zurechtkommen, bevor wir uns Kinder zulegen.« Das ist ungefähr, als wolle man sehen, ob man Vegetarier werden will, indem man ein Salatblatt auf seinen Hamburger legt. Ich weiß nicht, ob das ein vernünftiger Satz ist, aber nicht unvernünftiger, als wenn man sich mit einem Hund aufs Elternleben vorbereiten will.

Die Beschneidung

Wenn Ihr Kind ein Junge ist, stellt sich die Frage der Beschneidung. Sollten Sie bei der Lektüre gerade einen Hotdog essen, bitte ich um Verzeihung. Männer winden sich schon bei dem Wort *Beschneidung*. »Ähm, können wir vielleicht von etwas anderem reden, Vergewaltigungen im Gefängnis zum Beispiel?« »Beschneidung« ist ein Wort, das einem Angst macht. Ich habe im Wörterbuch nachgesehen, und da heißt es nur: »Auuuutsch. Nach dem lateinischen Wort für *Autsch*.«

Beschneidung ist eine Verrücktheit, da sind sich alle einig. In Deutschland sollte sie sogar mal verboten werden. Das gibt einem zu denken, gerade wenn man sich erinnert, wie die Deutschen in der Vergangenheit mit ihren Mitmenschen umgegangen sind. Ursprünglich war die Beschneidung ein religiöses Ritual. Keine Ahnung, wie sie je auf diesen Gedanken gekommen sind. Wahrscheinlich gab es eine Versammlung.

ANFÜHRER: Also, wie sollen wir denn nun Gott ehren?
MANN NR. 1:   Ich würde vorschlagen, wir essen kein Schweinefleisch.
ANFÜHRER: Ich weiß nicht. Ich mag Speck. Hat noch jemand einen
                  Vorschlag?
MANN NR. 2:   Wie wäre es, wenn wir einen Teil unseres Glieds
                  abschneiden?
ANFÜHRER: [kurze Pause] Also gut, kein Schweinefleisch. Wir essen
                  kein Schweinefleisch, und Mann Nr. 2 will ich hier nicht
                  mehr sehen.

Jeannie erzählt, in der Bibel habe Abraham sich selbst beschnitten. Wow. Ich leide schon, wenn ich mir die Nägel schneiden soll. Angeblich hat Gott es ihm persönlich aufgetragen. Bei dem Telefonat wäre ich ja gern dabei gewesen.

GOTT: Abraham!

ABRAHAM: Oh, hallo Gott.

GOTT: Ich will, dass du etwas für mich tust.

ABRAHAM: Ja natürlich, klar. Schließlich bist du Gott.

GOTT: Du sollst dich beschneiden.

ABRAHAM: [*kurze Pause*] Ich glaube, wir haben eine schlechte Verbindung. Ich kann dich kaum noch hören. Kannst du mir das per Mail schicken?

Wenn man es sich überlegt – Gottes Anforderungen im Alten Testament werden immer schlimmer. »Iss diesen Apfel nicht!«, »Baue ein Boot!« und dann, vollkommen unerwartet: »Schneide dir ein Stück von deinem Glied ab!« Ich nehme an, Abraham hat etwas gestammelt wie: »Und was, wenn ich *zwei* Boote baute und keine Bananen mehr esse?«

Aber wir müssen davon ausgehen, dass Abraham Gottes Befehl befolgte. Ich weiß nicht, wie Abraham diese kleine Korrektur vor seiner Frau verbarg. Vielleicht gar nicht. Vielleicht kam er aus der Dusche, und seine Frau putzte sich gerade die Zähne.

ABRAHAMS FRAU: Was zum Teufel hast du denn da gemacht?

ABRAHAM: Liebling, ich kann das erklären ... Gott hat mir gesagt, ich soll es tun.

ABRAHAMS FRAU: Und was ist, wenn Gott dir sagt, du sollst von einer Brücke springen? Wenn Gott dir sagt, du sollst deinen Erstgeborenen opfern?

ABRAHAM: Oh, darüber wollte ich gerade mit dir sprechen ...

Die Entscheidung in der Beschneidungsfrage fällt Eltern nie leicht. Mutet man einem Sohn eine Unmenge unnötiger Schmerzen zu oder hat man einen Sohn mit einem hässlichen Pimmel? Leider hat Jeannie die Entscheidung mir überlassen. Ich habe mich am Ende dafür entschieden, aber nur, weil die Söhne es so wollten. Natürlich wollten sie es nicht. Ich konnte das Thema nicht einmal mit ihnen besprechen, aber ich bin ziemlich sicher, dass sie nicht wollten, dass ihnen jemand ein Stück von ihrem Glied abschneidet. Ich habe mich am Ende trotzdem dafür entschieden, und zwar aus einer Reihe von Gründen. Zunächst einmal Furcht. Freunde hatten vor Kurzem ihren Einjährigen beschneiden müssen, weil er dauernd Entzündungen bekam. Schmeckt Ihnen der Hotdog immer noch? Aber vor allen Dingen wollte ich, dass meine Söhne genau wie ihr Vater waren. Dass ihnen ein kleines bisschen von ihrer Männlichkeit fehlte.

Das Einzige, was noch schlimmer ist als die Entscheidung, seinen Sohn beschneiden zu lassen, ist mit anzusehen, wie der Sohn beschnitten wird. Ich habe das bei all meinen drei Söhnen mit ansehen müssen, und es verfolgt mich bis zum heutigen Tag. Das meiste habe ich verdrängt, aber ich werde niemals mein erstes Mal vergessen. Das erste Mal meines Sohnes Jack, meine ich. Und hoffentlich auch sein letztes Mal. Ich erinnere mich noch an alles bis zu dem Punkt, von dem an ich alles verdrängt habe.

Da wir uns für die Hausgeburt entschieden hatten, hatten wir nicht die Möglichkeit einer raschen Beschneidung gleich nach der Geburt, wie es in Krankenhäusern angeboten wird. Wir mussten eine Beschneidung zu Hause in unserer kleinen Wohnung arrangieren. Jeannie ließ sich einen angesehenen Mohel empfehlen, Dr. Emily Blake. Dr. Emily ist Mohel, Ärztin und Rabbinerin. So viel zum Thema Ehrgeiz. Ich war erleichtert, dass die Sohnschaft meines Sohnes in guten Händen war. Dann ließ Jeannie mich wissen, sie wolle ein paar Leute zu der Zeremonie einladen. Was? Ich wollte nicht einmal, dass jemand *erfuhr*, dass wir das unserem neugeborenen Sohn antaten, geschweige denn aus diesem Anlass eine Party veranstalten. Ich hatte bis dahin überhaupt nicht gewusst, dass wir Juden sind. Es gab ein Dutzend Gäste, darunter die Freundin meiner Schwester, ein Priester und dazu die Mohel/Rabbinerin/Ärztin. Das war der perfekte Auftakt für einen klassischen Witz.

Ein Priester, ein Rabbi und eine Lesbe treffen sich bei einer Beschneidung ...

Wie gesagt, das meiste, was an diesem Abend vorging, habe ich vollkommen verdrängt, wie auch die Abende weiterer Beschneidungen weiterer Söhne. Sollten sie mich jemals fragen, warum sie beschnitten sind, werde ich es machen wie jeder Vater und ihnen antworten, ihre Mutter habe es so gewollt.

Der Eindringling

Keiner ist gern ein neues Kind. Das ist unangenehm und ungewohnt. Leute nennen einen »Stinkerchen«. Jedenfalls ist es mir so gegangen, als ich das neue Kind in der fünften Klasse war.

Ein frisch angekommenes Neugeborenes ist notwendigerweise das neue Kind. In einer Familie mit mehreren Kindern ist das nicht nur unangenehm und ungewohnt für das Neue, es ist unangenehm und ungewohnt für alle. Natürlich sind alle begeistert, dass ein neues Familienmitglied kommt, alle lieben es, aber es bringt Veränderungen im Familienleben mit sich. Nach der Geburt ist plötzlich einer mehr im Zimmer beziehungsweise im Falle einer Hausgeburt in der Badewanne. Ein ganz besonderer Augenblick. Das mag faszinierend und geheimnisvoll für die Erwachsenen sein, doch kleine Kinder sind verwirrt und verängstigt. Eine Dreijährige kann verfolgen, wie der Bauch der Mutter größer wird, man kann ihr jedes Kinderbuch vorlesen, mit dem die Kleinen auf die Ankunft eines neuen Geschwisters vorbereitet werden sollen, aber wenn das Baby schließlich da ist, sind sie trotzdem baff.

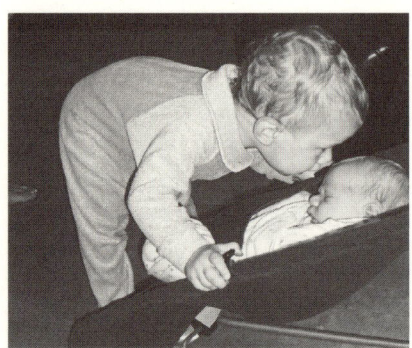

Du bist so süß, da könnte ich wirklich ... zuschlagen ...
Na gut, ein Kuss, meinetwegen.

Für unseren einjährigen Michael war die Ankunft seines kleinen Bruders Patrick der Schock seines Lebens; er war schwer verwirrt. So süß und lieb Michael ist, er konnte einfach nicht begreifen, dass mit einem Mal dieser Fremde da war und ihm die Aufmerksamkeit der anderen wegnahm. Ganz behutsam küsste er den Kopf des Babys, wie wir es ihm vor der Niederkunft mit einer Puppe beigebracht hatten, doch als er uns anerkennungsheischend ansah, stand schon etwas Verzweiflung in seinen großen blauen Augen. Es war wie die Reaktion einer in die Jahre gekommenen Tänzerin, wenn das achtzehnjährige Wunderkind zur Truppe stößt. »Willkommen an Bord. Ich hoffe nur, du brichst dir nichts.«

Michael war nicht der Einzige; alle unsere Kinder benahmen sich, als hätten sie nach einem Streit mehrere Red Bull intus. Schlaflos und klammernd war ihr neuer Normalzustand. Geschwisterrivalität ist nie weit weg, selbst wenn es sich nur um ein einziges Kind handelt, das die Ankunft eines neuen Babys verarbeiten soll. Ich nehme an, die Eltern wären ja auch nicht begeistert, wenn Ehemann oder -frau plötzlich mit einem neuen Partner nach Hause kämen. »Bob, das ist Frank. Frank ist von jetzt an auch mein Mann.« Wenn man vier Kinder hat und ein neues kommt dazu, wird der Auftritt etwas dramatischer. Ich nehme an, nur eine polygame Schwester-Ehefrau könnte sich da wirklich hineinversetzen.

Jeannie und ich versuchen immer, den Kindern die Neuorientierung so leicht wie möglich zu machen. Ich möchte gern ein mitfühlender Vater sein. Ich setze immer die anderen Kinder hin und erkläre ihnen, dass ein neues Baby nicht bedeutet, dass wir sie weniger lieben, dass wir aber eins von ihnen weggeben müssen. Natürlich nur ein Witz. Egal was man zu einem Kind sagt, es lindert die Belastung der Neuankunft nicht. Jedes von ihnen muss einzeln therapiert werden, und es gehört eine Menge Schmusen dazu. Das passt genau, denn wenn ein Neugeborenes im Haus ist, hat man alle Zeit der Welt. Wenn Neugeborene nicht schlafen, brauchen sie permanente Aufmerksamkeit. Unser Jüngster, Patrick, schlief, wenn ich richtig rechne, in den ersten drei Wochen nach seiner Ankunft insgesamt vierunddreißig Sekunden.

Was soll man den anderen Kindern sagen? »Also, zuerst die schlechte Nachricht: Wir haben jetzt jemand anderen für euren Posten. Die gute: Ihr seid auf den Rangplatz des *vormals süßesten Kindes* befördert worden. Herzlichen Glückwunsch.« Die Kinder sind nicht begeistert. Bei jedem neuen Baby kommt es mir vor, als müssten Jeannie und ich ein Eltern-Rating bestehen. Die anderen Kinder lassen ihren Frust nicht an dem Baby aus, sondern an uns. Das Baby kann nichts dafür, dass es da ist. Es ist *unsere* Schuld. Sie wissen nicht, *wie* wir das gemacht haben, aber sie wissen, *dass* wir es waren. Plötzlich lutscht unsere Dreijährige demonstrativ am Daumen und schaut uns an, als wolle sie sagen: »Meine Mutter hat mich nicht lange genug gestillt. Deswegen verderbe ich mir jetzt die Zähne, und ihr müsst Tausende von Dollars für den Zahnarzt zahlen.« Die ersten vierzehn Tage nach der Ankunft eines Babys sind, als wolle man einer Burschenschaft beitreten, nur dass es hier die Eltern sind, die geschunden werden. Und, noch schlimmer: Es wird dabei nicht einmal Alkohol gereicht.

Was ist mit dem neuen Kind selbst, Patrick? Wie ist es ihm ergangen? Begeistert war er auch nicht. Neugeborene lächeln nicht, und sie sehen einen immer mit so einem »Oh Gott, *du* ist mein Dad?«-Blick an. Patrick hatte sein eigenes Zimmer im Mutterleib, und dann musste er nach draußen in dieses Irrenhaus. Man hatte den Eindruck, er blickte sich angewidert um, als wollte er sagen: »Mann, und ich dachte schon, da, wo ich *vorher* war, sei es eng.« Ich weiß genau, wie dir zumute ist, mein Freund. Ich weiß es genau.

Nimm ihn weg! Bitte nimm ihn weg!

Esst den Krautsalat!

Selbst als kleines Kind schon hatte ich Respekt vor der ungeheuren Arbeit einer Mutter. Meine Mutter betreute mich und meine Geschwister rund um die Uhr. Es war ein Vierundzwanzig-Stunden-Job. Besorgungen machen, Essen machen, uns abholen, Kommandos aus dem Zimmer nebenan brüllen. »Esst den Krautsalat!«, wurde aus der Küche gerufen, wenn wir beim Essen saßen. Woher wusste sie, dass wir den Krautsalat nicht aßen? Hatte Mom Röntgenaugen? Wir haben uns über die gute alte Mom amüsiert, aber wir wussten, ohne sie wären wir verloren. Egal, wohin wir kamen, Mütter schienen immer ununterbrochen bei der Arbeit und immer am Rande des Zusammenbruchs. Einmal, mit zehn, übernachtete ich bei einem Freund, und wir beschlossen, zum Spaß die ganze Nacht aufzubleiben. Gegen zwei Uhr nachts hörten wir etwas rumoren – ein Monster! Wir nahmen unseren Mut zusammen und sahen nach, schlichen in den Keller und fanden die Mutter meines Freundes, wie sie, mit einer Halskrause als Kopfstütze, die Wäsche machte. Ich dachte damals: »Vielleicht schlafen Mütter nie. Mütter sind unzerstörbar!« Mütter bemutterten immer. Und entsprechend war ich überzeugt, dass Väter immer gerade vom Golfplatz zurückkamen oder zum Golfplatz gingen. Aber vielleicht lag das auch nur an den Hemden, die die Männer damals trugen.

Seit ich selbst Vater bin, bewundere ich Mütter mehr denn je. Es geht ja nicht nur um die nie endende Arbeit und den nie kommenden Schlaf. Eine Mutter muss wichtige Entscheidungen fällen, und jede Entscheidung birgt die Gefahr, bei Kindern, Ehemann, befreundeten Müttern anzuecken. Gerade bei den befreundeten Müttern gibt es eine Unmenge an Möglichkeiten für Missverständnisse und Peinlichkeiten. Sagen wir, zu Beginn ihrer Schwangerschaft hat eine Frau zwanzig Freundinnen. Mit geschätzten sechs davon entfremdet sie sich, weil die Freundinnen entweder kein Interesse an Babys haben oder weil sie neidisch sind. Als Nächstes werden vier ihr Verhalten während der Schwangerschaft nicht gutheißen. Sie ist zu verspannt, zu lässig, als Freundin nicht mehr zu gebrauchen. Damit wären wir bei zehn Freundinnen. Dann die Differenzen zum Thema Geburt, Stillen, Beschneidung, Decke oder keine Decke im Körbchen, richtiger Zeitpunkt der Rückkehr an die Arbeit. Es stellt sich heraus, dass man sich bei so etwas gründlicher entzweien kann als bei jeder Frage über Politik und Religion. Nach dem zweiten Kind ist vielleicht nur noch eine einzige gute Freundin übrig. Und die ist viel zu beschäftigt mit ihren eigenen Kindern. Manchmal staune ich, dass Mütter überhaupt noch jemanden haben, mit dem sie reden können. Wenn ein Mann erfährt, dass er Vater wird, liefert das bei seinen männlichen Freunden Gesprächsstoff für ungefähr zwanzig Sekunden. »Ich höre, ihr kriegt was Kleines! Meinen Glück... Was meinst du, wer ist der beste Quarterback im letzten Viertel?«

Selbst da war mein Kopf schon für Kappen zu groß.

Mütter müssen reden, Väter brauchen Freiraum. Ich glaube, deshalb sind Frauen in der Generation meiner Mutter zum Kaffeeklatsch gegangen. Ich weiß noch aus meiner Teenagerzeit, dass meine Mutter zweimal im Jahr verkündete: »Ich und die Damen treffen uns zum Kaffee.« Ungefähr acht Stunden später kehrte sie zurück ... nicht ganz nüchtern, sagen wir mal. »Dein Vater ist das Letzte! Und jetzt hol mir einen Döner.«

Ich glaube, mir fiele das Vatersein nicht ganz so schwer, sähe es bei Jeannie nicht immer so aus, als sei das Muttersein ein Klacks. Manchmal scheint mir, sie hat mehr als zwei Arme. Als Partnerin und Ehefrau ist sie unglaublich. Das einzige, was Jeannie fehlt, ist eine eigene Frau. Eine Frau genau wie sie. Und sollten Sie das sexistisch finden, dann kennen Sie Jeannie nicht.

Da ich nicht »geschickt mit den Händen« bin, erledigt Jeannie einen Großteil der Reparaturarbeiten, die sich bei fünf Kindern, die alles kaputt machen, zwangsläufig ergeben. Kürzlich habe ich für die Kinder einen Roller zusammengebaut, aber an einer Stelle klemmte er.

»Jeannie, haben wir einen Hammer?«

»Sicher, wir haben ungefähr drei Hämmer.«

»Und wo?«

»Im Werkzeugkasten.«

»Wir haben einen Werkzeugkasten?«

Einen Punkt gibt es, in dem lassen Jeannies übermenschliche Kräfte zu wünschen übrig. So tüchtig, wohlorganisiert, unübertroffen Jeannie sonst in allem ist, es ist unglaublich, wie oft am Tag sie ihr Telefon verliert.

»Wo ist mein Telefon?«

»Hattest du das nicht eben gefunden?«

»Ja, aber dann habe ich es irgendwo hingelegt. Kannst du mich mal anrufen?«

[RRRING]

»Da ist es. In deiner Hand.«

Jeannie spricht vom »Mutterhirn«, aber statt die Mütter als zerstreute Glucken hinzustellen, muss man nur die Prioritäten richtig setzen, dann sieht man, wie konzentriert sie die wirklich wichtigen Aufgaben bewältigen. Meine Ernährung zum Beispiel.

Jeannie ist die Mutter von fünf Kindern (sechs, wenn man mich mitzählt) und meine unschätzbare Partnerin bei der Arbeit an meinen Sketchen. Ich meine »Partner« hier nicht symbolisch wie in »Wir sollten hören, was die Frau des Patienten davon hält«. Sie ist meine *Partnerin*. So was ist selten unter Stand-up-Comedians, da staunen die Leute immer, wenn sie erfahren, dass sie nicht nur die ausführende Produzentin meiner Shows ist, sondern zudem Mutter von fünf Kindern. »Sollte Ihre Frau denn nicht fett und elend zu Hause in der Ecke sitzen?«

Den Quilt haben wir auch zusammen gemacht.

Jeannie kommt aus einer Familie mit neun Kindern, und mit all den Belastun-
gen, den Sorgen, die das Mutterdasein mit sich bringt, sind sie und ihre eigene
Mutter immer mehr zu Freundinnen geworden. Es gibt eine Sprache, die nur
Mütter verstehen. Die ganze Zeit telefonieren die beiden, dasselbe Fünfminut-
entelefonat immer wieder, ungefähr acht Stunden lang. Wenn sie nicht reden,
dann wahrscheinlich, weil Jeannie gerade wieder mal ihr Telefon verloren hat.

Das Krabbelalter

Im Krabbelalter mag ich Kinder besonders gern, nicht nur, weil man sie dann endlich bei Schönheitswettbewerben anmelden kann. (Wegen der Zähne muss man sich keine Gedanken machen. Sie gewöhnen sich an die Attrappen.) Als Klein- oder Krabbelkind wird ein Kind zwischen dem Alter von einem und drei Jahren bezeichnet. Zum Zeitpunkt, zu dem ich dieses Buch schreibe, habe ich hauptsächlich mit Babys und Kleinkindern zu tun gehabt. Ich hoffe, von nun an wird das Elternleben um vieles leichter. Das stimmt doch, oder? Ich weiß, in einem Buch kann man nicht hören, was die Leser sagen, aber ich nehme Ihr Schweigen mal als Ja.

Früher habe ich mich gefragt, warum ich Haare an den Beinen habe, aber jetzt weiß ich, sie sind für meine Söhne und Töchter im Krabbelalter da, die sich daran unter Schmerzensschreien des Vaters vom Boden hochhangeln können. Nach meinen bisherigen Erfahrungen macht ein Baby seine ersten Gehversuche mit etwa elf Monaten ... glaube ich. Meine Güte, ich weiß es nicht mehr. Jedenfalls lernen sie zuerst laufen und erst danach Fahrrad fahren und rauchen. Jedes gesunde Baby kann früher oder später laufen, aber wir tun bei diesen ersten Schritten immer, als habe sich jemand nach einer Wunderheilung aus dem Rollstuhl erhoben. »Er kann *gehen*! Ein Wunder!«

Aber nachdem die Kleinen zehn Monate lang nur umhergelegen haben, ist das Laufen schon eindrucksvoll. Genau genommen gehen oder laufen sie anfangs nicht, sie krabbeln nicht einmal. Sie tasten, hangeln sich an Möbelstücken hoch, immer auf der Suche nach der härtesten und scharfkantigsten Oberfläche, gegen die sie mit dem Kopf schlagen können. Wenn sie loslassen und ein paar Schritte gehen, ist es eher ein Stolpern oder Straucheln, wie ein betrunkener alter Mann oder ein Zombiestatist bei den *Walking Dead*.

Was mich besonders fasziniert: Sobald sie laufen können, versuchen sie davonzulaufen. Man muss nur sagen: »Ab ins Bad«, und schon rennen sie, als hätten sie einen Fluchtwagen draußen. Keine Ahnung, wie sie sich das vorstellen. Sie kommen ja nicht mal an den Türknauf. Ich rufe dann zum Beispiel:»Wie stellst du dir das vor? Du kennst doch niemanden außer uns! Überleg dir das!« Gerade zwölf Monate sind sie auf dieser Welt, sie können nicht mal eben bei Freunden unterkommen oder ins Motel gehen, aber das hält sie nicht ab. Es ist ihnen egal, was danach kommt. Sie wollen einfach nur weg.

Wenn Ihr Baby erst einmal laufen kann, werden Sie begreifen, warum Ställchen wie Gefängnisse des frühen neunzehnten Jahrhunderts gebaut sind. Das liegt daran, dass Krabbelkinder sich selbst gefährden. Die Hauptaufgabe für Eltern von Kleinkindern besteht darin, sie daran zu hindern, dass sie sich aus Versehen verletzen oder umbringen. Es ist unglaublich, wie ungeschickt sie sind. Wenn Sie mir nicht glauben, beobachten Sie mal eine Zweijährige, die versucht, im langen Kleid die Treppe hinaufzugehen. Wie eine Zeichnung von Carol Burnett. Auch das Urteilsvermögen von Krabbelkindern ist grässlich. Sie haben keins. Legen Sie ein zwölf Monate altes Kind aufs Bett, und es wird sofort versuchen herunterzukrabbeln, den Kopf voran wie ein Lemming auf Selbstmordmission. Nicht, dass diese Krabbelbewegungen ziellos wären. Stets stecken zwei Absichten dahinter: Sie suchen Orientierung und sie suchen etwas, das sie zerstören können.

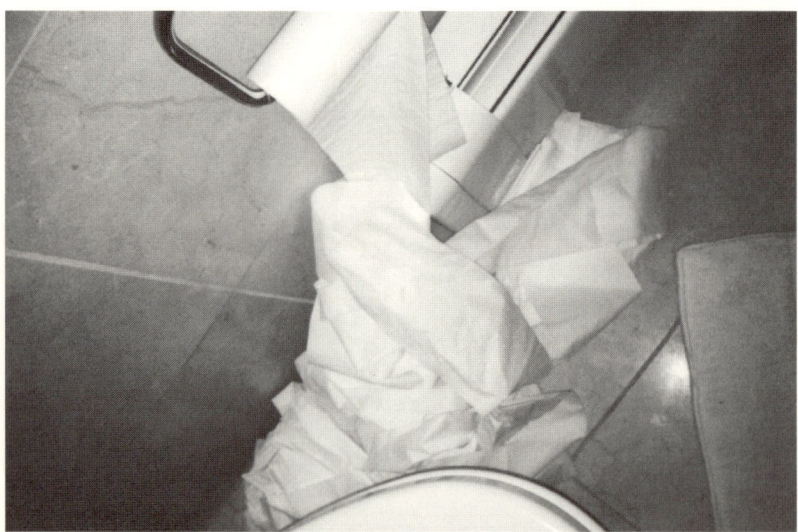

*Das kann nur heißen, dass hier irgendwo ein
unbeaufsichtigter Zweijähriger steckt.*

Krabbelkinder mögen Toilettenpapier. Ich meine, ich habe selbst gern Toilettenpapier – wer hat das nicht? Selbst der frommste Umweltfreund will nicht ohne Toilettenpapier sein. »Mehrfach gebrauchen! Recyceln! Moment ... was, wir haben kein Klopapier mehr? Legt den Wald da um, aber schnell!« Krabbelkinder mögen Toilettenpapier allerdings aus den falschen Gründen. Sie haben keine Vorstellung davon, was es ist und wozu es da ist, aber eine schöne neue Rolle davon, da lacht ihr Herz. Mit Begeisterung spielen sie damit, kleiden sich damit, essen es, und ganz besonders gern rollen sie es ab. Man muss einen Krabbler nur fünf Sekunden allein im Badezimmer lassen, und irgendwie rollen sie hundert Meter Toilettenpapier ab, in einem Tempo, das an Zauberei grenzt. Macht man, zurückgekehrt, der Sache ein Ende, schauen sie einen mit einem Blick an, der nur heißen kann: »Das war doch ganz bestimmt für mich, oder? Es hing auf Augenhöhe, und nichts im Haus macht so viel Spaß wie das.« Bisher haben die Tausendsassa bei Fisher-Price nichts erfunden, was einem Krabbelkind auch nur halb so viel Spaß macht wie eine Klopapierrolle für neunundneunzig Cent. Leider stellt sich jedes, aber auch wirklich jedes Mal nach einem solchen Abrollvergnügen heraus, dass es die letzte Rolle im Haus war. Haben Sie schon mal versucht, eine komplette Rolle Toilettenpapier wieder aufzuwickeln? Ich lasse es immer in einem großen fließenden Stapel neben der Toilette liegen. Ich werfe es nicht weg. Schließlich ist es immer noch Toilettenpapier.

Auch nach dem evolutionären Schritt vom Krabbler zum *Baby erectus* fährt man sie die meiste Zeit im Kinderwagen oder schleppt sie, wenn man sein Ziel noch innerhalb der nächsten Dekade erreichen will. Michael mit seinen fünfzehn Monaten rennt zwar mit Begeisterung durch die Gegend, erwartet aber trotzdem von mir, dass ich ihn in seinem Tragetuch überallhin trage. Michael ist groß und schwer, aber wenn ich mit ihm im Tuch unterwegs bin, komme ich gar nicht dazu, mir Sorgen um meinen Rücken zu machen, denn alle, denen wir begegnen, bewundern meinen Sohn. Michael ist ein Kind, das selbst Kinderhasser lieben. Sogar Leute, die sonst einen Bogen um jedes Baby machen würden, erliegen seinem Charme. Michael entlockt dem verstocktesten New Yorker ein Lächeln. Als schleppte ich die schwerste Bauchrednerpuppe aller Zeiten mit mir umher, aber die Sprache ist Babykauderwelsch.

Wenn man mit einem vor den Bauch geschnallten Baby durch die Gegend läuft, benimmt das Baby sich interessanterweise so, als sei *es* dasjenige, das geht, und man selbst sei nur der Blödian, der ihm auf den Rücken geschnallt ist. Es »unterhält sich« mit entgegenkommenden Erwachsenen. Wenn Babys über die *Mama-Dada-Baba*-Laute hinaus sind, produzieren sie Laute, die Worte sein *könnten*, es aber nicht sind. Das Unterhaltsamste daran ist die Ernsthaftigkeit, mit der sie diese Babyreden halten. Michael plappert mit dem beschwörenden Zungenschlag einer Obama-Rede. Leute haben eine Art, im gleichen Ton zu antworten, doch dann sieht Michael sie mit seinem »Das habe ich doch gar nicht gesagt, du Armleuchter«-Blick an.

Diese Phase ist um den zweiten Geburtstag herum vorbei, denn dann fangen die Kleinen an zu reden – und ich meine *reden*. Ununterbrochen. Als ob all das, was sie schon immer sagen wollten, jetzt in einem Sturzbach aus falschen Sätzen alles auf einmal herauskommen möchte. »Will Park kleine Rutsche Apfel essen.« »Sprich vernünftig, Kind«, sage ich dann, »du bist hier schließlich im verfluchten Scheißamerika«. Katies Englisch war mit zwei so schlecht, ich habe überlegt, ob sie womöglich von al-Qaida ist. Ich habe ihr versuchsweise mal eine Baby-Burka angezogen; da sah sie schon ziemlich gefährlich aus.

Aus irgendwelchen Gründen sind Krabbelkinder immer außer Atem. Sie klingen jedes Mal, als seien sie stundenlang zu Pferde unterwegs gewesen, um eine wichtige Nachricht zu überbringen. »Mommy, Mommy, Daddy! [*keuch, keuch, keuch*] Ich muss euch was erzählen [*keuch, keuch, keuch*] ...« Es handelt sich um so wichtige Neuigkeiten, da ist die Anrede unbedeutend. »Daddy, Mommy, Daddy! Ich muss euch was ...« – »Ja?«, ermuntere ich sie dann. »Was gibt es?« Inzwischen sieht man ihnen am Gesichtsausdruck an, dass sie vollkommen vergessen haben, was sie erzählen wollten. »Ähm ... kann ich Saft haben? Nein, ich habe mir in die Hosen gemacht.« Krabbelkinder vertrauen einem auch gern Geheimnisse an, gerade wenn man ein weißes Hemd anhat und die Kleinen vorher Schokolade gegessen haben.

Jeder mit einem Kind in diesem Alter hat schon erlebt, dass ein Kleines plötzlich ein Wort in aller Öffentlichkeit brüllt, das nur Erwachsene in wirklich unfreundlichen Situationen brüllen sollten. Einmal lieferte sich der kleine Jack mit einem Jungen im Park einen mittelalterlichen Schwertkampf und rief: »Pass auf, jetzt kommt meine lange Schwanze.«

Jeannie sagt immer, am süßesten sind Kinder mit zwei Jahren. Ich weiß nicht, warum, aber alles, was ein Kind in diesem Alter sagt, ist goldig. Vielleicht liegt es an der Quietschestimme. Oder an den falschen Wörtern: »Gestern hatten wir Sbawetti.« Oder: »Es wegnet. Da brauche ich meinen Gegenschirm.«

Sie können sprechen, aber was sie sagen, ist nicht unbedingt logisch. Dr. Harvey Karp, Verfasser von *The Happiest Toddler on the Block*, spricht von der

Höhlenmensch-Phase. Mir ist zwar nie ein Höhlenmensch begegnet, aber trotzdem finde ich, das hört sich überzeugend an. Man kann mit einem Zweijährigen nicht vernünftig argumentieren. In erster Linie muss man seine Aufmerksamkeit lenken:»Also gut, statt mit der Schere spielen wir lieber mit dem Ball. Nein, das sind Weingläser, das ist kein Ball. Komm, setz dich erst mal ins Ställchen.« Zweijährige verstehen auch nicht, dass eins aus dem anderen folgt. »Wenn du dauernd im Taxi die Schuhe ausziehst, verlierst du sie noch!« Dann geht einem auf, dass genau das ihre Absicht ist. Sie wollen ihre Schuhe loswerden. Deshalb ziehen sie sie aus. Folgen hat das nur für die Eltern. Man muss ihnen ein neues Paar kaufen. Krabbelkinder sind ein Spaß, aber die Betreuung wird nicht einfacher. Wer das zweite Jahr als »kritisches Alter« ansieht, wird sich wundern, wenn das dritte kommt.

Dreijährige sind schlicht und einfach Kotzbrocken. Sie sind immer noch unglaublich süß, aber jetzt sind sie unglaublich süß *und wissen es*. Inzwischen sind sie auch kleine Intelligenzbestien und haben keine Hemmungen, das zu zeigen. Es ist, als lebte man mit einem kindlichen Kaiser. Sie benehmen sich, als hätten sie zu allem das Recht, sie kommandieren einen herum, sie nehmen kein Blatt vor den Mund. Sie glauben, die ganze Welt drehe sich um sie. Ich weiß, das könnte genauso gut ich selbst sein, aber ein Dreijähriger kommt irgendwie leichter damit durch.

Neulich war ich mit Katie, meiner Dreijährigen, auf der Post. Als wir uns dem Eingang näherten, kam eine Dame und lächelte die Kleine an. Katie nahm den Daumen aus dem Mund, blickte die Frau von oben bis unten an und sagte dann in unfreundlichem Ton:»Was willst *du* denn hier?« Es wäre nicht so peinlich, unhöflich und lustig gewesen, wenn wir die Frau gekannt hätten. Aber wir waren ihr nie zuvor begegnet, nicht einmal jemandem, der auch nur annähernd so ausgesehen hätte wie diese Frau. In Katies Dreijährigenwelt war das eine angemessene Antwort auf jemanden, der sie anlächelte.

Katie lutscht auch mit drei noch am Daumen. Als sie zwei war, haben alle gesagt, wenn sie erst mal drei ist, hört sie bestimmt auf, aber sie hat einfach weitergelutscht. Sie ist unser drittes Kind und der erste Daumenlutscher. Daumenlutschen bringt immer eine ganze Palette von Reaktionen mit sich. Als Erstes natürlich den Gedanken, dass wir sie irgendwie vernachlässigt haben. Dass sie am Daumen lutscht, weil sie nicht genug Aufmerksamkeit bekommen hat, oder dass sie nicht lange genug die Brust bekommen hat. In Wirklichkeit bekommt sie vermutlich mehr Aufmerksamkeit und hat bessere Eltern als unsere ersten beiden Kinder. Warum dann der Daumen? Mache ich mir Sorgen, dass es eines Tages statt des Daumens eine Crackpfeife ist? Ja. Ist es wahrscheinlich, dass es so kommt? Nein.

Daumenlutschen hat etwas ausgesprochen Süßes. Ist Katie wütend, dann nimmt sie das Lutschen als Ausrufezeichen.»Ich gehe nicht ins Bad ... [Daumen rein].« Wenn sie Schnupfen hat, sieht es ungeheuer komisch aus, wenn sie gleichzeitig Daumen lutschen und atmen will.

Natürlich haben wir versucht, ihr das Lutschen abzugewöhnen. Wir haben ihr ein widerliches Zeug auf den Daumen geschmiert, an das sie sich binnen Kurzem gewöhnt hatte. Sie hat es irgendwie abbekommen und den Daumen dann mit doppelter Inbrunst gelutscht. Wir haben ihr gesagt, dass sie doch jetzt ein großes Mädchen ist, da könne sie nicht mehr am Daumen lutschen, aber damit war es ja nun erst recht etwas Besonderes und führte nur zum beidhändigen Lutschen. An der einen Hand hat sie den Daumen im Mund, die andere legt sie darüber, um die Lutschhand zu schützen. Auch bei der beidhändigen Variante lutscht sie nur an *einem* Daumen, aber es sieht aus, als spiele sie eine kleine Harmonika. Dabei summt sie leise vor sich hin, als wolle sie mit dem Daumen ihre Zufriedenheit ausdrücken. Wir nennen es »den singenden Daumen«. Ich finde, sie sollte eine Kinderfolkband gründen.

Jetzt, wo wir ein neues Baby haben, sagt unsere Kinderärztin uns, dass sie »doch erst drei« ist und wir sie einfach weiterlutschen lassen sollen, damit sie selbst entscheiden kann, wann sie aufhört. Ich wollte ihr ein Pflaster zum Abgewöhnen geben, aber Jeannie sagt, wir warten noch, bis sie vier ist. Jeder weiß, dass ein Kind, das mit vier noch am Daumen lutscht, später im Gefängnis landen wird.

Krabbelkinder sind zu süß für Strafe. Man sieht ihnen viel zu viel nach. Sie können sich noch so schlecht benehmen, aber was ist das Äußerste, was ihnen passieren kann? Dass sie mal kurz vom Platz gestellt werden. Große Sache. Ich wünsche mir nichts lieber als eine solche Auszeit. Neulich habe ich mir mit Katie ein Fußballspiel angesehen, und der Kommentator sagte:»Die Jets haben um eine Auszeit gebeten.« Katie sah, wie der Quarterback mit dem Trainer sprach, und fragte:»Warum hat er eine Draußenzeit bekommen?« Ich überlegte kurz, dann sagte ich nur:»Weil er nicht auf seinen Daddy gehört hat.«

Als Krabbelkind muss man sich um nichts Gedanken machen. Man wird nie bestraft, alle verhätscheln einen, man muss nicht zur Arbeit. Man wird behandelt wie ein König. Ich sage zu meinen Krabblern immer: »Genießt es, solange ihr könnt. Von nun an geht's bergab.«

Je mehr ich mich mit kleinen Kindern beschäftige, desto mehr geht mir auf, dass wir alle nur große Krabbelkinder sind. Ich glaube, unbewusst suchen wir ständig nach einem Weg zurück in die frühe Kindheit. Deshalb gehen wir in Bars. Seit ich Kinder habe, sehe ich Barbesuche mit völlig anderen Augen. In den meisten Bars gibt es ein Dart-Brett, einen Billardtisch und eine Reihe von Brettspielen. Es gibt Musik, Tanz, Karaoke. Und es gibt Götterspeise mit Schuss, kann man das glauben? Überlegen Sie mal, wann Sie die beiden letzten Male Götterspeise gegessen haben. Mit drei und dann noch mal in dieser Bar in Florida zur Spring Break. Haben Sie schon mal in einem Raum voller Kinder das Licht ausgeschaltet? Sofort fangen sie an zu kreischen und benehmen sich wie die Irren. Ist es da ein Zufall, dass es in Bars immer schummrige Beleuchtung gibt? Das ist für Erwachsene einfach nur das Zeichen, dass sie sich schlecht benehmen dürfen.

Wir gehen in Bars, damit wir uns dort wie Kinder aufführen können, wie Krabbelkinder. Sind Sie schon einmal um zwei Uhr morgens in einer Bar gewesen? Genauso gut könnten Sie ein Kind aus dem Kindergarten abholen. Die Erfahrung ist die gleiche. Die gleichen Verhaltensmuster. In beiden Fällen fangen plötzlich ein paar ohne jeden Grund an zu kreischen. »Huuu! Huuu! Hiiii!« Oder jemand springt plötzlich auf einen Tisch und wird von den Aufsehern zur Ordnung gerufen. Hier wie dort verfällt ganz unvermittelt jemand in Gesang: »Ca-ro-line, ach Ca-ro-line, ooh-ooh-ooooh! Alle mitsingen! Old MacDonald had a farm, ih-ah-ih-ah-oh!« Man geht auf die Toilette einer Bar und sieht sofort, manche sind noch nicht ans Töpfchen gewöhnt. Meist gibt es hier wie dort jemanden, der gerade heult. »Sie war meine beste Freundin! Aber das ist vorbei! Ich will zu meiner Mami!« Bisweilen wird geprügelt. »Der hat da gestanden, wo ich stehen wollte. Da hab ich ihm eins auf den Kopf gegeben. Ich will noch Saft.« Kindergärten und Bars um zwei Uhr morgens sind die beiden einzigen Orte, an denen es als völlig normal gilt, dass jemand unvermittelt auf den Fußboden kotzt ... und genau wie ein Krabbelkind wacht der Bargast am nächsten Morgen auf und erinnert sich an nichts mehr von dem, was er getan hat, und es ist ihm auch vollkommen egal.

Das Böse tief drinnen

Da ich Kinder habe, wasche ich mir die Hände. Natürlich habe ich mir auch schon die Hände gewaschen, als ich noch keine Kinder hatte, aber jetzt wasche ich mir *richtig* die Hände. Mediziner wären beeindruckt. Nicht, dass Sie denken, ich sei ein Reinheitsfanatiker. Überhaupt nicht. Ich habe nur eine Heidenangst vor Bazillen.

Es kommt mit der Elternschaft. Man wäscht sich die Hände, weil man das wertvolle Neugeborene vor Bakterien schützen will; dann wäscht man sich die Hände, um sich selbst zu schützen, denn kleine Kinder sind wandelnde Petrischalen voll mit allen möglichen Krankheitskeimen. Das Einzige, was noch schwächer ist als der Händedruck eines Krabbelkinds, ist sein Immunsystem.

Kleinkinder sind der beste Freund eines jeden Virus. Viren werden in der Regel durch Hautkontakt und Speichel verbreitet. Wenn man in einem Wörterbuch »Krabbelkind« nachschlägt, sollte als Erstes »Hautkontakt und Speichel« kommen. Krabbelkinder sind die Ansteckung in Person. Jeden Winter wird unsere Wohnung zur Seuchenstation. Jeannie ist ganz besessen von der Idee, das Haus sauber zu halten, aber unsere Kinder bringen Krankheitskeime mit, als ob sie sie sammelten. So ein Virus wandert in aller Ruhe von einem Familienmitglied zum nächsten. Verspottet uns: »Ach, ihr denkt, ich könnte nicht mehr. Wartet's nur ab. Ich mache nur mal ein kleines Päuschen. Dann kommt die nächste Runde.«

Man muss nicht unbedingt Wissenschaftler sein, um den Herd solcher Epidemien zu finden. Der Ursprung sind jene experimentellen, auf die Herstellung und Verbreitung ansteckender Krankheiten spezialisierten Brutstätten, die unter dem Namen Kindergarten bekannt sind.

Man stelle sich einen Brutschrank voll mit kleinen bazillenverseuchten Gestalten vor, die alle übereinander herkrabbeln und sich besabbern und beprusten, immer mit offenem Mund. Dann bringt man sie alle an einer bestimmten Stelle der Brutanstalt zusammen, der »das Töpfchen« genannt wird, und schärft ihnen ein, dass sie sich »die Finger waschen« müssen. Jedes von ihnen dreht mit seinen weit gereisten Fingerchen, auf denen sich eine Vielfalt der schönsten Geheimnisse tummelt, den Wasserhahn auf, lässt eine halbe Sekunde lang eiskaltes Wasser darüberlaufen, das den geschäftigen Bakterien, die auf diesen Fingern leben und arbeiten, als Erfrischungstrunk dient, und dreht dann mit exakt den gleichen Fingern, die ihn aufdrehten, den Hahn auch wieder zu, sodass jedes Virus oder Bakterium, das vielleicht eine kleine Verschnaufpause auf dem Hahn gemacht hat, wieder auf die kleinen Finger aufspringen und weiter an dem arbeiten kann, wozu sie auf der Welt sind. Noch ein letzter Stopp am Handtuch, an dem sich alle schon ihre Patschhändchen und/oder Nasen abgewischt haben, und eine neue Generation einer ansteckenden Krankheit ist auf der Welt.

Hatte ich schon erwähnt, dass es unmöglich ist, etwas gegen diesen Bazillensturm auf Ihre Familie zu tun? Mit dem ersten Kind werden Sie vielleicht noch zum Arzt gehen, aber beim zweiten sind Sie klüger. Wenn Sie so ahnungslos sind wie ich, erfahren Sie vielleicht jetzt erst, dass Antibiotika nicht gegen Viren helfen. Bakterien und Viren sind nämlich zwei grundverschiedene Dinge. Nicht mal entfernte Verwandte. Kein Wunder, dass ich es nie bis zum Medizinstudium geschafft habe. Nicht, dass ich je vorgehabt hätte, Medizin zu studieren, aber wenn doch, dann hätte ich bei der Aufnahmeprüfung in dieser Frage null Punkte gehabt.

Der Kinderarzt gibt einem bei Viren immer den gleichen Rat: »Lassen Sie der Krankheit ihren Lauf.« Anders ausgedrückt: »Da kann man nichts machen.« Also geht man nach Hause in seinen armseligen Bombenkeller, vollkommen wehrlos, und wartet auf den nächsten Angriff.

Ich will Terroristen nicht auf Ideen bringen, aber wenn ich eine ganze Stadt lahmlegen wollte, dann wäre die biologische Waffe meiner Wahl das Krabbelkind.

Geheimnisse und Lügen

Ich halte mich für einen vergleichsweise ehrlichen Menschen. Meistens hat man einfach weniger Schwierigkeiten, wenn man ehrlich ist. Trotzdem gehört es zu den Komplexitäten des Elterndaseins, dass man seine Kinder belügen muss. Ehrlich, ich bin schockiert, wie oft ich meine Kinder belüge. Hübscher Satz, oder? Wahrscheinlich könnte man sagen, nicht alles sind Lügen. Manches sind auch einfach nur Unaufrichtigkeiten. Manches ist gespielt. Als Vater oder Mutter eines kleinen Kindes muss man auch Schauspieler sein. Ich habe das Glück gehabt, dass ich in Filmen, im Fernsehen und am Broadway auftreten durfte, aber ich glaube, meine größten Auftritte als Schauspieler hatte ich bei meinen Kindern. Die Eltern kleiner Kinder schauspielern am laufenden Band. Man tut, als sei man begeistert darüber, dass man eine Geschichte zum fünfhundertsten Mal vorliest. Man gibt sich überrascht darüber, dass jemand allein auf der Toilette war. Für die Begeisterung, mit der ich das Gekritzel meiner Kinder bewundere, hätte ich eine Golden-Globe-Nominierung verdient. Natürlich ist diese elterliche Verstellung eine notwendige Form der Ermutigung. Die eigentlichen Lügen der Eltern hingegen scheinen mir oft sinnlos, ja beleidigend.

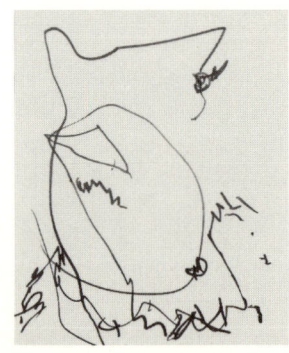

Das hast du toll gemalt, Schatz.

Ein Mann vom Nordpol, der durch den Kamin kommt, um Geschenke zu bringen, klingt um so vieles glaubwürdiger als ein Hase, der Eier versteckt. Aber kleine Kinder glauben einem alles. Ja, man schämt sich dafür, wie leichtgläubig sie sind. Ich habe ja Verständnis dafür, dass wir ihnen ein wenig von der Magie der Kindheit bieten wollen, bevor wir sie dann zum Erwachsenwerden zwingen, wo sie mit den harten Realitäten von Gasrechnungen und Zahnwurzeln zu tun haben – aber mit so was? Wer braucht diesen Unfug, den wir von Generation zu Generation weitergeben? Eine *Fee*, die einem *Geld* für seine *Zähne* bringt? Wer ist denn auf die Idee gekommen? Und warum wird es immer weitererzählt? Es wird Druck auf uns ausgeübt, dass wir diese Lügen erzählen, denn wir fürchten uns, dass wir die einzigen *ehrlichen* Eltern sein könnten und sagen: »Da hast du gerade einen Zahn verloren. Glückwunsch. Jetzt siehst du wie ein Dämlack vom Lande aus. Hier hast du einen Dollar.« Es könnte ja sein, dass wir unsern Kindern damit eine bisher zwar nicht beschriebene, aber hochwichtige Entwicklungsphase vorenthalten; es könnte sein, dass wir erst viel zu spät darauf kommen, dann, wenn wir einen toten Hamster in ihrem Rucksack finden.

Wären wir uns eigentlich einig beim Geldwert eines Zahns? Ich weiß noch, wie ich für meinen ersten Zahn einen schimmernden Quarter unter meinem Kissen fand und ganz begeistert war, dass ich einen Schokoriegel dafür kaufen konnte. Solche Sachen habe ich gelernt. In Wirtschaftsdingen kenne ich mich aus. Als Marre ihren ersten Zahn verlor, habe ich überlegt, wie viel ich ihr inflationsangepasst geben sollte, und fand einen Dollar genau richtig. Marre war sehr zufrieden, als sie am Morgen ihr Kissen anhob und George Washington ihr grimmig entgegenstarrte. Doch als sie am Nachmittag aus der Schule zurückkehrte, war sie am Boden zerstört. Was war geschehen? Unter Tränen würgte Marre hervor: »Die Zahnfee will meinen Zahn nicht! Wieso hat Nellie *zwanzig Dollar* für ihren gekriegt?!« Weil Nellies Eltern kein Kleingeld hatten, würde ich vermuten. Irgendwie haben wir alle gelernt, dass man Neugeborene nicht mehr auf dem Bauch schlafen legen darf, aber wir können uns nicht auf den Preis für einen Zahn einigen. Also wirklich, Leute.

Der Tag kommt, an dem Kinder nicht mehr an diese lächerlichen Lügen glauben. Marre, jetzt acht, fragt sich inzwischen, wie der Weihnachtsmann es per fliegendem Rentier zu jedem Haus auf der Welt schaffen kann. Wahrscheinlich kommt bald der Punkt, an dem Marre anfängt, Jeannie und mich anzulügen, sie würde noch immer an den Weihnachtsmann glauben, obwohl sie damit längst aufgehört hat. So habe ich das gemacht. Ich wollte meinen Eltern nicht den Spaß verderben, und außerdem wollte ich auch nicht riskieren, dass ich dann womöglich keine Geschenke mehr bekam.

Ich bin nicht stolz auf die Lügen, die ich meinen Kindern erzähle. Manche sind wirklich selbstsüchtig und durch nichts pädagogisch zu rechtfertigen. »Schatz, du solltest lieber nicht von Daddys Cheeseburger abbeißen. Der ist viel zu scharf.« Ich fühle mich nicht schuldig, wenn ich abstreite, dass ich Essen, das für sie bestimmt war, gegessen habe. Schuldig fühle ich mich, wenn ich behaupte, ihre Mom sei es gewesen. Eltern *wollen* ihre Kinder nicht belügen. Ich jedenfalls habe das nie gewollt. Aber ich hätte auch nie gedacht, dass ich Dreijährigen erlauben würde fernzusehen oder Kautabak zu probieren. Manchmal müssen wir lügen, damit sie genügend Angst vor etwas Gefährlichem haben. »Spielt nicht mit den Feuerwerkskörpern. Ein Freund von mir hat sich mit Feuerwerkskörpern eine Hand abgerissen.« In ein paar Jahren wird ihnen aufgehen, dass *alle* Väter einen Freund haben, der sich eine Hand mit Feuerwerkskörpern abgerissen hat. Sie werden uns als die Lügner entlarven, die wir sind, und sich für diese Heuchelei rächen, indem sie, wenn sie groß sind, ihre eigenen Kinder belügen.

Alle Eltern belügen ihre Kinder, das ist eine Tatsache. Wir wollen es nicht, aber wir müssen es. Zu den größten Lügen greifen wir, wenn wir ihnen einschärfen, nicht zu lügen. »Wenn du nicht die Wahrheit sagst, dann erzähle ich es dem Weihnachtsmann.«

»Warum ist das denn nicht der Typ aus dem Einkaufszentrum?« – Marre mit sechs.

Eine kritische Analyse der Kinderliteratur

Immer wieder hört man, dass man Kindern etwas vorlesen soll. Jedenfalls höre ich das, wenn ich meine Kinder *Sesamstraße* ansehen lasse, damit ich Zeit im Internet vertrödeln kann. »Du musst deinen Kindern vorlesen.« Interessanterweise hört man, wenn es in der *Sesamstraße* »Du musst deinen Kindern vorlesen« heißt, nie etwas wie: »Hast du gehört? Du sollst nicht *Sesamstraße* sehen! Schalte jetzt auf der Stelle den Fernseher aus und lies deinen Kindern etwas vor!« Jeder weiß, dass man Kindern vorlesen soll. Was man nicht erfährt, ist, dass man den Kindern dieselben Bücher immer und immer und immer wieder vorliest. Irgendwann, ungefähr um das zehnte Mal herum, dass man seinen Kindern eins dieser Bücher vorliest, verfestigen sich die Meinungen, die man zu diesem Thema hat – und die Zweifel daran.

- *Die kleine Raupe Nimmersatt:* Ich bin vermutlich nicht der Einzige, der bei der Hauptfigur eine Essstörung vermutet. Damit kann ich mich identifizieren.
- *Fünf kleine Äffchen:* Ich finde, nach dem zweiten kleinen Äffchen, das vom Bett sprang und sich den Kopf stieß, hätte der Arzt, den Mama rief, doch auf den Gedanken kommen sollen, das Sozialamt hinzuzuziehen. Trotzdem mahnte der Arzt nur: »Kein Affenspringen mehr auf dem Bett!« Ehrlich? Gab es da nicht einen Eid, den dieser Arzt seinerzeit schwören musste? Da rieche ich eine einträgliche Kunstfehlerklage.
- *Der Baum, der sich nicht lumpen ließ:* Eins meiner liebsten Kinderbücher, aber doch ziemlich deprimierend. Jedes Mal, wenn ich meinen Kindern das vorlese, denke ich: »Ich bin der Baum. Ich bin der Baum. Jetzt bin ich der Stumpf.« Was lernen die Kinder hier? Nimm deinen Eltern alles ab, was du kriegen kannst, bis sie nichts mehr haben, und dann kehrst du zurück, wenn

du alles verschleudert hast, ein alter Verlierer, und deine Eltern bieten dir immer noch den Stumpf, damit du darauf zusammenklappen kannst.

- *Kappen zu verkaufen:* Auch ein Buch, das ich gern mag, aber warum sollte jemand eine Kappe kaufen, die schon jemand anderer auf dem Kopf hat? Wenn die Affen auf Bäumen leben, wo verkauft dieser Händler dann seine Kappen? Wo sind die Leute? Ich habe dieses Buch schon hundertmal gelesen. Er wird keine einzige von seinen Kappen verkaufen. Er sollte sie einfach den Affen lassen. Die sind ohnehin die Einzigen, die sie wollen.

- *Goldlöckchen und die drei Bären:* Keiner fragt je, warum Papa Bär und Mama Bär in getrennten Betten schlafen. Was ist los in dieser Ehe? Da bräuchte man mehr Hintergrund.

- *Die Räder am Bus:* Ich weiß nicht, ob es ursprünglich ein Buch war, ein Lied oder eine Foltertechnik, aber es hört sich nach einer ziemlich unangenehmen Busfahrt an.

- *Gute Nacht, Mond:* Er muss jedem Gegenstand im Zimmer Gute Nacht sagen? Das Kind hat doch offensichtlich nur getrödelt. Schiere Manipulation.

- *Harold und die Zauberkreide:* Tolles Buch, aber wohin schicke ich Crockett Johnson die Rechnung für die neu gestrichenen Wände? Bin bloß froh, dass es nicht *Harold und die Zauberstreichhölzer* war.

- *Das Häschen, das weglief:* Wer hätte vor so einer Mutter nicht davonlaufen wollen? Da rede einer von Überheblichkeit.

- *Los, Hund. Los!:* Ganz schön haarig mit der »Magst du meine Mütze?«-Nebenhandlung, aber ansonsten könnte sich nichts einfacher lesen. Genau mein Tempo. Die Botschaft ist eindeutig, klar und bedeutsam. Jeder will bei einer Party auf einem Baum dabei sein. Das stimmt!

Meine Kinder bringen mir Lesen bei.

- Sämtliche Dr. Seuss-Bücher. Ist es überhaupt möglich, ein Dr. Seuss-Buch vorzulesen, ohne dass man dabei ein wenig beschwipst klingt?

Das bringt einen weiteren Aspekt der Vorlesefrage auf. Man liest ein Buch nicht einfach nur vor, man *spielt* es vor, oder zumindest wird das von einem erwartet. Jeannie gibt jeder Figur einen eigenen Schlag, jeweils mit einer ganzen Geschichte dazu. Im Vergleich dazu stehe ich schlecht da. Eins meiner Kinder hat mir gesagt, ich solle » nicht so langweilig« lesen.

Eltern haben immer ein bestimmtes Kinderbuch, das sie besonders mögen. Wenn sie davon reden, hört es sich begeistert an. »Ich bin ganz ver*liebt* in *Babar*!« *Babar* ist ja gar nicht besonders gut, aber die meisten Kinderbücher sind besonders schlecht. Viele Kinderbücher lesen sich nicht einmal, als handele es sich um eine Erstfassung. Sondern so, als habe jemand den Text mit Morsezeichen durchgegeben. »Tom hat einen Ball. Cindy hat eine Puppe. Tom und Cindy sind Freunde. Ende vom Buch. Punkt.«

Verstehen Sie mich nicht falsch. Es gibt Kinderbücher, die habe ich mit großer Freude gelesen, und weit bin ich über diese Lesestufe nie hinausgekommen. Doch wenn ich zu einem dieser alten Lieblingsbücher greife, bin ich jedes Mal enttäuscht, dass sie nicht so gut sind, wie sie in meiner Erinnerung waren. Mein Lieblingsbuch als Kind war zum Beispiel *Harry, der schmutzige Hund*. Die Geschichte ging ungefähr so: Harry war ein weißer Hund mit schwarzen Flecken, und er badete nicht gern. Er lief davon und wurde sehr schmutzig; jetzt war er ein schwarzer Hund mit weißen Flecken. Aber schließlich ist er müde und hungrig und möchte gern nach Hause zurück. Zu Hause erkennt ihn keiner, weil er ja eine andere Farbe hat, und erst als er ein Bad nimmt, sehen sie, dass es Harry ist. Wirklich? Sie erkennen einen Hund nicht wieder, der, von der Farbe abgesehen, genau wie ihr Hund aussieht, sich genauso benimmt und sichtlich schmutzig ist? Also, ich muss doch bitten. Für wie blöd haltet ihr mich? Und ich bin ja nun ziemlich blöd.

Der Ehrlichkeit halber sollte man sagen, dass es auch Titel gibt, die sich gut halten. *Thomas, die kleine Lokomotive*. Jedes Mal denke ich, das schafft sie nie bis hoch auf den Berg, und jedes Mal bin ich freudig überrascht, wenn sie es dann doch schafft. Das ist sozusagen der *Rocky* unter den Kinderbüchern. Ich warte immer noch auf den zweiten Band, *Die Rache der kleinen Lokomotive*.

Keine weiteren Fragen

Ich frage mich oft, was meine Kinder wirklich von mir denken. Ich kann albern und verspielt sein, aber manchmal muss ich auch den »richtig bösen Daddy« rauslassen. Zum Beispiel gebe ich ihnen selten eine zweite Chance. Wenn sie keinen Nachtisch bekommen, dann bekommen sie keinen Nachtisch. Ich halte, was ich verspreche. Ich will nicht böse sein, nur streng. Aber sie lassen mich wissen, wie es bei ihnen ankommt. Seit meine Kinder überhaupt sprechen können, habe ich als Antwort auf meine Strenge »Du bist ein richtig böser Daddy« in allen erdenklichen Varianten zu hören bekommen. Andererseits geben sie mir auch – meist genau dann, wenn ich anfange, mir Sorgen zu machen, dass sie mich als Tyrannen im Gedächtnis behalten werden – auf ihre unverwechselbare Art doch wieder zu verstehen, dass ich in ihren Augen nicht ganz der Diktator bin, für den ich mich halte.

Die vorherrschende Form der Verständigung im täglichen Umgang mit meinen Kindern ist offenbar das Verhandeln. »Dad, wenn ich bade, darf ich dann einen Film sehen?« »Was bekomme ich dafür, wenn ich den Tisch abräume?« Mir scheint, ich bin bei diesem Aushandeln immer der Verlierer. Es kommt mir jedes Mal vor, als feilsche ich mit meinen Kindern. Ich nehme an, das gehört zur Eltern-Kind-Dynamik dazu. Ich bin sicher, schon seit Jahrhunderten feilschen Söhne und Töchter mit ihren Müttern und Vätern. Ich frage mich, ob Jesus wohl mit Gott ausgehandelt hat, was er zu erdulden hatte.

»Jesus, du stirbst am Kreuz für die ganze Menschheit.«

»Wenn ich das mache, bekommen wir dann alle sonntags frei?«

Auffällig ist, dass es sich bei der Antwort immer um eine Frage handelt. Fragen sind für Kinder die wichtigste Form der Kommunikation. Sie lernen sprechen, und schon fangen die Fragen an. »Daddy, was machst du da? Daddy, warum machst du das? Daddy, wie lange machst du das noch? Daddy, warum setzt du beim Frühstück Kopfhörer auf und trinkst Bier?« Manchmal denke ich, der Kindergarten ist eine Erfindung von Eltern, die angesichts all der Fragen ihrer Dreijährigen einfach mal eine Pause brauchten. Diese niemals endenden Fragen fordern Antworten, die man in den meisten Fällen nicht hat. Was antwortet man auf »Daddy, warum bist du ein Standup-Chamäleon?« oder »Warum bekommen Hunde keine Windpocken«? Als mein Sohn Jack vier war, zeigte er auf eine Antenne und sagte: »Sieh mal, Daddy, ein Stock.« Ich erklärte ihm: »So was nennt man eine Antenne.« Darauf fragte Jack: »Was ist eine Antenne?« Mir ging auf, dass ich keine Ahnung hatte, wie eine Antenne funktionierte, und ich sagte »Das ist ... so eine Art Stock. Da hast du ganz recht, Kumpel.«

Selbst die Äußerungen, die der Form nach Aussagen sind, enthalten immer eine versteckte Frage. »Ich habe Hunger« heißt in Wirklichkeit »Warum gibst du mir nichts zu essen?«. »Ich muss aufs Klo« heißt »Kannst du mal die Pipipfütze da wegmachen?«.

Eine weitere Form der Endlosfrage ist die »Sind wir bald da?«-Frage. Wenn Sie von etwas sprechen, das Sie zusammen unternehmen und das den Kindern Spaß machen könnte, und es liegt ein Zeitraum zwischen dem Augenblick, in dem Sie diese Unternehmung erwähnen, und dem, in dem sie beginnt, werden Sie während dieses gesamten Zeitraums mit Fragen danach bombardiert. Wenn Sie sagen, irgendwann im nächsten Jahr könne man zu Disney fahren, öffnen Sie die Büchse der Pandora.

»Fahren wir jetzt zu Disney?« »Wie lange dauert es denn noch, bis wir zu Disney fahren?« »Ist heute der Tag, an dem wir zu Disney fahren?« »Was heißt *ein Vierteljahr*?« »Ist das ein Vierteljahr?« Es ist entscheidend, dass Sie Informationen über mögliche zukünftige Ereignisse so gut es geht zurückhalten; im Idealfall geben Sie sie erst Sekunden vor dem Ereignis preis. Dreißig Sekunden oder auch zehn, je nachdem, wie viele Fragen Sie aushalten.

Notgedrungen versuchen Eltern das Aufkommen von Fragen einzudämmen, indem sie in Elterncode miteinander reden. Eltern stecken sich Zettelchen zu, sie flüstern, sie buchstabieren sich lautlos Sachen, wenn die Kinder dabei sind. Einmal sagte Jeannie: »Erzähl ihnen nichts von dem E-i-s.« Und ich dachte: »Was bitte? Ist jemand auf der Intensivstation?«

Natürlich gibt es viele Dinge, die man nicht tun oder sagen sollte, wenn ein Dreijähriger dabei ist. Jeder weiß, dass man vor den Ohren kleiner Kinder nicht streiten oder fluchen soll. Aber bald stellt man fest, dass es nur dann Anlass zu Streit oder Fluch gibt, wenn die Kinder dabei sind. Wenn Sie mir nicht glauben, warten Sie nur, bis ein Kind ein Getränk auf Ihren Computer schüttet. Wir haben es mal mit einem »Fluchbecher« versucht, wo Jeannie und ich jedes Mal, wenn wir fluchten, Geld hineintun mussten. Zwei Stunden darauf zerbrach mein Sohn beim Spielen mit dem Ball den Becher. Und ja, ich habe geflucht. Und nicht nur Fluchen oder Streiten soll man meiden; vor allem sollen Eltern vor kleinen Kindern niemals das Wort »Eiscreme« sagen. Für die Kleinen ist das automatisch ein Versprechen. »Ja, ich will Eis.« Man kann ihnen dann nicht erklären: »Daddy hat nur gerade von Eis gesprochen. Das heißt nicht, dass wir jetzt gleich welches essen. Verstehst du?« Sie nicken natürlich und sagen dann: »Mit Schokolade.« Diese Sache mit dem Eis ist nicht übertrieben. Probieren Sie es bei einem Dreijährigen aus. Sie werden sehen. Na, haben Sie es probiert? Ich hatte Sie gewarnt. Wünschen Sie sich jetzt nicht, Sie hätten auf meinen Rat gehört? Sie haben das nicht wirklich ausprobiert, oder? Man kann aber auch niemandem mehr trauen.

Auf die Pauke

Eine vernünftige Definition von Kindern wäre »junge Menschen, die ununterbrochen Lärm machen«. Leute, die vom »Pitschpatsch kleiner Füße« sprechen, liegen ganz und gar daneben. Als würde man von Halmen sprechen und meinte einen Wald.

Wenn Kinder gleichbedeutend mit Lärm sind, dann stehen fünf Kinder für den Lärm einer Baustelle. Der Lärm unserer Kinder ist in unserer Wohnung allgegenwärtig. Mittlerweile ist es so weit, dass ich mich erschrecke, wenn es still ist. Einmal bin ich tatsächlich von einem solchen Augenblick der Stille aufgewacht: »Was ist? Werden wir gleich von einem Tsunami getroffen?«

Wie ein Orchester, das rund um die Uhr probt, können meine Kinder eine große Vielfalt an Geräuschen hervorbringen. Es sollte ein Kinderlied geben mit der Zeile »Wenn du weißt, dass du glücklich bist, behalt's für dich und störe deinen Dad nicht beim Fußball im Fernsehen.« Da wird geweint, gesummt, geklopft – und das sind nur die Geräusche, die sie machen, wenn sie schlafen. Mein Sohn Jack gibt im Schlaf tatsächlich die Geräusche von Videospielen von sich. »Biep, piep, ka-wumm, da-wumm!« Das Verrückte daran ist, dass wir keine Playstation besitzen, auch keine Xbox und keine Wii, auch wenn er diese Dinger jeden Tag aufs Neue haben will. Er träumt tatsächlich davon, dass er Videospiele spielt. Na, träumen kann man ja.

Das Schöne an diesen nächtlichen Geräuschen ist, dass man sie im Nebenzimmer kaum hört. Sie gehen einfach im Tosen der Großstadt unter. Das Schlechte ist, dass eine Nacht immer schnell vorbei ist. Und am allerschlimmsten: Am lautesten sind die Kinder am Morgen. Na, eigentlich sind sie den ganzen Tag über am lautesten. Ich glaube, ich kann sicher sein, dass ich nie eins meiner Kinder auffordern muss, lauter zu sprechen. Unsere Wohnung mag klein sein, aber unsere Kinder haben einen Ton, als müssten sie gegen das Geräusch eines Hubschraubers anschreien. Wahrscheinlich ist das der Grund dafür, dass Großeltern schwerhörig werden. Es ist nicht das Alter. Es ist schiere Notwendigkeit. Deswegen lieben die Großeltern Ihre Kinder so sehr – weil sie halb taub sind. Ich will nicht behaupten, dass es einen gleichmäßigen Lärmpegel gibt – wir reden hier schließlich von Kindern. Es gibt verschiedene Varianten von Lärm, und Kinder wissen genau, wann welche angebracht ist. Wenn das Telefon klingelt, werden sie instinktiv lauter, denn der Anruf könnte ja wichtig sein. Ein Krabbelkind, das man von einer Hochzeit oder Beerdigung wegholt, weiß, dass es schreien muss. Ob man einen Zweijährigen im Arm hat oder einen Dudelsack, macht in der Praxis keinen Unterschied. Man könnte genauso gut im Schottenrock umherlaufen.

Kreischen. Hatte ich schon von Kreischen gesprochen? Es ist ein Geräusch, das man meist mit Horrorfilmen und Achterbahnen assoziiert. Deshalb sehe ich auch oft aus, als hätte ich gerade in der Achterbahn einen Horrorfilm gesehen. Kinder kreischen mit Begeisterung. Vor Schreck, vor Glück, vor Langeweile. Sie kreischen. Seit ich Kinder habe, weiß ich das Geräusch eines Staubsaugers zu schätzen. So friedlich.

Es ist unglaublich, wie man in gewissem Maße diesem Lärm gegenüber abstumpft. Ich habe gelernt, mich auf meine Arbeit zu konzentrieren, während im Hintergrund gebrüllt wird, wie die Ärzte bei *MASH*, die operieren, während die Granaten einschlagen. Geschoss im Anflug!

Man lernt auch, verschiedene Arten von Gebrüll zu unterscheiden. Ich denke Sachen wie »Das ist ein Ich-habe-zu-viel-Zucker-gegessen-Schrei.« oder »Nur ein Ich-will-nicht-in-die-Badewanne-Geschrei«. Und dann gibt es auch den »Hat sich da jemand die Finger in der Tür geklemmt? ... Ich sollte besser aus dem Bett springen und nachsehen«-Schrei.

Es gibt einen Punkt, von dem an Geschrei ansteckend wirkt. Wenn ein Kind brüllt, brüllen selbst die, die friedlich waren oder schliefen, mit. Ich selbst habe früher nie gebrüllt, aber jetzt brülle ich. Na, vielleicht brülle ich nicht direkt, aber ich hebe die Stimme, wenn es um wirklich wichtige Dinge wie zum Beispiel Händewaschen geht. Anfangs war ich schockiert. Wieso werde ich denn plötzlich laut? Ah, jetzt weiß ich. Ich brülle, weil meine Kinder mich sonst nicht hören können. Meine normale Stimme zählt für sie nicht. Sie registrieren dann nur: »Macht ruhig weiter. Macht euch keine Gedanken, wenn ihr seht, dass ich etwas zu euch sage. Macht nur weiter.« Es sei denn, ich brülle.

Wenn Sie uns in unserem Apartmenthaus besuchen kommen, müssen Sie nicht nach der Wohnung fragen. Folgen Sie einfach dem Lärm.

Das Brüllglas: eine erstaunliche Einnahmequelle.

Das Volk Chud

Wie viele von uns bin ich in einer Umgebung groß geworden, wo man zu den Nachbarn gehen und in der Auffahrt nachsehen musste, wenn man wissen wollte, ob sie zu Hause waren. Wohnt man in einem Apartmenthaus mitten in New York, dann wohnen höchstwahrscheinlich Leute neben einem, über einem und unter einem. Man hört, wie die Nachbarn zur Arbeit gehen und wie sie am Abend wieder zurückkommen. Man weiß, wann sie außer Haus sind und wann sie duschen. Manchmal hört man, wie sie sich streiten; man hört es sogar, wenn sie Husten haben. Das ungeschriebene Gesetz in den Apartments von New York City lautet, dass Nachbarn ihr Möglichstes tun sollten, andere nicht zu stören, und sie sollten ihnen nie in die Augen sehen.

Viele in New York wohnen über oder neben einer Bar oder einem Nachtclub, und ich bin sicher, das ist sehr unangenehm. Ebenso bin ich mir sicher, dass die Nachtclub-Option gleich um vieles attraktiver würde, hätte man die Wahl, über einem Nachtclub zu wohnen oder unter der Wohnung meiner Familie.

Wir haben fünf kleine Kinder, die auf Möbel klettern, von Möbeln springen, sich vor Wut auf den Boden schmeißen und ohne jeden Grund mit dem Fuß tappen. Nicht zu Musik. Einfach so. Ohne jeden Grund. Tappen sie. Tapp, tapp, tapp. Ganz schön störend, was? Wir wohnen in dieser Wohnung jetzt seit sechs Jahren, und zweimal haben unter uns die Nachbarn gewechselt. Derzeit sind es zwei italienische Brüder, die anscheinend immer seltener in die Vereinigten Staaten kommen, seit sie in diese Wohnung gezogen sind. Ich hoffe nur, wir schädigen die Beziehung unseres Landes zu Italien nicht.

Wir geben uns Mühe, unsere Kinder am Lärmen zu hindern, aber das ist so, als wolle man die Sonne am Aufgehen hindern. Wir haben ihnen erklärt, dass unter uns Leute wohnen. Wir haben ihnen erklärt, dass das Krachen und Poltern eines Basketballs um sieben Uhr sonntagmorgens unseren Nachbarn nicht gefällt. Wir haben erklärt und erklärt und erklärt, aber leider poltert es immer noch. In all der Zeit, die wir nun mit unseren Kindern in dieser Wohnung leben, hat es nur einen einzigen Fall geben, in dem ich vorübergehend das ewige Poltern stoppen konnte. Ich erklärte meiner damals vierjährigen Tochter Marre, sie dürfe nicht dauernd hüpfen, weil das die Leute unter uns störe. Plötzlich hielt sie inne und sah mich sehr ernsthaft an. Sie sagte: »Du meinst, da wohnen Leute im Fußboden?« »Natürlich wohnen Leute im Fußboden«, antwortete ich sehr geistesgegenwärtig. »Das sind Leute vom Volk Chud, und die werden wütend, wenn jemand Krach macht. Du darfst sie nicht wecken, sonst kommen sie heraus und verprügeln uns!« Gemein? Vielleicht. Aber ich habe ihr einen Schrecken eingejagt, und mindestens eine Stunde lang hörte der Lärm auf. Dann hatte sie das Volk Chud vergessen und fing wieder mit dem Hüpfen an. Kein Triumph, aber doch ein Fortschritt.

Wenn die Nachbarn unter uns schließlich aufgeben und ausziehen, bitten sie uns jedes Mal höflich, wir mögen doch unsere Existenz vor möglichen Nachmietern geheim halten. Wir tun ihnen den Gefallen, denn wir haben ein furchtbar schlechtes Gewissen, dass sie jahrelang unter unserem Leben leiden mussten. Wir helfen ihnen, andere dazu zu bringen, in die Wohnung unter uns zu ziehen, so wie wir ihren Vorgängern geholfen haben, *sie* dazu zu bringen, dass sie in diese Wohnung zogen. Wenn es um Unehrlichkeit geht, diskriminieren wir niemanden.

Vor anderen zu verbergen, dass unsere Wohnung der reinste Affenstall ist, ist nicht leicht. Wir müssen jeden Hinweis auf Kinder aus dem Treppenhaus entfernen. Das heißt, wir müssen Roller und Kinderwagen in die ohnehin schon vollgestopfte Wohnung holen. Wir suchen die Gänge nach verräterischem Spielzeug oder fallen gelassenen Fischli ab. Wir hängen die Weihnachtsmalereien der Kinder von der Wohnungstür ab. Die voritalienischen Nachbarn, Steve und Andrea, wollten uns sogar ein Essen spendieren, damit beim Besichtigungstermin niemand von der Familie im Haus war. Eine nette Art, uns zu sagen: »Jetzt macht euch mal dünne hier.« Ich dankte ihnen, evakuierte unsere Chaostruppe aber doch auf eigene Kosten für zwei Stunden aus dem Haus.

Einmal kam ein ernsthafter Interessent zur sofortigen Besichtigung. Unsere Nachbarn riefen in letzter Minute an. Wir mussten uns etwas einfallen lassen. Es war zu spät, mit den Kindern nach draußen zu gehen, denn womöglich wären wir dem ahnungslosen Interessenten mit unserer trampelnden Kleinkindhorde direkt in die Arme gelaufen. Als wir den Makler mit dem netten Paar auf dem

Flur hörten, scheuchten wir sämtliche Kinder ins Hinterzimmer und erklärten ihnen, dass wir jetzt alle zusammen »Stillsein« spielen würden. Leider hatte ich nicht bedacht, dass eine Zweijährige die Regeln dieses Spiels nicht kannte und ohnehin nie Spielregeln befolgte. Ich hielt ihr den Mund zu, und plötzlich sah es aus wie die Szene in *The Sound of Music*, wo die Trapp-Familie sich im Kloster vor den SS-Männern versteckt.

Wir sind selbst auf der Suche nach einer neuen Wohnung, und auf der Liste finden sich keine Dinge wie »Vorkriegsarchitektur«, »originaler Stuck« oder »gute Schulen in Gehweite«. Wir brauchen einfach nur eine Wohnung, wo die Leute unter uns taub sind, womit natürlich nichts gegen Hörgeschädigte gesagt sein soll. Jedenfalls will ich nicht, dass die Chuds uns am Ende doch noch massakrieren.

Monster

Kinder fürchten sich tatsächlich vor Monstern. Ich weiß, dass ich mich als Kind vor Monstern gefürchtet habe, auch wenn mir das heute lächerlich vorkommt. Mein Sohn Jack ist ein aufgeschlossener sechsjähriger Junge voller Selbstvertrauen, und doch sorgt er sich wegen Monstern, sobald es Abend wird. Das ist nichts, was er sich ausdenkt, um Aufmerksamkeit zu bekommen. Für ihn ist es eine ernst zu nehmende Gefahr, dass sich im Flur ein Monster versteckt haben könnte, und er braucht mich zu seiner Sicherheit, wenn er ins Bad muss. Terrorangriffe oder Wirtschaftskrisen kümmern ihn nicht im Mindesten, aber er fürchtet sich vor Monstern.

Ich persönlich finde ja die Vorstellung, von einem weißhaarigen alten Kerl mit Bart und rotem Mantel, der mitten in der Nacht den Schornstein runterkommt, oder von einer zahnfetischistischen Fee, die mir etwas unters Kopfkissen steckt, während ich schlafe, viel gruseliger, aber nein, für die Kinder müssen es Monster sein.

Monster sind nur ein anderes Wort für Angst vor dem Dunkeln. Warum haben Kinder Angst vor dem Dunkeln? Weil es im Dunkeln Monster gibt. Man kann einem Kind sagen, dass es keine Monster gibt, aber dann sehen sie einen an, als sei man nicht ganz richtig im Kopf. »Stimmt, Dad. Es gibt keine Monster. Und in Wirklichkeit waren wir auch gar nicht auf dem Mond.« Und dann lassen sie einen stehen mit einer »Sag nicht, ich hätte dich nicht gewarnt«-Miene. Woher kommt diese Furcht? Es ist nichts anderes als die Furcht vor dem Unbekannten. Sie können die Monster nicht beschreiben, sie können auch nicht in Worte fassen, was die Monster mit ihnen machen würden, wenn sie sie eines Tages zu fassen bekämen, aber sie wissen, dass sie dort draußen sind. Lauern. Sie beobachten. Ganz verlieren wir diese Furcht nie – als Erwachsene geben wir den Monstern nur andere Namen wie »Bankrott« oder »Krebs«. Wenn die Makler oder Ärzte bei uns in der Wohnung wohnten, würden wir auch jeden Abend in ihr Zimmer gelaufen kommen.

Es gibt natürlich auch Kinder, die fürchten sich nicht im Geringsten vor Monstern. Meine Dreijährige, Katie, schläft mit Monsterpuppen im Bett und lässt sich Geschichten von Werwölfen und Zombies erzählen. Vielleicht ist sie einfach die Art von Mensch, die im wahrsten Sinne des Wortes »ihre Ängste zum Freund« macht. Ich kann nicht sagen, warum eins meiner Kinder dermaßen Angst vor Monstern hat, aber Jack weckt mich fast jede Nacht und versichert mir, dass sie da sind. Und wie jeder gute Vater erkläre ich ihm, dass es zwar keine Monster gibt, dass ich sie aber, wenn er nicht auf der Stelle zurück ins Bett geht, alle zusammen zu ihm ins Zimmer lasse.

Nichts gemeinsam

Ich bin keiner, der sich groß mit Hobbys abgibt. Abgesehen von essen, schlafen, einem gelegentlichen Fußballspiel, das ich mir ansehe, und natürlich essen verbringe ich meine Zeit am liebsten mit den Kindern, auch wenn ich immer wieder nur staunen kann, wie wenig wir letzten Endes gemeinsam haben. Es macht mir nichts aus, dass ein Zweijähriger weder das Verstecken noch das Finden beim Versteckspiel wirklich versteht. Ich erwarte nicht, dass eine Achtjährige sich mit mir *The Wire* ansieht, aber man sollte doch denken, dass es gewisse Interessen gibt, die wir gemeinsam haben. Mir ist klar, dass die Kinder erst kurze Zeit auf diesem Planeten weilen und dass Bildung etwas ist, das sie nicht einmal buchstabieren könnten, aber der vollkommene Mangel an Gemeinsamkeiten verblüfft mich. Nichts in meinem Leben ist mir jemals so wichtig gewesen, wie es das Aufzugknopfdrücken für meine Dreijährige ist.

Mein sechsjähriger Sohn Jack mag keine Stampfkartoffeln. Genau, Stampfkartoffeln, eines der großartigsten Dinge, die es auf Erden gibt. Das Eis unter den Kartoffeln. Ja, ich konnte mir auch nicht vorstellen, dass es so etwas gibt. Natürlich mag er Pommes, Hashed Browns und Bratkartoffeln, aber Stampfkartoffeln, das könnte genauso gut etwas aus dem Abfluss sein. »Iiih, Stampfkartoffeln!« Kinder haben einfach immer einen schlechten Geschmack.

Über den Mangel an Geschmack, den Kinder bei ihrer Kleidung an den Tag legen, kann man nur staunen. Ich bin ja selbst kein großer Freund der Mode, aber wenn man einen Dreijährigen aussuchen lässt, was er im Park tragen möchte, sind es wahrscheinlich Sachen, die nicht zusammenpassen, und vermutlich ist keine Hose dabei. »Wie wär's, wenn wir Hose und Hemd anziehen würden statt Sonnenbrille und Mütze?«

Kinder sind in den letzten fünfzig Jahren die einzigen nicht beschwipsten, nicht bekifften Menschen gewesen, die gern einer Parade zusehen. Und das nicht, weil sie so kitschig ist. Sie finden Leute faszinierend, die im Trommelrhythmus die Straße entlangmarschieren. Bei mir landet immer das schwerste meiner Kinder auf den Schultern und schaut sich den Nacken des Vordermanns beim Verbrennen in der Sonne an. So etwas ist kein Picknick.

Ein Picknick ist es, wenn man mit einem Kind im Freien isst. Kinder lieben Picknicks oder, wie ich lieber sage, »Mahlzeiten in unbequemer Kauerhaltung, bei denen man Fliegen vom Essen verscheucht«.

Genauso unglaublich ist der Musikgeschmack der Kleinen. Dieser Barney-Song, kann man das glauben? Von einer ganzen Million anderer schlechter Songs geklaut, und *Barney* soll der Urheber sein? Ein Fall für den Anwalt. Meine dreijährige Tochter Katie hat das wohl unbewusst begriffen, denn oft produziert sie ihre eigenen Remixe aus diesen offensichtlich geklauten Songs.

[*Singt*] »Ich lieb dich und du liebst mich, wir sind eine glückliche Fa-mi-li-ehh, mit einem Schnick-Schnack-Paddiwack, einem Knochen für den Hund, und der Alte ... der kommt in die Stadt!«

Sie lieben diese grausigen Lieder, bei denen es oft um das Elend anderer Menschen geht. Man denke doch nur an »Ring Around the Rosie« – da sterben Leute an der Pest. »Old MacDonald« handelt von einem armen Farmer, dem die Banken seine Farm weggenommen haben. Er *hatte* eine Farm. Wieso hat er jetzt keine mehr? Die Wirtschaft. Kinder klatschen lächelnd in die Hände dazu. Es ist einfach nur grausam.

Genauso ein Skandal ist der Kindergeschmack in Sachen Film. Man weiß, dass man alles für seine Kinder tut, wenn man zwölf Dollar dafür zahlt, dass sie sich *Die Schlümpfe* ansehen. Wenn einem einer der Filme, die Kleinkinder mögen, gefiele, würde man es für sich behalten. Ich bin mit meinen Kindern in *Yogi Bär* gegangen. Am Ende sprang der damals vierjährige Jack von seinem Sitz auf und rief: »Das war unglaublich!« Ich antwortete mit einem angemessenen: »Psst! Spar dir die Begeisterung für einen Pixar-Film auf. Der Saal hier ist voll mit Kindern in deinem Alter. Mach dich nicht lächerlich.« Es hätte nicht viel gefehlt, und ich hätte mich zu den Eltern hinter mir umgedreht und erklärt: »Er meint das sarkastisch.«

Natürlich sollte ich nicht überrascht sein, wenn meine Kinder darum betteln, dass sie zum zwanzigsten Mal *Spy Kids 2* sehen dürfen. Schließlich lassen sie sich nach wie vor von einem Karussell beeindrucken. Auch als »langweiliger Klapperkasten« bekannt. Vierzig Jahre nachdem Menschen den Mond betraten, sind meine Kinder verrückt vor Begeisterung, wenn sich eine Ansammlung von Plastikfiguren langsam im Kreis dreht. »Schau mal! Ein Karussell! Daddy, dürfen wir mitfahren? Bitte, bitte.« Und dann fährt man immer und immer wieder im Kreise, so langsam, dass es einen zur Verzweiflung bringt, und zu Musik, die sie nicht einmal in einem Aufzug spielen würden. Nichts daran ist spannend. Deshalb sind diese erbärmlichen Kunstledersicherheitsgurte auch alle locker. Diese Sicherheitsgurte werden niemals zum Einsatz kommen. Bei einem Stock-Car-Rennen, da hat man doch wenigstens die Aussicht, dass es mal einen spektakulären Unfall gibt.

Katie dreht sich mit Begeisterung auf einem Klapperkasten im Kreis.

Ich fürchte, ich werde nie etwas anderes mit meinen Kindern gemeinsam haben als den Nachnamen. Das Traurige ist: Bis sie alt genug für guten Geschmack sind, bin ich längst einer von diesen senilen Kackern mit schlechtem Geschmack. »Also wirklich, Dad. *Das* willst du anziehen? *So was* hörst du? Du siehst dir den Schlümpfe-Film an?« Allmählich verstehe ich das mit der Kluft zwischen den Generationen. Na, immerhin wird uns immer McDonald's bleiben.

Hotel New York City

Wir leben in New York City in einem fünfgeschossigen Walk-up. Für die Land-
eier unter den Lesern: Ein *Walk-up* ist ein Apartmenthaus von solchem Luxus,
dass es auf einen Aufzug verzichten kann. Man spricht von einem Walk-*up*, weil
man nie wieder freiwillig nach unten möchte, wenn man bei sich angekommen ist. Um es noch deutlicher zu machen: Stellen Sie sich vor, Sie haben einen
Fernseher ohne Fernbedienung, und jedes Mal, wenn Sie umschalten wollen,
müssen Sie fünf Stockwerke hochgehen und dabei den Kinderwagen tragen. In
meinen Träumen kommen oft Aufzüge vor.

Ich sollte dazusagen, dass es sich um eine Wohnung an der Bowery in Manhattan handelt. Für diejenigen Leser, die diesen Teil von New York kennen und
nicht gerade auf Heroinentzug sind, sei hinzugefügt: der Ausdruck *Hobo* für
einen Landstreicher bezeichnete ursprünglich die armseligen Gestalten, die um
die Kreuzung HOuston und BOwery wohnten. Hey, genau da liegt unsere Wohnung. Ist das nicht cool, hip und ironisch? Die winzige vollgestopfte Wohnung,
in der ich meine Kinder aufziehe, liegt an genau der Ecke, von der die Stadtstreicher kommen. Das nenne ich Lokalkolorit.

Ich liebe das Leben in New York und bin stolz darauf, dass ich hier zu Hause bin. New York ist eine Weltstadt und als solche äußerst wichtig für Handel,
Finanzen, Medien, Kunst, Mode, die Wissenschaften, Technik, Erziehung und
die Entertainment-Industrie. New York ist die Heimat der Vereinten Nationen
und hat seit jeher alle erdenklichen Kulturen willkommen geheißen. Neuerdings
sogar die der Eltern. Auch wenn es in den beiden letzten Jahrzehnten in diesen
Dingen beachtliche Fortschritte gegeben hat, ist New York bis heute nicht gerade eine Stadt, in der man sich Kinder vorstellen kann.

In den vergangenen Jahren haben sich mehr und mehr Eltern entschieden, in der Stadt zu bleiben, statt die lange, frustrierende Fahrt zur Arbeit durch
verstopfte Straßen auf sich zu nehmen. Tolle Spielplätze sind eingerichtet wor-

den, es gibt Kinderbetreuung, sogar Events speziell für Kinder, und das alles in dieser großartigen Stadt. Nimmt man das mit all den Vorteilen zusammen, von denen ich oben gesprochen habe, hört es sich nach idealen Bedingungen für die Aufzucht lebenstüchtiger junger Menschen an. Das Problem ist, dass all die wunderbaren Orte und Unternehmungen, die uns die Stadt New York zu bieten hat, für eine fünfköpfige Familie unerreichbar sind.

Wir haben kein Auto, keinen Geländewagen, keinen achtsitzigen Van, nicht mal einen von diesen Bussen, mit denen die Partridge Family immer unterwegs war. Als Haupttransportmittel bleiben uns also Taxis, unsere Füße und die Untergrundbahn. Taxis sind vermutlich die bequemste Art, sich in New York zu bewegen. Ich weiß, sie sind superteuer, wenn auch nicht so teuer wie Benzin und Parken für ein Auto. Taxis bringen einen von Tür zu Tür, und die Fahrer sind immer verrückte Typen. Warum macht man nicht einfach alles per Taxi? Nun, die Stadttaxis in New York dürfen immer nur maximal vier Fahrgäste befördern. Richtig, es ist nicht erlaubt, dass ich meine ganze Familie in ein einziges Taxi zwänge. So viel zum Thema Taxi. Also zu Fuß gehen.

Mir hat es immer großen Spaß gemacht, in New York zu Fuß unterwegs zu sein. Nach einem Auftritt in einem örtlichen Comedy Club bin ich, wenn es ein milder Herbstabend war, lieber zu Fuß nach Hause gegangen, auch wenn eine U-Bahn-Fahrt schneller gewesen wäre. Sicher, ich bin ein Geizkragen, aber es ging mir nicht um die zweieinviertel Dollar, die ich dabei sparte. Eine halbe Stunde in der Stadt unterwegs zu sein, das ist eine ganz andere Erfahrung als eine halbe Stunde Spaziergang in einem öden Kornfeld. Es gibt so viel zu sehen, zu hören, so viele Leute zu beobachten, dass die Zeit wie im Fluge vergeht, und ehe man sich versieht, ist man an seinem Ziel angekommen. Schließt man in seine Überlegungen allerdings eine Handvoll Kinder und einen Kinderwagen ein, sieht die Rechnung gleich ganz anders aus.

Es mag sich einfach anhören, einen Kinderwagen über einen Bürgersteig zu schieben, aber man darf nicht vergessen, dass Kinderwagen ein Bermudadreieck für Kinderschuhe sind. Eigentlich sollten die Wagen nur mit einem Coupon für ein Paar Gratisschuhe verkauft werden. Man kommt mit so einem Wagen keinen halben Häuserblock weit, bevor das Kind nur noch einen Schuh anhat. Man hat keine Ahnung, wann oder wie sie den anderen abbekommen haben oder wie man nicht merken konnte, dass ein Schuh von etwas, das man vor sich herschiebt, herabgefallen oder -geflogen ist. Hätte er einem denn nicht unter die Füße kommen müssen? Schuhe für Krabbelkinder sollten im Dreierpack verkauft werden. Aber dann würde man immer den falschen verlieren. Das nächste Problem sind die Kinder, die mit einem »gehen«. Kleinkinder haben kurze Beine und beschweren sich gern. Außerdem wird es ihnen schnell langweilig, einfach nur rasch geradeaus zu »gehen«. Jedes Eisengitter, jeder Hydrant, jeder Baumschutz, jede Stange, jeder Hauseingang wird Bestandteil ihres ganz persönlichen Hindernislaufs. Ein simpler Spaziergang wird zu *meinem* ganz persönlichen Hindernislauf ... wobei meine Hindernisse auch noch *in Bewegung* sind, während ich verzweifelt versuche, die Kleinen vor Todesfallen wie Baumgittern, Hauseingängen, Rampen und Stangen zu schützen und aufzupassen, dass sie nicht zu nahe an den Rinnstein kommen, wo riesige Lastwagen und rücksichtslose Radfahrer nur einen Zollbreit entfernt sind und sie jederzeit über den Haufen fahren könnten. Bleibt also die U-Bahn.

Die U-Bahn ist eine schnelle und kostengünstige Möglichkeit, doch von dem Augenblick an, in dem das Drehkreuz Ihrem Kind gegen den Kopf knallt, über die Schrecksekunde, wenn das Kind beinahe in die Ritze zwischen Bahnsteig und Zug fällt, die Erkenntnis, dass keiner im Traum daran denkt, Ihnen einen Platz anzubieten, das Kind (es ist immer eines dabei), das tatsächlich an der Haltestange, die 800 Millionen schmutziger Hände berührt haben, *leckt*, den Moment, in dem man seine Haltestelle um ein Haar verpasst, weil es so voll ist, dass man nicht aussteigen kann und man nicht will, dass die Kinder zertrampelt werden, den Punkt, an dem man den Kinderwagen drei Treppen hinaufschleppt, hinter Leuten, die so langsam gehen, dass man an sich halten muss, nicht auf sie einzuschlagen, bis hin zu dem Augenblick, in dem man sieht, dass das Museum wegen Renovierung geschlossen ist, ist dieses schnelle, kostengünstige, umweltfreundliche Verkehrsmittel eher eine Heimsuchung Gottes als eine Möglichkeit, von Punkt A zu Punkt B zu gelangen.

Warum Leute sich davor fürchten, die U-Bahn zu nehmen.

Der Nutzen all dieser großartigen Spielplätze, Musikschulen und kulturellen Einrichtungen nimmt also dramatisch ab, denn bis man dort angelangt ist, ist man nur noch ein geplagter Schatten seines vormaligen Ichs. Und anstatt begeistert seinen Kindern die uralte Kunst des Tempels von Dendur zu zeigen, ist man bereits vor Schrecken starr beim Gedanken an die Rückfahrt und würde Milliarden von Dollars für die rubinbesetzten Pantoffeln zahlen, bei denen man nur die Hacken zusammenschlägt und in seiner klimatisierten Wohnung im Bett landet, von Tränen der Dankbarkeit überströmt und »Heim, trautes Heim!« rufend.

Kinder mitten in New York aufzuziehen ist schon verrückt. Warum bleiben wir dann da? Warum ziehen wir nicht in die Vorstadt oder nach L.A.? Oder zumindest in eine größere Wohnung? Also ich finde, ich kann einfach nicht aus New York weg. Los Angeles? Ich will mich nicht dauernd mit Sonnencreme einschmieren, außerdem wird mein Körper von der dort selbstverständlichen Bestform immer abweichen. Und ich liebe New York. Ich weiß, als ich zehn war, in Indiana, da habe ich mich umgesehen und gedacht: »Das muss doch ein Fehler sein. Ich gehöre hier nicht hin.« Ich gehöre nach New York. Ich brauche die Energie dieser Stadt, die Vielfalt, die Bequemlichkeit. Manchmal breche ich zehn Minuten bevor ich auf der Bühne stehen soll zur Arbeit auf. Das will ich nicht hergeben. Ich arbeite in New York City, tagsüber und am Abend. Wenn ich außerhalb wohnte, wäre ich nur noch unterwegs. Außerdem gibt es in New York so etwas wie »normal« einfach nicht. Ich bin in einer Kleinstadt aufgewachsen, wo jeder Mensch ein weißer Christ war und Giovannis italienisches Restaurant als exotische Küche galt. Ich möchte, dass meine Kinder in der ganzen Buntheit des gesellschaftlichen, wirtschaftlichen und kulturellen Lebens aufwachsen. Es gefällt mir, wenn mein Fünfjähriger in der U-Bahn eine Frau in der Burka sieht und fragt, ob das ein Ninja ist. Jeannie und ich hätten gern eine größere Wohnung, aber da fehlt etwas, das uns für das, was wir wirklich bräuchten, Geld in die Kasse spült. Ein Buch zum Beispiel, das Unmengen von Leuten kaufen. Ich danke Ihnen, dass Sie uns zu einer größeren Wohnung verhelfen. Erzählen Sie es weiter. Ich würde Sie dafür glatt in die neue Wohnung einladen, aber dann müsste ich Hosen anziehen.

Vamanos

Kürzlich, an einem warmen, sonnigen Tag, der für ein Nickerchen viel besser geeignet war als für eine Plackerei in der freien Natur, bin ich ganz allein mit meinen sämtlichen fünf Kindern in den Park gegangen. Ich mache so etwas, weil ich ein großartiger Vater bin, und außerdem hatte Jeannie es befohlen.

Nun ist das Einzige, was mir noch schwerer fällt, als Jeannie und die Kinder bei meinen Auftritten allein zu lassen, der Versuch, zu einer Unternehmung gleich welcher Art die ganze Familie aus dem Haus zu bekommen. Vermutlich ist es einfacher, im Eistanz den vierfachen Rittberger zu springen, als meine fünf Kinder rechtzeitig zum Aufbruch zu bewegen.

Man weiß, wie schwer es ist, eine größere Gruppe in Bewegung zu bringen. Keine Ahnung, wie Moses das geschafft hat. »Haben jetzt alle ihre Schuhe an? Vor zwei Tagen wollte ich aus Ägypten aufbrechen, damit wir ins Gelobte Land kommen!« Ich stamme selbst aus einer großen Familie, da habe ich früh gelernt, wie unmöglich es ist, dass alle zusammen aus dem Haus gehen, und ich bin sicher, es gibt irgendein Naturgesetz, mit dem sich das erklären lässt, etwas wie »Wenn ein Körper Druck auf fünf andere Körper ausübt, bewegt sich keiner in dieselbe Richtung.« Als ich klein war, ist mein Dad einfach ohne uns losgegangen. Meine Mutter hat dann immer gefragt: »Wo ist er? Ist er weg?« Ich dachte: »Blödmann.« Jetzt verstehe ich ihn.

Wenn man kleine Kinder hat, kann man nicht einfach sagen: »So, Leute. Auf geht's«, und dann zur Tür hinausgehen. Man kann auch nicht sagen: »In fünf Minuten brechen wir auf!«, und dann noch schnell die Emails abrufen. Man weiß, dass die Kinder keinen Finger rühren, um sich für den Aufbruch bereit zu machen, nicht einmal wenn ein Ausflug ansteht, den sie sich selbst wünschen. Man muss sie mit Körpereinsatz an die Wohnungstür bringen. Ist irgendwo in der Nähe ein elektronisches Gerät eingeschaltet, müssen Sie es ausschalten, damit das Kinderhirn die Tatsache, dass Sie zu ihm sprechen, verarbeiten kann. Selbst wenn Schuhe an der Tür aufgereiht stünden, wäre von jedem Paar mindestens einer auf geheimnisvolle Weise verschwunden, ehe Sie sämtliche Schuhe auf sämtliche Füße stecken können. Bei jeder Aufbruchsplanung muss Zeit für die Schuhsuche einkalkuliert sein. Wenn ein Kind noch im Windelalter ist, müssen Sie davon ausgehen, dass es in exakt dem Augenblick in die Windel kackt, in dem Sie »So, jetzt sind wir endlich so weit!« rufen. Wenn es Winter ist und Mützen, Handschuhe, Schals und Fäustlinge im Spiel sind, geben Sie am besten gleich auf. Besser, Sie bleiben einfach im Haus. Bis alle eingepackt sind, ist es Frühling.

Und es handelt sich ja nicht einfach nur um einen Aufbruch. Es handelt sich um einen Aufbruch mit Ausrüstung. Unglaublich, was man alles dabeihaben muss, wenn man mit Kindern unterwegs ist. Auf dem Weg in den Park braucht man Windeln, Wischtücher, Packungen mit Saft und Sonnenschutzmittel. Und dazu kommen noch die Sachen für die Kinder. (Doch, doch, ich bin noch da.)

Wenn Sie alles beisammen haben, was *Sie* für die Kinder brauchen, müssen Sie sich um das kümmern, was *die Kinder* sich mitzunehmen in den Kopf gesetzt haben. Es ist niemals das, was man vernünftigerweise mit in einen Park nehmen würde, einen Ball und einen Schläger zum Beispiel. »Daddy, ich möchte mein Knetgummi mit in den Park nehmen.« Nun verzögert sich der Aufbruch auch noch um die zwanzigminütige Debatte darüber, in der man vergebens versucht zu erklären, warum Knetgummi, Brettspiele und Kleider zum Verkleiden nicht das Richtige für draußen sind. Meistens gestatte ich ihnen, ein Spielzeug mitzunehmen, bei dem es entweder nichts ausmacht, wenn sie es im Park verlieren, oder es ist Knetgummi.

Bei dieser Ein-Spielzeug-Regel bin am Ende meist ich selbst der Dumme. An dem Tag, von dem hier die Rede ist, zum Beispiel dem Tag, an dem meine Frau mich nicht mein Nickerchen halten lassen wollte, beschloss Jack, unser Sechsjähriger, dass er seine Mundharmonika mit in den Park nehmen will – eine Harmonika, von der seine ältere Schwester Marre mit einem Mal überzeugt war, dass es *ihre* sei. Ich musste die zweite Harmonika suchen, damit sie beide Exemplare im Park verlieren konnten. Die dreijährige Katie, Zeugin dieser Auseinandersetzung, verkündete als Nächstes, sie wolle »auch eine Monika« mit in den Park nehmen. Aber wir hatten nur die zwei Harmonikas (oder Monikas). Ich musste Katie überzeugen, dass eine rote Plastikflöte auch als Monika galt. Marre, immer ein guter Kumpel, unterstützte mich bei diesem Täuschungsmanöver. Als der einjährige Michael in seiner unverständlichen Babysprache allem Anschein nach nun auch noch eine Monika forderte, reichte ich ihm einfach ein

Spielkissen, das Geräusche von sich gab, und erklärte, das sei eine Harmonika. Er schien zufrieden; vielleicht war es auch nur ein Rülpser.

Wo wir beim Rülpsen sind: Kinder verstehen das nicht; auch nicht die Frage, wann sie austreten müssen. »Musst du auf die Toilette? Kann es sein, dass du auf die Toilette musst? Versuch doch mal, ob du auf die Toilette musst.« Allenfalls müssen sie austreten, wenn sie gerade an einem Ort ohne Toilette sind. Mittlerweile bin ich so weit, dass ich ihnen befehle, auf die Toilette zu gehen.

»Aber ich muss nicht.«

»Geh trotzdem.«

Nachdem alle getan hatten, als gingen sie aufs Töpfchen, waren wir zum Aufbruch bereit. Dann meldete sich Marre, die alte Besserwisserin: »Mom sagt, wir brauchen Sonnencreme.« Meine Schultern sanken, doch ich griff zu Sonnencreme und machte mich an die mühsame Arbeit, meine bleichen Sprösslinge vor der bösen Sonne zu beschützen. Ich bin noch nicht einmal zur Tür hinaus und schon vollkommen erledigt. Eine Stunde später schleppten wir uns die fünf Treppen hinunter. Ich trug den Säugling in einer Trageschlaufe, hatte den Einjährigen auf dem Arm, hielt die Dreijährige an der Hand und ermahnte den Sechsjährigen und die Achtjährige, sich am Geländer festzuhalten. Unten angekommen, wies ich die Achtjährige an, den Einjährigen festzuhalten, damit ich aus dem ersten Stock den Doppelkinderwagen holen konnte, den unsere kinderlosen Nachbarn uns zum Glück dort abstellen ließen, zusammen mit den Rollern für die beiden Großen.

Ich schob den Einjährigen und den Dreijährigen im Doppelkinderwagen, hatte den Säugling am Hals sowie die beiden Großen auf ihren Rollern im Blick. Ich war Superdad. Meine Erleichterung darüber, dass mir der Aufbruch aus der Wohnung geglückt war, zusammen mit meiner vollständigen Erschöpfung, gaben mir offenbar den äußeren Anschein von Ruhe und Selbstvertrauen. Fremde sahen mich an, als betriebe ich eine mobile Kindertagesstätte. Stolz steuerte ich den Hundeplatz an. Spielplatz, meine ich. Denn genau wie Hunde brauchen Kinder – so sehr ein träger Bursche wie ich das auch bedauern mag – frische Luft und Bewegung, und da wir keinen Garten haben, kann ich nicht einfach die Tür aufmachen und sie nach draußen lassen. Ich könnte es versuchen, aber wahrscheinlich bekäme ich binnen Kurzem einen Besuch vom Sozialamt.

Kinder brauchen einen Garten. Das höre ich von Freunden, die in die Vorstadt gezogen sind, damit ihre Kinder diesen sagenhaften Garten bekommen können, in dem sie diese Kinder dann nur ungern spielen lassen, weil sie zu viele Fernsehsendungen über Vorstadtkriminalität gesehen haben. Ich weiß, ein Vorstadtgarten hat seine Vorteile, aber ich arbeite nun einmal bei Tag und am Abend in der Stadt und möchte, dass meine Kinder mich kennen. Mir ist bewusst, dass ich dadurch, dass sie keinen Garten haben, meinen Kindern etwas vorenthalte. Meine Schwester Cathy wohnte eine Zeit lang in einem Haus in der New Yorker Vorstadt. Zu Thanksgiving besuchten wir sie in diesem schönen Haus mit dem großen Garten. Noch Monate später fragten meine Kinder immer wieder, ob wir nicht »die Tante mit dem Haus im Park« besuchen könnten. Aber eigentlich sind die Parks und Spielplätze von New York der Garten meiner Kinder. Was aber leider bedeutet, dass wir bisweilen tote Ratten, Stadtstreicher oder benutzte Nadeln in unserem Garten finden; doch ich denke, das kräftigt die Persönlichkeit meiner Kinder und auch ihr Immunsystem. Das war also das Ziel des heutigen Tages: unser Garten. Und nach nur zwei Stunden waren wir da.

Ein Besuch auf dem Spielplatz ist im Grunde etwas anderes als ein Besuch im Park. Meine Kinder sind Stadtkinder, sie wachsen auf Spielplätzen auf, und manchmal beschweren sie sich, dass wir immer auf denselben Spielplatz gehen. »Da sind wir doch gestern erst gewesen!« Also wechseln wir die Spielplätze. New Yorker Spielplätze sind meist nach bedeutenden Einwohnern von New York benannt, von denen noch nie jemand gehört hat. Eltern gewöhnen sich mit der Zeit Spitznamen für die verschiedenen Plätze an; da wären »der schmutzige Park« (DeSalvio Playground), »der gefährliche Park« (Columbus Park in Chinatown), »Fatzkepark« (Bleecker Playground), das »Kidnapperparadies« (Ancient Playground), »Erste/Erste« (den richtigen Namen weiß ich nicht), der »Junkiepark« (Tompkins Square Park) und schließlich »der Park« (Central Park).

Das Lieblingsfundstück meiner Kinder bei einem
kürzlichen Besuch im Washington Square Park.

Schon mehr als einmal habe ich mich für den umherschlurfenden Heroin-süchtigen, für den die Menschen mich wohl halten, entschuldigen müssen. »Ist das ein Zombie?«

»Ja, ganz genau. Ein Zombie.« Ich glaube, New York ist der einzige Ort auf der Welt, an dem Kinder nicht in Sandkästen spielen können, weil sie wegen Rattendreck geschlossen sind. Die Dynamik eines New Yorker Spielplatzes ist faszinierend. In der Regel sind Kinder jeder Rasse und jedes sozioökonomischen Hintergrunds da. Es gibt Mütter, Väter, Großeltern und Kindermädchen. Manche telefonieren, manche reden miteinander, manche spielen sogar mit den Kin-dern, aber meist sind die Kinder dort ganz für sich. Auch wenn aufmerksame Augen nie weit fort sind, kommt es den Kindern vor, als sei dies der einzige Ort, an dem sie wirklich frei sind. Ich beobachte mit Begeisterung, wie Kinder im Park Kontakte knüpfen. Für kleine Kinder ist es so viel einfacher als für Er-wachsene, sich anzufreunden. Es ist faszinierend, mit was Kinder ein Gespräch beginnen.

»Magst du *Krieg der Sterne?* Ich mag *Krieg der Sterne.*«

Ein Kind mit einem *Cars*-T-Shirt: »Den Film habe ich auf DVD.«

Oder einfach: »Wollen wir spielen?«

Manchmal geschieht es auch schweigend. Sie fangen einfach das Spiel mit einem Kind an, das sie überhaupt nicht kennen. Das ist, als ginge man zu einem Erwachsenen auf die Tanzfläche und begänne einen Tanz mit ihm. Ich habe das mal bei einem Ballettabend probiert, aber die Leute dachten, ich sei betrun-ken. Zugegeben, das war ich, aber darum geht es hier nicht. Wäre der Umgang der Menschen miteinander doch nur immer so einfach, wie er es für Kinder ist.

Manchmal begegnen meine Kinder auf dem Spielplatz Kids, die sind einfach nur beknackt. Ich weiß, Eltern sollen Kindern Freiraum geben, damit sie sich selbst ihren Platz in der Welt suchen können, und das schließt auch ein, dass sie mit Schlägern zurechtkommen müssen, aber ich kann das einfach nicht mit ansehen. Wenn ich merke, dass ein Kind ein anderes drangsaliert, dann muss ich mich einmischen.

»Was ist hier los?«

Das andere Kind sieht mich dann meistens an, als wolle es sagen: »Schon wieder einer von diesen verrückten Erwachsenen.«

Einmal näherte sich mein Sohn Jack, damals drei, ein paar Siebenjährigen, die im Park Karten spielten, und sah einfach nur zu. Einer von den Jungs sagte zu meinem Sohn: »Hau ab, Blödmann!« Die anderen lachten.

Ich griff sofort ein. »*Du* bist hier der Blödmann! Du bist der blödeste Blödmann auf der großen weiten Welt.« Der Rabauke rannte mit Tränen in den Augen zu seinem Aufpasser, und der sah mich wütend an. Ich lächelte nur, denn der Sieg war mein. Ich weiß, ich werde nicht immer da sein, um meinen Kindern beizustehen, aber ich kann doch dafür sorgen, dass ihnen manche unangenehme Erfahrung erspart bleibt, und vielleicht tun sie so etwas dann auch anderen Kindern nicht an. Natürlich räche ich mich damit auch für das, was man mir als Kind alles angetan hat. Ich habe immer gehofft, ein weißer Riese erscheint und rettet mich vor den Schlägern. Jetzt bin ich der weiße Riese. Nennt mich Thor.

Schlecht dran ist man, wenn eins der Kinder aufs Klo muss. Wir erinnern uns, zu Hause mussten sie nicht, aber jetzt (fünf Minuten später) schon. Ich habe schon manchen schwierigen Augenblick in meinem Leben durchstehen müssen, und der Besuch einer öffentlichen Toilette in einem New Yorker Park mit einer Dreijährigen steht weit oben auf der Liste. Toiletten in New Yorker Parks wirken immer wie der Tatort eines Verbrechens. Man rechnet damit, dass man gelbes Absperrband sieht und die mit Kreide gezeichneten Umrisse einer Leiche.

Meistens läuft Wasser und ein Stadtstreicher wäscht sich, so gut es geht. Diese Leute sehen einen immer an, als sei man bei ihnen zu Hause eingedrungen. Der einzige Unterschied zwischen einer New Yorker Parktoilette und dem Schauplatz eines Verbrechens ist der, dass der Schauplatz am Ende sauber gemacht wird. Sie fragen mich, warum ich – wenn es so grässlich und angsteinflößend ist und ich kein Serienmörder bin – je eine New Yorker Parktoilette betrete? Warum gehe ich nicht nach Hause, in ein Lokal oder kaufe meinem Kind etwas Neues zum Anziehen? Alles, nur nicht die Parktoilette? Ich gehe dorthin, weil eine Dreijährige, die sagt, sie müsse auf die Toilette, nicht meint »in den nächsten Minuten«. Sie meint sofort. Meistens kurz vor sofort. Sie sagen es einem immer erst im letzten Moment.

DREIJÄHRIGE: Ich muss auf die Toilette.
ERWACHSENER: Jetzt gleich?
DREIJÄHRIGE: Bin gleich fertig.

Nasse Hosen, ein schlimmer Sturz, Wutausbrüche, das alles sind Zeichen, dass es Zeit ist, den Park zu verlassen. Wenn Sie schon glaubten, es sei unmöglich, das Haus mit einer Horde Kinder zu verlassen, dann stellt sich nun die zweite

Aufgabe, wieder mit ihnen dorthin zurückzukehren. Man könnte zehn Stunden im Park verbringen und die Ankündigung, dass es Zeit ist zu gehen, würde trotzdem noch mit einem gequälten »Ach, Mann!« oder »Nur noch fünf Minuten!« aufgenommen. Kinder wollen einfach nie irgendwo weg. Sie sagen nie »Du, ich bin müde. Lass uns nach Hause gehen«. Je müder sie werden, desto weniger wollen sie weg und desto dringender wird es für Sie, den Aufbruch zu organisieren, bevor gar nichts mehr geht. Andere Leute werden immer glauben, Sie brächen zum falschen Zeitpunkt mit Ihren Kindern auf. Entweder sehen sie Sie scheel an, weil Sie zu früh gehen – »Ihr wollt schon gehen?« –, oder Sie sind der verantwortungslose Vater. »Der kleine sieht ja so müde aus. Ich glaube, der muss dringend ins Bett.« Man kann nur staunen, dass Leute mit Kindern überhaupt irgendwohin gehen.

Plötzlich gibt es also etwas, das noch schlimmer ist als der Aufbruch aus dem Haus: die Rückkehr ins Haus. Obwohl es schon eine Stunde nach Essenszeit ist, ist man gezwungen, sie mit Eis zu locken, dem Methadon für Parksüchtige. Das funktioniert. Danach muss ich sie sauber machen, und ich nehme ihnen das Versprechen ab, Jeannie nichts davon zu sagen, dass ich ihnen Eis gekauft habe. Sie versprechen es immer, aber wir sind noch gar nicht ganz in der Wohnung, da kräht schon einer fröhlich: »Wir haben Eis gegessen!«

»Ehrlich? Aber Daddy doch nicht, oder?«

»Nein, natürlich nicht.«

»Daddy hatte eins mit Karamellsoße.«

»Natürlich esse ich trotzdem noch zu Abend.«

Spielplatz-Dating

Ich betrachte andere Eltern oft so, wie ich andere Komiker betrachte. Ich habe die größte Achtung vor ihnen, aber trotzdem gehe ich immer davon aus, dass sie verrückt sind. Meist habe ich recht. Außerdem stelle ich mir vor, dass Eltern mit Kindern im gleichen Alter wie meine etwas mit mir gemeinsam haben. Damit habe ich meist unrecht.

»Wie alt ist Ihr Kind?« ist unter Eltern auf dem Spielplatz das Gegenstück zu »Grässliches Wetter heute«. Wenn ich mit meinem Kind in den Park gehe, will ich die Zeit mit ihm verbringen, nicht mit wildfremden Leuten reden, aber an der beiläufigen Plauderei führt kein Weg vorbei. Dabei kann so ein Gespräch mit unbekannten Eltern auf dem Spielplatz leicht zum Hindernislauf werden. Ich bemühe mich, weder zu aufdringlich noch zu abweisend zu wirken. Wenn es sich bei meinem Gegenüber um ein weibliches Wesen handelt, will ich nicht den Eindruck erwecken, ich wolle mit ihr flirten oder führte sonst etwas im Schilde. Wenn das Gespräch zu ernsthaft wird und wir auf Themen wie Politik, Religion oder Sojamilch zu sprechen kommen, kann es wirklich unangenehm werden. Deshalb geht man immer auf Nummer sicher: Man fragt nach dem Alter des Kindes. Aber Vorsicht: Stellen Sie nie Vermutungen über das Geschlecht eines fremden Kindes an. Sie wollen schließlich keinen Fehler machen.

ICH: Wie alt ist er?
FREMDE MUTTER: Sie ist dreiundzwanzig!
ICH: Wow! Tolle Frisur.

Wenn so ein heikles Gespräch zu lang dauert und die Kinder sich anfreunden, gerät man womöglich in Phase zwei des elterlichen Fremdkontakts: die verfängliche Verabredung zum Spielen. Da ich selbst genügend Kinder für eine ganze Baseballmannschaft habe, hält sich mein Interesse an solchen Verabredungen verständlicherweise in Grenzen. Sicher, ich sehe ein, dass anderen Eltern so etwas gelegen kommt, und meine Kinder sind natürlich ebenfalls begeistert. Verabredungen zum Spielen sind toll für Kinder und meistens unglaublich lästig für mich, denn schließlich bin ich jemand, der eigentlich am liebsten allein ist.

In vielen Fällen fühle ich mich bei Verabredungen zum Spielen mit fremden Eltern wie bei einem Date zu viert. Mein Kind mag seinen Spielgefährten wirklich gern und braucht mich nur zur Rückenstärkung. Ich werde mit jemandem zusammengebracht, an dem ich nicht das geringste Interesse habe, aber ich tue ihm den Gefallen. Plötzlich fühle ich mich zurückversetzt in Singlezeiten und muss an die grausigen Verabredungen zu viert denken. Ich wusste immer ganz genau, was meine Freunde von mir hielten – ich musste mir nur ansehen, mit wem sie mich verkuppeln wollten.

»Wie fandest du Lisa?«

»So schlecht geht es mir nun auch wieder nicht!«

Für mich waren Blind Dates und erste Verabredungen immer nur unangenehm und peinlich. Spielverabredungen mit fremden Eltern sind das reine Déjà-vu. »Ach, Sie essen also kein Fleisch und keine Nahrungsmittel?« »Stimmt, der Park ist wirklich ungepflegt.« »Erzählen Sie doch noch etwas über Ihren Job in der Kläranlage.« Ich muss endlose, sinnlose Elterngespräche führen, während meine Kinder sich amüsieren. Am Ende bin ich meist um eine Gewissheit reicher, nämlich dass es zwischen mir und meinem Gegenüber nur eine einzige Gemeinsamkeit gibt: Unsere Kinder sind im gleichen Alter.

Wie ein Serien-Dater verbringe ich Zeit mit Fremden, deren Vornamen ich nicht einmal kenne. In meinem Telefonadressbuch stehen die Nummern von Menschen, die ich vermutlich nie wieder sehen werde, und wenn es doch einmal vorkäme, hätte ich nicht die leiseste Ahnung, wie sie heißen: Milos Vater, Lucas Mutter, Silas' Vater, Olivers Mutter, der schwule Vater von diesem Kind an den Chelsea Piers.

Es kommt selten vor, dass ich auf einem Spielplatz oder bei einer Verabredung zum Spielen einen Menschen treffe, mit dem ich Freundschaft fürs Leben schließe. Es sollte wirklich jemand eine Onlineagentur zur Vermittlung von Spielverabredungen aufmachen. Dann könnten die Eltern über Persönlichkeitstests herausfinden, ob sie selbst und die Eltern anderer Kinder miteinander harmonieren, bevor sie zulassen, dass ihre Sprösslinge sich mit den Kindern langweiliger Eltern anfreunden. Dadurch würde die Auswahl möglicher Spielgefährten enger und man könnte sich den schmachvollen Heimweg von einem grässlichen Treffen zum Spielen ersparen. Also ich würde mich ganz bestimmt bei so einer Agentur registrieren. Ich habe eine Idee. Warum machen *Sie* nicht diese Agentur auf? Sie könnten sie »Playdates.com« nennen, oder »ePlaydates.com«. Damit könnten Sie ein Vermögen verdienen! Nein, den Tipp gebe ich gern. Keine Ursache. Sagen Sie jetzt nicht, Ihnen fehlt die Zeit. Sie sitzen doch gerade herum und lesen dieses großartige Buch. Ich? Nein danke. Ich habe fünf Kinder. Außerdem halte ich nicht viel von Arbeit. Schreiben Sie mir eine Mail, wenn das Unternehmenskonzept fertig ist. Es reicht vollkommen, wenn Sie mich dann bezahlen. Mein Anteil sind achtzig Prozent. Na gut, meinetwegen, sagen wir neunundsiebzig. He! Es war meine Idee! Wie Sie wollen. Wir sehen uns vor Gericht.

Reiseführer für große und kleine Touristen

Wenn man fünf Kinder hat, oder auch nur mehr als ein Kind, ist es manchmal· schwierig, allen das nötige Maß an Aufmerksamkeit zu schenken. Deshalb bemühe ich mich, mit jedem einzelnen hin und wieder qualitativ hochwertige Zeit zu verbringen. Dann verkünde ich Jeannie stolz:»Michael [der Einjährige] und ich verbringen heute einen *Vater-und-Sohn*-Nachmittag ganz unter Männern.« Dummerweise sagt Jeannie in solchen Fällen oft:»Einverstanden, aber nimm ihn nicht mit in ein Lokal.« Dann denke ich jedes Mal:»Na prima, und was sollen wir stattdessen tun?« Gut, wir könnten Fangen spielen, aber er ist nicht besonders gut darin, es ist eher Fallen als Fangen. Ich mühe mich, Jeannie davon zu überzeugen, dass ein Besuch bei Katz's Deli etwas sein könnte, woran er sich später gern erinnert. Ich stelle mir vor, wie Michael als Erwachsener sagt:»Ich weiß noch, wie mein Dad mich als kleines Kind mit zu Katz's genommen und ein Pastramisandwich gekauft hat. Ein paarmal hat er mich sogar abbeißen lassen. Mein Dad, der war wirklich spitze.« Aber Jeannie besteht immer darauf, dass Essen nicht infrage kommt. Sie hat diese merkwürdige Einstellung zu großen Mahlzeiten zwischen den Mahlzeiten. Ist doch wirklich verrückt, oder? Und sie ist überzeugt, dass gepökeltes Fleisch nicht nur für Kleinkinder schädlich ist, sondern für uns alle! Also ich denke ja, wer so denkt, der vernachlässigt seine Kinder.

Wenn man nur eines von den Kindern im Schlepptau hat, ist die Auswahl von Orten, an die man in New York gehen kann, noch relativ groß – nicht nur Parks und Spielplätze (wo man jedes Mal endet, wenn man mit der ganzen Truppe unterwegs ist). Es folgt eine Liste nicht-gastronomischer Orte, die sich gut für den Aufbau einer guten Vater-Kind-Beziehung eignen.

Gesundes Essen in Katz's Deli: eine Tradition.

Kindermuseen

Ich weiß nicht genau, was ein Kindermuseum zum Museum macht. Vermutlich einfach nur das Wort »Museum«. Kindermuseen kommen mir mehr vor wie Sammelorte für Kleinkinder, um lustige Sachen zu machen, wobei sie sich gleichzeitig eine Erkältung holen. Ich vermute, der Grundgedanke ist: »Warum soll mein Kind meine Wohnung verwüsten, wenn es genauso gut diesen zum Museum erklärten Spielplatz verwüsten kann?«

Normale Museen

In New York gibt es eine ganze Reihe verblüffender normaler Museen, an denen Kinder offenbar Gefallen finden. Zum Beispiel das Metropolitan Museum of Art, das Museum of Natural History und ein paar weitere, die ich immer schon mit meinen Kindern besuchen wollte. Ich weiß, dass Kinder diese Museen lieben, denn jedes Mal, wenn ich meine Kinder in ein New Yorker Museum mitnehme, wimmelt es da nur so von anderen Kindern. Gehen Sie bloß nie an einem verregneten Samstag ins Museum. Da sieht es genauso aus wie damals, als die

Zombies Atlanta übernommen haben. Sie müssen wissen, ich mag *The Walking Dead*. Ich werde noch öfter darauf zurückkommen. Museen sind eine großartige kulturelle Erfahrung, damit meine ich: eine großartige Gelegenheit, seinen Kindern immer wieder aufs Neue zu sagen, dass sie nichts anfassen dürfen. Ich finde Museen unglaublich anstrengend, gerade dass man immer so tun muss, als fände man manche von den Ausstellungsstücken wirklich interessant. »Das ist also ein Gemälde von *schon wieder* einem europäischen Maler von schon wieder einer unattraktiven Europäerin aus dem 18. Jahrhundert? Faszinierend.« Mir kommt es wirklich vor, als hätten sie damals nur die traurigen, hässlichen Menschen gemalt. »He, du siehst ja grässlich aus, soll ich nicht dein Porträt malen?« Und was noch schlimmer ist, es ist schwierig, aus einem Museum wieder herauszukommen, hauptsächlich weil man einfach den Ausgang nicht findet. Ich habe schon Kasinos gesehen, da war die Orientierung leichter.

Mein Kopf wirkt ziemlich groß auf diesem Bild, oder?

Der Zoo

Kinder lieben den Zoo. Ich hatte das Glück, mit meinen Kindern schon viele Zoos der Vereinigten Staaten zu besuchen. Was ich dabei gelernt habe, ist, dass Kinder, wenn sie Tiere in Gefangenschaft sehen, Hunger auf Eis bekommen.

ICH:	Guck mal, ein Affe!
KIND:	Kann ich ein Eis haben?
ICH:	Wie wäre es mit Eis*bären*?
KIND:	Aber danach kriege ich dann ein Eis?
ICH:	Gefallen dir die Tiere?
KIND:	Gibt es auch Eis in Tierform?

Kino

Meine Kinder gehen sehr gern ins Kino, und ich finde es schön, wenn ich im Kino ein Nickerchen halten kann. Klar, ich bin nicht begeistert, dass ich zwölf Dollar für ein Nickerchen zahlen soll, aber irgendwie ist es das Geld doch wert. Es macht mir nicht mal was aus, wenn ich den Film verpasse, denn ich weiß, dass ich ihn noch dutzendmal zu Hause sehen kann, wenn meine Kinder ihn im Internet anschauen oder mich zwingen, ihn für tausend Dollar bei iTunes zu kaufen.

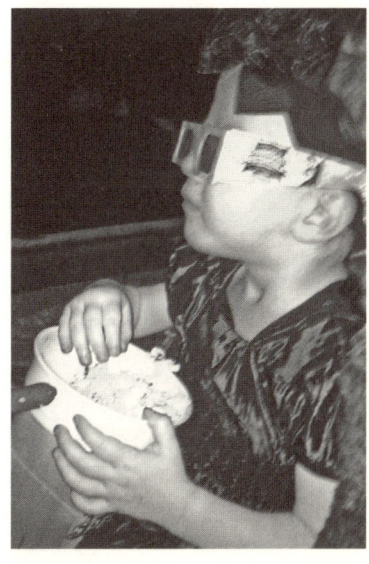

Kino + Popcorn =
Dad macht ein Nickerchen.

Brooklyn Bridge

Es ist großartig, über die Brooklyn Bridge zu gehen, und dieses erhebende Gefühl lockt viele New Yorker und Besucher. Der Ausblick ist großartig, und er ist kostenlos. Leider sind kleine Kinder keine guten Spaziergänger. Etwa nach einem Drittel des Weges fangen sie an zu quengeln, sie wollen »runter«, und dann muss man ihnen klarmachen, dass sie es an dieser Stelle bereuen würden, die Brücke zu verlassen. Man hält sie bei der Stange mit der Aussicht auf die tolle Pizzeria auf der anderen Seite; aber stellen Sie sich darauf ein, dass sie die Taxifahrt zurück nach Manhattan gut vierzig Dollar kostet.

Ein Spiel der New York Yankees

Ein Vater muss doch seinen Jungen mit zu einem Baseballspiel nehmen, oder etwa nicht? Jedenfalls wollte ich nicht, dass mein Sohn Jack, damals drei, groß werden und sagen würde: »Mein Dad hat mich nicht mal mit zu einem Baseballspiel genommen.« Also gingen wir hin. Ich holte Jack im Kindergarten ab, und wir nahmen die lange U-Bahn-Fahrt zum Yankee-Stadion auf uns. Ich hatte ihm stolz angekündigt, dass wir auf den Sportplatz gehen. Er schien sich zu freuen. Ich schien mich zu freuen. Wir kamen schon früh im Stadion an. Ich kaufte ihm für zehn Dollar einen Hotdog, und dann machten wir uns auf die

Ich will nicht angeben,
aber an dem Tag hatte
ich ihn angezogen.

Suche nach unseren Plätzen. Plötzlich rief Jack:»Ach, Mann!« Was war? Was war geschehen? Von was konnte er jetzt schon enttäuscht sein? Das Spiel hatte doch noch nicht einmal begonnen!»Dad, das ist doch überhaupt kein Sportplatz! Du hast gesagt, wir gehen auf den Sportplatz!« Drei Runden hielten wir durch, es kostete mich drei weitere Zehn-Dollar-Hotdogs, und dann sahen wir zu, dass wir wegkamen. Vater und Sohn beim Yankee-Spiel – abgehakt.

Broadway-Shows

Vermutlich das Teuerste, was man mit seinen Kindern in New York unternehmen kann, ist ein Besuch einer Broadway-Show. Wir haben den *König der Löwen* gesehen, *Mary Poppins, Shrek, Annie* (zweimal) und *Die Schöne und das Biest* (zweimal). Wenn man einen Stall voller Kinder hat, führt das zwangsläufig dazu, dass man Dinge, die man nur einmal im Leben macht, mehrfach macht. Plötzlich ist die neue Kleine vier Jahre alt, das Musical läuft immer noch, und jetzt will sie es auch sehen. Manchmal kosten einen die Snacks in der Pause genauso viel wie die sündhaft teure Eintrittskarte. Bisher ist es mir noch nicht passiert, dass ich von so einer Veranstaltung gekommen bin und gedacht habe: »Das war aber wirklich sein Geld wert.«

Die Freiheitsstatue

Ich hatte seit zwanzig Jahren in New York gelebt und Lady Liberty immer noch nicht persönlich gesehen. Wenn Freunde von außerhalb kamen, wollten sie jedes Mal mit der Fähre übersetzen und die Statue sehen. »Nein danke; sagt ihr, ich lasse grüßen.« Zurückgekehrt, schwärmten diese Freunde dann, wie großartig es gewesen sei. Als ich Kinder hatte, wusste ich, ich würde selbst hingehen müssen und nachsehen, was an der Sache dran war.

Eines Samstagmorgens hatte ich die großartige Idee, das sei doch genau der richtige Tag für einen Besuch der Freiheitsstatue. Ich schleppte unsere Kinder – damals erst drei – zur South Ferry Station, wo die Fähre zur Statue abfährt. Als wir dort ankamen, sahen wir, dass Trillionen von Menschen die gleiche großartige Idee gehabt hatten. Wir wussten, dass unsere Kinder zu jung waren, um den Unterschied zu bemerken, und nahmen stattdessen die Staten-Island-

Fähre. Die Kinder waren einfach nur begeistert, dass sie Boot fahren durften. Als wir die Statue passierten, zeigte ich sie ihnen: »Da ist sie, Lady Liberty!« Ich war ein Held.

Das Empire State Building

(Siehe Freiheitsstatue, aber ersetze »Staten-Island-Fähre« durch »Taxifahrt«.)

Bei all meinen Besuchen dieser berühmten Orte habe ich erfahren, dass das eine, was wichtig ist und was sie auch alle gemeinsam haben, die Zeit ist, die man mit seinen Kindern verbringt. Premiumzeit. Das ist das Wichtigste daran: dass es eine ganz besondere Zeit ist. Das Einzige, was diese Qualität noch verbessern könnte, wäre Premiumzeit *und* ein großes Pastramisandwich. Das wäre *Premium*-Premiumzeit.

Der weiße Riese

Wenn Sie nicht wissen, wie ich aussehe, stellen Sie sich einen äußerst bleichen Menschen vor. Das Umschlagfoto ist retuschiert, damit Ihnen die Helligkeit der Haut nicht in den Augen brennt. Schließlich will der Verlag Bücher verkaufen. Glauben Sie mir, ich bin wirklich bleich. Nein, noch bleicher. Ja, genau, *so* bleich. Selbst wenn ich in den Spiegel sehe, denke ich: »Mann, bin ich bleich!« Ich werde nie braun. In meiner Jugend habe ich unter dieser Blässe gelitten. Ich war das weißeste Kind in einem rein weißen Umfeld. Ironisch, aber ich war eine Minderheit. Als Kind hieß ich »Bleichgesicht«, »Casper« oder »Albino«. Die anderen Kinder sagten: »Mensch, bist duuuu bleich!« Ich weiß, das ist nicht viel an Hänselei im Vergleich zu dem, was andere durchmachen, aber für mich als Zehnjährigen war es schlimm. Ich war ein Ausgestoßener. Ich war das Kind mit der hellen Haut. Ich glaube, wenn wir einmal vom Einfluss meines Vaters absehen, dann habe ich das Talent zum Komischen nur entwickelt, damit ich noch ein anderes Adjektiv außer »bleich« bekam. Ich war das *komische* bleiche Kind. Auf die Frage »Warum hast du denn *sooooo* weißes Haar?« habe ich geantwortet: »Mein Vater ist ein Wattestäbchen.« Dafür erntete ich einen Lacher. Es tat immer noch weh, aber mit dem Lacher war es erträglicher. Schließlich bekannte ich mich zu meiner Blässe. Ich lernte sogar, darüber zu lachen. Jetzt stellen Sie sich fünf Miniaturausgaben von mir vor, allerdings mit hellerer Haut. Im Sommer müssen meine Kinder alle zehn Minuten mit Sonnencreme eingeschmiert werden, sonst sterben sie. Oft kommt es mir vor, als zöge ich Vampire groß. »Nicht die Kühlschranktür aufmachen, du bringst dich um!«

Bevor ich Kinder hatte, bin ich nie nach draußen gegangen. Jedenfalls nicht, weil ich gern draußen *sein* wollte. Man könnte wohl sagen, dass ich ein häuslicher Mensch bin. Ich wusste gar nicht, dass es langärmlige Sonnenschutzhemden gibt oder wie albern man darin aussieht. Jetzt bin ich der stolze Besitzer zweier solcher Hemden. Eines für formelle Swimmingpools und eines für informelle Swimmingpools. Ich kann Ihnen versichern, nichts tut dem Selbstwertgefühl so gut wie Sonnencreme auf dem kahl gewordenen Schädel, aber das Baden in einem Pool im langen Hemd gehört in die gleiche Klasse. Es ist unmöglich, mit einem langärmligen Sonnenschutzhemd in einem Pool nicht wie ein Idiot auszusehen. Dem Blick der Leute nach zu urteilen denken sie immer, ich sei hineingefallen.

»Ist der Kerl da in voller Montur baden gegangen?«

»Das ist der lächerlichste Selbstmordversuch, den ich je gesehen habe.«

Ich nehme an, für Außenstehende hat es etwas Unterhaltsames, dass unsere ganze Familie so bleich ist, aber für Eltern bedeutet es eine weitere zusätzliche dicke weiße Komplikation, an die die meisten Menschen gar nicht denken: Sonnencreme. Dass dieses klebrige Zeug, das man als bleicher Mensch in großen Mengen auf die Haut schmieren muss, ausgerechnet weiß ist, sodass man noch bleicher damit aussieht, ist ein schlechter Scherz. Aber das ist unter denen mit Sonnencreme einer der harmloseren. Wenn Sie wirklich verstehen wollen, was Sonnencreme mir abverlangt, bedenken Sie das Folgende. Ich hoffe, es macht Ihnen keine Mühe, das Buch, das Sie gerade in Händen halten, zu lesen. Ich nehme an, wenn man wollte, könnte man das ganze Buch in wenigen Stunden lesen. Das ist ungefähr die Zeit, die ich brauche, um eins meiner Kinder vollständig mit Sonnenschutz einzucremen. Multiplizieren Sie das mit fünf. Zählen Sie dann hinzu, dass ich mich selbst ebenfalls eincremen muss. Jetzt verstehen Sie, warum ich den Sommer hasse. »Nächste Woche fahren wir an den Strand? Dann fange ich am besten jetzt gleich mit dem Eincremen an.« Sicher, wir sind katholisch, aber ich habe den Eindruck, nicht die Kirche, sondern die Sonnencremeindustrie ist am glücklichsten darüber, dass wir so viele Kinder haben. Wir müssen die Verkaufszahlen enorm in die Höhe treiben.

Aber es geht nicht nur um das Äußere, die Kosten, die Zeit, die man dafür braucht – vor allem geht es beim Eincremen um den Kampf. Meine Kinder sehen überhaupt nicht ein, warum sie auf ihr Vergnügen warten und sich an Gesicht und Körper mit Chemikalien beschmieren lassen sollen. Sie brüllen. Sie weinen. »Das brennt!« Das Einschmieren mit Sonnencreme führt einem erst richtig vor Augen, was für ein Unsinn es ist, bleiche Kinder auf einem Planeten großzuziehen, der sich um einen heißen brennenden Stern dreht, von dem schädliche UV-Strahlen ausgehen. Ich weiß nie, ob die besorgten Blicke von

Außenstehenden daher kommen, dass sie glauben, ich quälte meine Kinder, oder weil ich am Strand angezogen bin wie ein zu dick geratener Superman. Weiß jemand, wo ich ein rotes Schwimmcape bekommen kann?

Aus unerklärlichen Gründen erachteten die Luschen von Sports Illustrated *dieses Bild nicht als coverwürdig für die Ausgabe über Badeanzüge.*

Denen zeig ich's

Ein Neugeborenes betritt die Welt als Tabula rasa, als leerer Speicher oder, wie ich gern sage, als Dummie. Eltern müssen bei null anfangen und ihnen alles beibringen. Kinder haben eine Menge zu lernen. Natürlich nicht von mir, ich bin ja selbst blöd. Der Apfel fällt nicht weit von diesem Ding, wo er dran wächst. Zum Glück gibt es Unterricht, Kurse und natürlich die Schule.

Ich hatte keine Ahnung, was es alles an Bildungsangeboten für Kleinkinder gibt. Als ich klein war, gab es nur den Kindergarten und das Fernsehen. Heute gibt es vom Augenblick der Empfängnis an speziell auf den Fötus zugeschnittene Kurse. Es gibt zum Beispiel Yoga für Kinder im Mutterleib. Eigentlich ist es eher Yoga für die Mutter, aber es heißt eben *im Mutterleib*. Sobald das Kind auf der Welt ist, gibt es Kurse für Ein- und Zweijährige, das volle Angebot von nutzlos bis überflüssig. Man zahlt Unsummen Geld dafür, dass man sein Baby irgendwohin bringt und sich dort mit ihm beschäftigt. Eltern sitzen im Kreis auf dem Boden und singen entsetzliche Lieder, angeführt von einem wohlmeinenden unmusikalischen Musiker, und die Zweijährigen rennen kreischend umher und schlagen sich gegenseitig mit den ausgeteilten Musikinstrumenten auf den Kopf. Die Kurse für die Krabbelkinder sind nicht besser. Krabbler-Fußball ist wie politische Diskussionen im Fernsehen. Es beginnt mit den besten Absichten, und am Ende ist es allen peinlich. »Wuaaaaaa, er hat mir den Ball weggenommen!« Genau, Jack, darum geht es bei dem Spiel.

Zum Glück sind die freundlichen Menschen, die solche Kurse veranstalten, auch bei größeren Kindern jederzeit da, um Ehrgeiz und Schuldgefühle der Eltern in klingende Münze umzusetzen. Als sie sechs war, habe ich meine Tochter Marre in einen Tanzkurs geschickt, zu dessen Abschlusskonzert die Eltern fünfunddreißig Dollar Eintritt bezahlen mussten. Genau. Ich musste dafür zahlen, meiner Tochter zuzusehen, wie sie eine fünfminütige Tanznummer aufführte, die sie in einem Kurs gelernt hatte, für den ich ebenfalls bezahlt hatte. Zur Abrundung fand ich in der Woche darauf einen Brief im Briefkasten, in dem die »Schule« um Spenden bat.

Irgendwann kommt dann die richtige Schule. Als ich noch allein lebte, habe ich nie begriffen, was die Werbespots sollten, in denen Eltern das Ende des Sommers feierten. Heute weiß ich, dass gegen Mitte August auch die letzten Sommercamps schließen, dass einem längst die Ideen ausgegangen sind, was man noch Konstruktives mit seinem Kind machen könnte, und es gar nicht erwarten kann, dass sie wieder aus dem Haus sind. Man hat einfach genug davon, dass der Vierjährige auf ein Wort zeigt und fragt: »Was steht da?« Und es gilt als ungehörig zu antworten: »Da steht *Lern endlich lesen*.« Man will seine Kinder ja nicht ganz loswerden, aber doch gern ein paar Stunden am Tag.

Schule scheint dafür genau die richtige Lösung. Ihr wertvolles Kind lernt etwas und, noch wichtiger, Sie können wieder in Ruhe aufs Klo gehen. Was ich persönlich weniger angenehm finde, sind die Schulzeiten. Der Kindergarten dauert nur ein paar Stunden am Tag, gerade ausreichend, um Besorgungen zu machen. Die Grundschule beginnt zur unchristlichen Zeit um acht Uhr morgens. *Morgens*. Und da ein Erstklässler es nicht fertigbringt, sich sein T-Shirt richtig herum anzuziehen, beginnt die Arbeit schon um sieben, einer wahrhaft heidnischen Stunde. Jetzt, wo die Entscheidung gefallen ist, eine ganze Baseballmannschaft großzuziehen, in der kein Mitglied sich allein anziehen kann, bleibt mir nichts anderes übrig, als selbst ebenfalls aufzustehen.

Und es geht nicht nur um das bloße Hinkommen; es geht auch um die Frage, was die Kinder mitbringen dürfen und was nicht. Als ich noch neu in New York war, hörte ich von Kindern, die Handfeuerwaffen mit in die Grundschule nahmen. Dieser Trend scheint zum Glück jetzt vorüber zu sein, aber stattdessen bringen die Kleinen inzwischen viel gefährlichere Waffen mit, zum Beispiel ein Erdnussbuttersandwich. In den ersten Schulwochen gibt es Emails und Erinnerungen an Emails, die den Eltern einschärfen, dass die Kinder nichts mit in die Schule bringen dürfen, was Nüsse enthält. Ich weiß, eine Nussallergie ist kein Spaß, aber aus meiner eigenen Jugend kann ich mich an kein einziges Kind erinnern, das eine Nussallergie hatte. Heute sind sie häufiger als Schuhe mit Klettverschlüssen. Anscheinend hat heute jedes zweite Kind eine Nussallergie. Manchmal denke ich: »Warum machen sie nicht einfach eine Schule für Kinder ohne Nussallergie auf?« Ich war schon immer für kleine Klassen.

Im Kindergarten meiner Kinder gab es eine Lehrerin, die war so verrückt, dass sie am Morgen die Rucksäcke der Kinder durchwühlte, um sicherzugehen, dass niemand etwas mitbrachte, das vielleicht in einer Fabrik hergestellt worden war, deren andere Produkte womöglich auch Spuren von Nüssen enthalten konnten, oder etwas, das auch nur nach Nüssen klang. Beknackte Nuss, oder? Aber noch mehr als die Durchsuchung der Rucksäcke schockierte mich die Tatsache, dass Kindergartenkinder Rucksäcke *hatten*. Ich verstehe nicht, wozu Dreijährige einen Rucksack brauchen, aber meine Tochter Katie hat auch einen. Da ist nichts drin. Sie trägt ihn ein paar Minuten, dann gibt sie ihn mir, damit ich ihn die Treppe zum Unterrichtsraum hinauftrage. In ihrer Klasse gibt es ein Kind mit einem Rucksack mit Rädern. Ehrlich. Wenn es die Sachen, die es nicht braucht, nicht mehr auf dem Rücken mit sich herumtragen will, kann es sie hinter sich herziehen. Perfekt.

Ich mag die Kindergärten, in die meine Kinder gehen, aber eigentlich kann man sie nicht Schule nennen, selbst wenn sie Namen wie »Vorschule« oder »Frühlernzentrum« tragen. Sie sind immer entweder eine Tagesstätte oder ein Gefängnis. Deshalb wundere ich mich, dass dort Elternsprechtage abgehalten werden. Beim Elternsprechtag geht es jedes Mal um die Frage »Serienmörder oder kein Serienmörder?«. Man bekommt entweder zu hören, dass das eigene Kind Puppen zerstückelt, oder das Kind zerstückelt keine Puppen. Daneben erfährt man natürlich auch Sachen, die einem wirklich weiterhelfen: »Ihre Tochter singt gern und mag die Farbe Grün.« Oder man sieht Kunstwerke: »Das hat Ihre Tochter vorige Woche gekritzelt. Und das hier hat sie *diese* Woche gekritzelt.« Natürlich möchte man gern hören, dass das Kind sich gut macht und mit anderen gut zurechtkommt, aber wenn es nicht gerade Bomben bastelt oder in die stille Ecke pinkelt, ist der Elternsprechtag im Kindergarten eine vollkommen überflüssige Sache und alles könnte genauso gut per Mail gemacht werden.

Auch wenn die Kinder älter werden, ist der Elternsprechtag immer ein merkwürdiges Erlebnis. Eigentlich soll es dabei ja um das Kind gehen, aber irgendwie fühlt es sich immer an, als würden letzten Endes die Leistungen der Eltern beurteilt. Ich möchte immer noch gern wissen, ob das Kind sich gut macht, und sehe immer noch gern seine Arbeiten an, aber da ich Schauspieler und Comedian bin, landen wir anscheinend bei all diesen Besprechungen früher oder später bei meiner Arbeit. »Also, Ihr Sohn/Ihre Tochter hat eine *dramatische* Ader und *redet* gern, aber das ist ja auch kein Wunder bei Ihrem

Beruf.« Es kränkt mich nicht, aber die Vorstellung, dass jedes schlechte Benehmen meiner Kinder auf das zurückgeht, was ich beruflich mache, ist doch
reichlich absurd. Als ob eine Fünfjährige nicht quasseln würde, wenn ihre
Mutter Bibliothekarin ist. »Wir hatten uns vorgestellt, Ihre Tochter sitzt immer
nur am Tisch und ermahnt Leute zum Stillsein. Vielleicht braucht sie Ritalin.«

Finden Sie, die beiden sind noch zu klein für die Schule?

Ein Selbstporträt

Manchmal kommt es mir vor, als verbrächte ich den ganzen Tag damit, meine Kinder irgendwohin zu bringen und wieder abzuholen, und ehrlich gesagt ist es auch so. Den ganzen Tag. Ich habe gerade meine Töchter zur Schule gebracht und schreibe diesen Text auf dem Rückweg in der U-Bahn. Ich kann Ihnen sagen, die Blicke, die einem in der New Yorker Untergrundbahn zugeworfen werden! Manche dieser Leute tun, als hätten sie noch nie im Leben eine Schreibmaschine gesehen. Diese zeitaufwendige Elternarbeit wird noch komplizierter, wenn man in New York kein Auto hat. Meine Kinder werden staunen, wenn sie später merken, dass ich ihnen all diese Transportdienste in Rechnung stelle.

New York City ist meine Stadt, aber ich passe dort nicht hin. Ich lebe seit zwanzig Jahren in New York und werde immer noch behandelt wie ein Tourist. Mehr als einmal ist es vorgekommen, dass ein Taxifahrer mich gefragt hat: »Wo leben Sie, wenn Sie nicht gerade New York besuchen?« Ich merke sofort, dass sie versuchen, diesen »Besucher« übers Ohr zu hauen. Ich fahre fünf Blocks weit, und die Taxifahrer fragen mich, ob »wir die George-Washington-Brücke nehmen sollen«. Ja klar, wir fahren auch noch für ein paar Einkäufe am Flughafen LaGuardia vorbei, schließlich bin ich ja blöd und habe blondes Haar. Ich lebe schon so lange in New York, ich habe ganz vergessen, dass ich immer noch wie ein Landei aussehe. Manchmal sehe ich in der U-Bahn Touristen aus Iowa und denke: »Haha! schau dir die an ... oder nein, Moment, genau so sehe ich auch aus.«

Mittlerweile fühle ich mich ganz wohl damit, dass ich in New York nirgendwohin passe. Ich bin kein Hipster, ich bin keiner von den Wall-Street-Leuten, ich bin nicht auf der Höhe, was Mode anbelangt, nicht einmal mit Antimode kenne ich mich aus. Am wohlsten fühle ich mich unter den Obdachlosen und den verrückten Gestalten der Bowery. Natürlich wäre es zu einfach, wenn unsere Kinder auf Schulen in der Nähe der Bowery gingen.

Ein Jahr lang hatten wir zwei Babys zu Hause und zwei Kinder in zwei verschiedenen Schulen. Warten Sie, es kommt noch besser. Diese Schulen liegen in weit voneinander entfernten Teilen der Stadt, und jede machte mir auf ihre eigene Weise das Leben schwer. Marre besuchte damals schon die schicke katholische Mädchenschule an der Upper East Side, auf der sie heute noch ist. Die Schule residiert in einem ehemaligen Stadthaus der Vanderbilts. Denken Sie an die *Madeline*-Bücher und stellen Sie sich etwas vor, das so weit von der Bowery entfernt ist wie Paris in Frankreich. Es ist ein warmer, bezaubernder Ort, wo sich die Töchter der Titanen von Industrie und Hochfinanz treffen. Die Mädchen tragen hinreißende hellblaue Uniformen und beginnen den Unterricht, ganz wörtlich, »in Zweierreihen aufgestellt«. Beim Bringen und Abholen bin ich meist der Einzige, der in Jeans und Baseballkappe kommt. Wahrscheinlich sehe ich ungewaschen aus, und oft bin ich das auch. Die anderen Eltern sind sehr nett, aber irgendwie behandeln sie mich immer wie einen wunderlichen Kerl aus Downtown, der sein Geld mit Witzeerzählen verdient. Aber mir fällt gerade ein, dass ich das ja auch bin.

Unser Zweitältester, Jack, besuchte einen bemerkenswerten »erfahrungsorientierten« Kindergarten im East Village. Ich weiß bis heute nicht genau, was »erfahrungsorientiert« bedeutet, aber ich weiß noch, dass es in dem Klassenraum keine Stühle gab und ich so ziemlich der Einzige unter den Eltern war, der kein Tattoo hatte und dessen Kind nicht nach einem Gewürz benannt war. Die Schule war in einem Brownstone-Haus der Jahrhundertwende untergebracht und sah ein wenig wie die Zuflucht für Straßenkinder des neunzehnten Jahrhunderts aus, die sie einst auch gewesen war. Die anderen Eltern waren sehr nett, aber irgendwie behandelten sie mich immer wie einen wunderlichen Kerl vom Lande, der sein Geld mit Witzeerzählen verdient. Aber mir fällt gerade ein, dass ich das ja auch bin.

Da ich ja doch mehr ein Nachmittags- als ein Morgenmensch bin, übernehme ich oft den Abholteil der Runde. Als Jack noch im East Village war, habe ich meist zuerst ihn abgeholt und dann mit ihm zusammen die Reise zur Upper East Side gemacht, um Marre zu holen. Jeden Nachmittag stand ich im Keller/Umkleideraum/Wartebereich von Jacks Kindergarten und betrachtete die dort aufgehängten Kunstwerke, bis deren Urheber kamen. Man fühlt sich immer ein wenig großzügig, wenn man Vorschul-Kunstwerke »Kunstwerke« nennt.

»Kunst« aus der »Schule«.

Eines Nachmittags sah ich mir die »Selbstporträts« der Kleinen an, auf braunem Packpapier gezeichnet. Bei einem dieser wertvollen Originale steckte eine Klopapierrolle im Hosenschlitz. Amüsiert wandte ich mich an einen ironischen Vater im Schlapphut und meinte: »Sieht wie ein Pimmel aus.« Der Vater sah mich an, als hätte ich gerade das Budget des öffentlich-rechtlichen Fernsehens gekürzt. »Was ist schlimm daran?« Ist mir etwas entgangen?

Das war der Augenblick, in dem Jack mit seiner Lehrerin kam.

LEHRERIN:	Oh, Sie sehen sich Jacks Kunstwerk an.
ICH:	[*kurze Pause*] Genau.
JACK:	Das ist mein Pimmel.
ICH:	Habe ich gleich erkannt.
LEHRERIN:	Wir ermuntern die Kinder dazu, ihre Empfindungen zu ihrem Körper ohne Scham oder Schuldgefühle auszudrücken.
ICH:	Gut, gut.
LEHRERIN:	Wir haben nichts dagegen, dass Sie es mitnehmen.
ICH:	Ich kann's gar nicht erwarten, das seiner Mutter zu zeigen.

Auf der Taxifahrt an die Upper East Side hielt Jack sein Pimmelkunstwerk im Schoß und erzählte mir von den Ereignissen des Tages. Genauer gesagt fragte ich ihn, wie der Tag gewesen sei, und er antwortete, das wisse er nicht mehr.

In Marres Schule warteten wir mit den anderen Müttern im großen Foyer des ehemaligen Herrenhauses. Wenn ich auf Marre warte, komme ich mir oft vor, als gäbe ich eine Pressekonferenz für Jeannie, während ich gleichzeitig Jack daran hindere, auf die große Treppe zu klettern.

ERSTE MUTTER: Wo ist Jeannie?
ZWEITE MUTTER: Wie geht's Jeannie?
DRITTE MUTTER: Wieso kommen Sie denn und nicht Jeannie?

Als ich an jenem Nachmittag wieder einmal die Fragen der Mütterpresse abwehrte, wandte ich mich um und sah, wie die Direktorin von Marres Schule gerade Jack begrüßte.

MS. ALVAR: Wie geht es dir, Jack?
JACK: Mir geht's gut! Wollen Sie meinen Pimmel sehen?

Zwei Kinder abgeholt, zwei Seiten der Stadt, zwei gleich große Dosen Peinlichkeit. Ich scheuchte meiner Kinder zu den Türen des Herrenhauses hinaus, auf die Fifth Avenue und in ein Taxi.

Eine halbe Stunde später sind wir wieder vor unserem Haus in der Bowery. Ich gebe Marre und Jack je einen Quarter, um sich an dem Automaten vor Patricia Fields Boutique Kaugummi zu holen. (Der Automat steht malerisch zwischen zwei Schaufensterpuppen in voller SM-Montur.) Während ich warte, kommt mein Freund André vorbei, eins achtzig groß, eine Dragqueen mit Bart.

»Hey, Jim.«

»Hey, André.«

Zu Hause ist es doch immer am schönsten.

Ihr großer Tag

Zu den großen Freuden des Elternlebens gehören die Geburtstagspartys für die Kleinen. Die erste Geburtstagsparty des ersten Kindes ist ein unvergessliches Ereignis. In der Regel werden Sie und Ihre Frau im ersten Jahr nach der Geburt Ihres ersten Kindes nicht so oft ausgehen und feiern, wie Sie das früher getan haben. In den folgenden Jahren auch nicht. Sie sind ganz damit beschäftigt, mit dieser neuen Babysache zurechtzukommen, und Ihnen ist auch nicht wohl bei dem Gedanken, das Baby zur Betreuung jemand anderem zu überlassen. Im ersten Jahr des ersten Babys bekommt man seine Freunde kaum zu Gesicht, und wenn dann der erste Geburtstag in Sicht kommt, hat man sich eine Party mehr als verdient. Die erste Geburtstagsparty des ersten Babys ist keine Party für das Baby; es ist eine Party für Sie. Sicher, irgendwann wird das Kind sich über das Foto von sich vor der Torte mit der einen Kerze und das Foto von sich, wie es den ersten Bissen von der Torte abbekommt, freuen, aber mit zwölf Monaten hat ein Kind noch nicht einmal einen Begriff davon, dass es auf einer Party ist oder für wen diese Party veranstaltet wird – Kindern kommt ihr ganzes Leben ohnehin wie eine Party vor. Eine Party für sie. Alles ist immer neu und aufregend, immer stehen sie im Mittelpunkt und die meisten Leute sehen in den Augen der Kinder ohnehin aus wie Clowns. Von den Fotos abgesehen spielt es eigentlich keine Rolle, ob das Baby bei der Party zu seinem ersten Geburtstag überhaupt *dabei* ist. Die Eltern sind es, die eine Party brauchen. Das Baby hat natürlich noch keine Freunde, und so besteht die Gästeliste ausschließlich aus *Ihren* Freunden, denen, die Sie ein ganzes Jahr lang nicht gesehen haben. Und da die Gäste Ihre Freunde sind, sollen sie natürlich gutes Essen, gute Getränke, gute Musik bekommen – und schon hat man das Rezept für eine rauschende Fete, man macht die Fotos von dem Baby vor der Torte, steckt es ins Bett, und dann feiert man – nun, dann feiert man, als hätte man kein Baby.

Selbst nach der ersten Geburtstagsparty für das erste Baby veranstaltet man noch mit Begeisterung Geburtstagspartys für seine Kinder. Sie erinnern sich, wie aufregend Ihre eigenen Geburtstagspartys waren, als Sie noch klein waren, selbst wenn Ihre Mom nur mit Ihnen und ein paar Freunden zu dieser jämmerlichen Spielecke bei McDonald's ging – trotzdem war es ein toller Tag. Sie wollen, dass Ihr Kind sich genauso freut, und deshalb wollen Sie eine großartige Geburtstagsparty. Und jetzt kommt der Clou. All die hinterhältigen und raffgierigen Geschäftsleute da draußen *wissen*, dass Sie das wollen, und für die ist es eine wunderbare Gelegenheit, Sie für Ihren Wunsch, die glücklichen Gefühle Ihrer Kindheit wieder zum Leben zu erwecken und Ihrem Kind eine großartige Geburtstagsparty zu organisieren, kräftig auszunehmen. Sie werden bald merken, dass jede Hamburgerkette, jedes Kindermuseum, jede Schlittschuh- oder Bowlingbahn, jeder Spielzeugladen, jedes Fitnesszentrum ein »Geburtstagsparty-Paket« anzubieten hat. Für ein paar hunderttausend Dollar ersparen sie Ihnen die Mühe, die Kleinen bei sich zu Hause zu bewirten – ein geringer Preis für all die unnötigen, billigen, giftigen chinesischen Plastikspielzeuge, die die anderen Eltern noch schnell auf dem Weg zur Party gekauft haben und die Sie weiterverschenken werden, wenn Ihr Kind bei Freunden zu *deren* Geburtstagspartys eingeladen sind.

Zu dem Spaß, den Sie mit Ihrer eigenen Geburtstagsparty haben, kommt noch die Genugtuung, dass die Geburtstagspartys für die Kinder anderer Leute immer todlangweilig sind. Da die meisten Zwei- bis Sechsjährigen nicht selbst fahren und sich nicht einmal ihre eigene Adresse merken können, ergibt es sich fast von selbst, dass die Erwachsenen ebenfalls auf diese Kindergeburtstage gehen. Und da meine Familie ungefähr so groß ist wie die Einwohnerschaft von Süd-Dakota, bin ich schon auf entschieden zu vielen Kindergeburtstagen gewesen.

Kein freudiges Ereignis werden Sie jemals so hassen wie den Besuch auf Kindergeburtstagspartys anderer Leute. Etwa um die Kindergartenzeit wird Ihnen aufgehen, was für eine ungeheure Zahl an Geburtstagen Sie noch besuchen werden. Man könnte denken, jedes Kind in der Klasse Ihres Kleinen hätte mindestens einmal im Jahr Geburtstag. Kann man so etwas glauben? Die Einladungen zu Geburtstagspartys sammeln sich an wie ein Stamm Termiten, der an Ihren Samstagen nagt. Diese Feiern finden an den entlegensten Orten und zu den unmöglichsten Zeiten statt. Meine Tochter Marre hatte eine Einladung zu einer Geburtstagsparty, die an einem Samstag um neun Uhr morgens begann.

Neun Uhr bedeutet Morgen und Samstag bedeutet Wochenende. Anfangs dachte ich, es sei ein Witz. Ich fragte Marre Sachen wie »Wie gut bist du überhaupt mit dieser Audrey befreundet?«, »Möchtest du an einem Samstagmorgen nicht lieber Trickfilme im Fernsehen sehen?«, »Wie viel müsste man dir zahlen, damit du nicht auf diese Party gehst?«. Ich war bereit, Marre weiszumachen, Partys vor Samstagmittag verstießen gegen die Gebote unserer Religion, doch dann hatte Jeannie ein Einsehen und brachte sie hin.

Ebenso quälend kann eine Kindergeburtstagsparty sein, wenn man *nicht* eingeladen ist. Manchmal gilt die Einladung nicht für die Eltern, nur für das Kind. Man lässt die Kinder bei reichlich dubios aussehenden Fremden im »Wir basteln uns einen Bären«-Workshop zurück, und die Zeit zwischendurch ist zu kurz, als dass man etwas anderes unternehmen könnte als mit einer Diet-Coke durchs Einkaufszentrum zu trotten – der verdächtige Bursche, dem sich der Mann vom Sicherheitsdienst bereits an die Fersen geheftet hat. Man wartet, dass die Zeit vergeht, und dann holt man sein aufgekratztes Kind wieder ab, das Gesicht bemalt, aufgeputscht von all dem Zucker.

Selbst mit nur ein oder zwei Kindern werden Sie sie, bis sie in die Grundschule kommen, zu so vielen Geburtstagspartys gebracht haben, dass Sie eine gewisse Routine entwickeln. Nachdem Sie es dazu gezwungen haben, etwas wie eine Karte zu basteln und auf das eher schlecht als recht verpackte recycelte Geschenk von seinem eigenen Geburtstag zu kleben, scheuchen Sie das hyperaufgeregte Kind, dem Sie seine Lieblingskleider angezogen haben, zur Tür hinaus, und schon sind Sie auf dem Weg zur Party. Dann stellen Sie fest, dass Sie das recycelte Geschenk liegen gelassen haben, und laufen zurück, um es zu holen; jetzt sind Sie spät dran und das Kind quengelt, weil es »den besten Teil verpasst«. Bei der Ankunft läuft Ihr Kind sofort zu den anderen, und Sie stehen verlegen da, mit dem peinlichen Geschenk in der Hand, und können nur beten, dass es nicht ursprünglich von dem Kind kam, auf dessen Geburtstagsparty Sie jetzt sind. Sie reden Belanglosigkeiten mit Eltern, die Sie kaum kennen, und versuchen die Unterhaltung durchzustehen, ohne dass die anderen merken, dass Sie sich nicht mehr an ihren Namen erinnern und nicht sagen könnten, welches der Kinder ihres ist. Nach ein paar Spielen, an denen keiner teilnehmen will, nachdem Ihr Kind Ihnen eine leimtriefende Bastelarbeit bringt, die Sie auf dem Rückweg in den ersten Müllcontainer werfen, nach der Pizza – es gibt immer Pizza – ist es Zeit für den Kuchen. Der Kuchen, das ist auf jeder Kindergeburtstagsparty der letzte Akt, bevor der Vorhang fällt. Das Finale. Der Höhepunkt. Das, worauf jeder gewartet hat. Die Kinder sind ganz verrückt nach dem Kuchen, und wer wollte ihnen das verdenken?

Jeder isst gern Kuchen, aber auf der fremden Geburtstagsparty freut man sich über den Kuchen auch wegen der Symbolik, für die er steht: das Ende. Die Zeit zum Nachhausegehen. Nach dem Kuchen darf man sich offiziell von einer Geburtstagsparty verabschieden. Das ist das Ausganglied in der Kirche. Manchmal zieht der lang erwartete Abschied sich hin, weil der Kuchen mit Eis serviert wird. Ich staune immer wieder, dass wir auf Kindergeburtstagspartys Eis zum Kuchen servieren. »He, Leute, was wäre denn richtig gut zu diesem Brot mit Zucker? Gefrorene Milch mit Zucker. Das verfüttern wir jetzt an die Vierjährigen und schauen mal, wie es ihnen bekommt. Kinder sollen doch Zucker essen, oder? Und sie kommen ja auch sowieso zurück zu ihren Eltern.« Und gerade wenn Sie sich endlich von der Party verabschieden, mit ihrem weinenden, brüllenden, prädiabetischen Kind über der Schulter, bekommen Sie noch etwas in die Hand gedrückt, genau das, was Sie für den Rückweg brauchen. Zum Abschied eine Tüte mit Süßigkeiten. Ich bin sicher, das war das Rezept, mit dem sie Linda Blair beim Dreh des *Exorzisten* für die Szene auf dem Bett vorbereitet haben.

Nichts macht Kinder so glücklich wie ein Eis.

Losing My Religion

Jeder, der schon einmal mit Baby oder Kleinkind in die Kirche gegangen ist, in einen Tempel, eine Moschee, auf eine Hochzeit, eine Beerdigung oder an sonst einen Ort, der Andacht fordert, weiß, was Folter ist.

Ich bin natürlich strikt gegen die Folter, aber trotzdem gehe ich mit meinen Kindern in die Kirche.

Die Frage ist: Wer wird dabei eigentlich gefoltert? Foltere ich mich selbst, weil es praktisch unmöglich ist, ein Kind zum Stillsitzen zu bringen, dazu, dass es einem alten Kerl zuhört, der endlos lange in Bildern redet, die es nicht versteht? Foltere ich meine Kinder, weil die Kirche das genaue Gegenteil von einem Videospiel ist? Foltere ich die unschuldigen Kirchgänger ringsum, die gern die Predigt hören würden und von meinen Kindern daran gehindert werden, die auf die Bänke klettern und Kuckuck mit ihnen spielen?

Die Antwort lautet: Trifft alles zu.

Die Truppe: Taufe Nr. 5.

Ich habe volles Verständnis für meine Kinder. Falls Sie noch nie bei einer katholischen Messe gewesen sind, keine Sorge: Gehen Sie einfach hin, die ist noch nicht vorbei. Ich weiß noch, als Kind war ich überzeugt davon, dass die Messe acht Stunden dauert. Manchmal hatte man den Eindruck, dass sie den Gottesdienst absichtlich in die Länge zogen.»Aaaaahhhh-mennnnn.« Ich habe dann gedacht: »Ja und Amen, Padre. Bringen wir es hinter uns. Ich muss zurück zu meinen Sünden.« Die Messe war zu früh am Tag, sie war langweilig, sie roch merkwürdig, und auf den Bänken saßen die ältesten Einwohner des Planeten.»Wie habt ihr das hierher geschafft? Wie war Jesus denn so als kleiner Junge?« Häufig musste ich aus der Heiligen Schrift lesen und hatte dabei jedes Mal eine Heidenangst. Ich hatte nie meine Brille nicht dabei. Der Text ist so klein gedruckt, da hätte selbst Superman Mühe. Und man liest aus der *Bibel*. Da kann man nicht einfach schummeln und sich was einfallen lassen.»Aus dem Brief des Paulus an die Korinther. Ähmm. Liebe Korinther ... Wie war das Wochenende bei euch? Also hier ist es ganz schön heiß. Grüßt Jesus von mir. Und der Herr sei mit euch.«

In meiner Jugend sorgte allein schon die Tatsache, dass wir zur Kirche gingen, bei uns zu Hause für eine dermaßene Anspannung, dass das Unternehmen zum Scheitern verurteilt schien. Jeden Sonntagmorgen donnerte mein Dad:»Beeilt euch, sonst kommen wir zu spät in die gottverdammte Kirche!« Zu jener Zeit bestand Kirche für mich ausschließlich aus bedingungslosem Gehorsam, unbequemen Kleidern und Auswendiglernen. Mein Vater schoss mir während der Messe wütende Blicke zu, wenn ich beim Gebet ins Stottern kam.

Ich muss sagen, selbst heute fürchte ich mich noch vor dem Gang zur Kirche. Es ist nicht nur der ewige Kampf mit den Kindern. Ich finde auch, Gott hätte mit dem Footballverband reden können, bevor er den Sonntag als Tag für die Messe festsetzte. Dass wir am Sonntag alle zusammen zur Messe gehen, ist Jeannies Idee. Meine Kinder begreifen zwar nicht das Mindeste von dem, was dort vorgeht, aber Jeannie besteht darauf, dass das Ritual ihnen guttut und dass sie irgendwann auch einen Nutzen daraus ziehen werden. Jeannie ist sehr katholisch. Sie ist so eine Art schiitische Katholikin. Schon heute hat sie ihre Eintrittskarte in den Himmel.

Nach der Messe schaffe ich es nicht, Jeannie zum Verlassen der Kirche zu bewegen.»Lass uns noch bleiben und mit den ganzen verrückten Leuten reden.« Manche Leute, die man in der Kirche sieht, machen einen ziemlich verrückten Eindruck, das steht fest. Wenn ich solche Fanatiker sehe, bin ich immer froh, dass sie in die Kirche gehen. Gar nicht auszudenken, wie sie wären, wenn sie keine Regeln hätten, die sie befolgen können.

Jawohl, ich gehe mit meinen Kindern in die Kirche, und zwar weil ich selbst einer von diesen Verrückten bin. Kinder sind zu rabaukig für die Kirche, und unentwegt werden Sie daran erinnert, wenn Ihre Kinder mal aufdrehen, weil sich dann jeder zu Ihnen umdreht. Das sorgt dann dafür, dass alle anderen sich ebenfalls umdrehen und Sie ansehen. Als ob es irgendwie dazu beitragen würde, dass Ihre Kinder sich benehmen, wenn alle in der Kirche sich zu Ihnen umdrehen. In Wirklichkeit sorgt es nur dafür, dass Ihnen umso grässlicher zumute ist. Ganz egal, wie viel in der Kirche gepredigt oder gesungen wird, Ihr Kind findet immer den einen Augenblick der Stille, um etwas Lautes zu sagen. »Michael hat gerade in seine Windel gekackt!« Bedenken Sie auch: Wenn Sie mit Ihrem Kind einmal auf die Kirchentoilette gegangen sind, will es jedes Mal wieder auf die Toilette. Die Kleinen müssen nicht austreten, sie wollen einfach eine Pause im Gottesdienst. Und sie wissen, dass Sie nicht anders können. Sie wissen, dass Sie nicht riskieren können, Nein zu sagen, denn das eine Mal, bei dem Sie Nein sagen, wird genau das Mal sein, an dem sie wirklich austreten müssen. Und dann stecken Sie erst recht in dem, wovon man in der Kirche nicht reden soll. Also gehen Sie immer wieder mit ihnen auf die Toilette, und eigentlich finden Sie es auch gar nicht so schlimm; Sie können selbst eine Pause im Gottesdienst gebrauchen.

Das ist ein echtes Foto aus der Bibel. Ehrenwort.

Dann gibt es da noch das Spektakel, dass Sie Ihr unartiges Kind aus der Kirche tragen, irgendwo nach hinten, bis das Kleine sich wieder beruhigt hat. Auch das ist wieder ein Dilemma, denn den Gang nach hinten empfinden die Kinder als Belohnung, was sie nur zu weiteren Unartigkeiten ermuntert.

Die Kinder sollen den Kirchenbesuch nicht als Strafe ansehen. Ich weiß, Rituale, Traditionen, gemeinsam verbrachte Zeit sind etwas Gutes. Ich versuche, in ihren Köpfen positive Assoziationen mit der Kirche zu bahnen, indem ich ihnen Belohnungen verspreche: »Wenn ihr brav seid, gehen wir hinterher Pfannkuchen essen.« Aber auch das bewährt sich nicht, denn wenn einmal von Pfannkuchen die Rede war, sind Pfannkuchen das Einzige, woran sie denken und worüber sie während des Gottesdienstes reden. »Ist es schon Zeit für die Pfannkuchen? Kann ich Sirup auf meinem Pfannkuchen haben? Gibt es auch Pfannkuchen mit Schokoladenstreuseln?« [*An ein Gemeindemitglied:*] »Nachher gibt es *Pfannkuchen*!«

Man kann nicht erwarten, dass der Kirchenbesuch für kleine Kinder ein spirituelles Erlebnis ist. Die einzigen Male, bei denen es für mich selbst ein spirituelles Erlebnis war, waren die Male, bei denen ich meine Kinder *nicht* dabeihatte. Ich glaube, da habe ich Gottes Stimme vernommen, und Er sagte: »Danke, dass du deine Kinder zu Hause gelassen hast.«

Babysitter gibt es nicht umsonst

Wenn ein Baby noch neu ist, hat man den Eindruck, alle wollen helfen, Freunde, Geschwister, manchmal sogar Wildfremde. »Hört mal, wenn ihr einen Babysitter braucht, dann lasst es mich wissen.« Es scheint, als rissen die Leute sich darum, auf meine Kinder aufzupassen. Was für eine Erleichterung! Schließlich braucht man doch immer wieder Aufpasser. Aber schon bald merkt man, dass niemand Babys hüten oder auch nur helfen will. Was sie wollen, ist Hilfe *anbieten*. Das Anbieten ist eine Art Geste. Na schön. Dann eben nicht. Auf eure Hilfe kann ich verzichten. Außerdem will ich auch nicht, dass irgend so ein Verrückter oder Verwandter auf mein neues Baby aufpasst. Ich bin der Vater, ich brauche keine Vertretung, danke. Ich bin Amerikaner, mein Freund!

Aber schließlich setzt sich der Wunsch nach einem Babysitter doch durch, hat sich so klammheimlich eingeschlichen wie Reality-TV in die Hauptsendezeit. Irgendwann ist man gezwungen, den naiven Glauben aufzugeben, dass man jede Minute im Leben des Kindes mit ihm verbringen kann. Man braucht Hilfe. Und die Frage stellt sich: Wer passt auf den kleinen Liebling auf? Wer ist vertrauenswürdig genug für die überragende Aufgabe, in der Wohnung zu sitzen, während das Kind schläft?

Die erste Anlaufstelle sind Ihre eigenen Eltern. Da wissen Sie, dass es keine Serienmörder sind. Die Großeltern wollen das Enkelkind sehen, Sie wollen für das Aufpassen nicht bezahlen. Die perfekte Lösung! Das Problem ist: Wenn jemand nicht für das, was er für Sie tun soll, bezahlt wird, muss er auch nicht auf Ihre Anweisungen hören. »Keine Süßigkeiten« heißt: »Deine herzlosen Eltern geben dir keine Süßigkeiten, da bekommst du von mir Tonnen von Zucker, damit du mich mehr liebst als deine Eltern.« Außerdem sind Ihre Eltern verrückt. Die haben *Sie* aufgezogen, und Sie sind eine Katastrophe! Wenn Sie denen Ihre Kinder anvertrauen, fordern Sie sie praktisch auf, sämtliche Fehler noch einmal zu machen. Und was noch schlimmer ist: Bis Ihre Eltern Großeltern sind, ist der Umgang mit Kindern einfach zu viel für sie. Ich weiß, dass meine Eltern als Babysitter totale Versager wären, allein schon, weil sie seit zehn Jahren tot sind. Obwohl das vielleicht sogar von Vorteil wäre. Da richten sie wenigstens keinen Schaden an.

Anfangs ist man nervös, dass jemand anderes als man selbst oder die Partnerin auf die Kinder aufpassen soll. Man ermahnt die Leute, erinnert sie an ihre Aufgaben, am Ende bricht man früher auf, um möglichst schnell wieder am Bettchen des Kleinen zu sein. Die Liste der Babysitter, die kein Geld wollen, ist kurz. Da wären die Eltern, die Geschwister, vielleicht noch der eine Freund, der kein Alkoholiker ist. Dann muss man einen Fremden anstellen, der auf die Schätze aufpasst, und auf die Kinder noch dazu. Witzig, was? Na, ich fand schon.

Die Wahl eines passenden Babysitters gehört zu den echten Herausforderungen des Elterndaseins. Wen nimmt man? Passen sie auch auf? Sind sie vorbestraft? Später wird man großzügiger. »Atmen Sie noch? Wir sind gegen zehn zurück.«

Natürlich ist das ein Witz. Eine Art Witz. Je mehr Kinder, desto größer das Bedürfnis nach Unterstützung. Je mehr Kinder Sie hinzufügen, desto mehr geht der Preis nach oben, das Angebot an Aufpassern schwindet und Sie bekommen einen besseren Blick bei der Auswahl. Zum Beispiel legen Sie plötzlich viel weniger Wert auf die Frage, ob ein Babysitter die Sprache des Landes beherrscht. Es folgt die Transkription eines echten Gespräches, das ich einmal mit einer Kandidatin geführt habe.

JEANNIE:	Jim, das ist Zanga.
JIM:	[reicht ihr die Hand] Schön, Sie kennenzulernen. Von wo kommen Sie?
ZANGA:	Ja.
JIM:	Aus welchem Land?
ZANGA:	Ja.
JEANNIE:	Sie kommt aus Sri Lanka.
JIM:	Ah, Sri Lanka. Genau wie die tamilischen Tiger, was?
ZANGA:	Ja. Tsunami. Sehr traurig.
JIM:	Also, danke, dass Sie uns helfen, Zanga.
ZANGA:	Sehr traurig.
JIM:	Sehr traurig.

Ich wünschte, das wäre übertrieben. Wir hatten einmal eine Babysitterin aus Guatemala. Sie sprach kein Englisch, und ich bin mir ziemlich sicher, dass sie auch kein Spanisch sprach. Sie sagen, jemand, der kein Englisch spricht, sollte nicht auf meine Kinder aufpassen? In Kleinbetrieben, etwa zur Aufzucht von fünf Kindern, kommt es vor allem darauf an, die Arbeitskräfte dort einzusetzen, wo ihre Fähigkeiten dem Betrieb als Ganzem am nützlichsten sind. Manchmal genügt es als Ausbildung für eine Babysitterin, dass sie selbst eine gute Mutter war. Es geht nicht darum, dass ein fortgeschrittener Pädagogikstudent zwölf Kurse in Kleinkind-Wiederbelebung absolviert hat – das kann niemals den Wert einer Mutter ersetzen, die eigene Kinder mit Erfolg großgezogen hat. Dafür muss sie kein Englisch können.

Ich will noch einige weitere Kategorien von Babysittern aufführen.

Der warme Körper

Ich habe nicht behauptet, dass die Kategorien schmeichelhaft sind. Bei fünf Kindern ist es unbedingt notwendig, dass ein Erwachsener im Haus ist, wenn man selbst für eine Weile weg ist. Wenn die Kinder schlafen, genügt es vollkommen, dass einfach nur jemand im Wohnzimmer sitzt, während Jeannie und ich für ein paar Stunden in Manhattan auftreten. Das sind *Sitter* im wahrsten Sinne des Wortes. Wenn sie nicht gerade in unseren Schränken wühlen.

Die Collegestudentin

Ideal, wenn es ums Abliefern oder Abholen der Kinder geht, denn sie kennen sich in der New Yorker Untergrundbahn aus, und für Ihre Kinder sind sie eine coole Tante aus dem Disney Channel. Wenn Sie sie allerdings anstellen, um am Abend auf die Kinder aufzupassen, sollten Sie wissen, dass Sie achtzehn Dollar die Stunde dafür zahlen, dass sie ihren Boyfriends SMS schicken, und auf Ihrem Computer sehen Sie auf der Liste der besuchten Seiten, dass sie häufiger auf Facebook als auf Ihre Kindern geschaut haben. Wahrscheinlich ist der Kühlschrank leer und die Spüle steht voller Geschirr, und sie lassen Sie sitzen, sobald irgendwo eine unbezahlte Statistenrolle in einem Filmprojekt der Uni winkt.

Die männliche Nanny

Anfangs hatte ich Bedenken, einen männlichen Babysitter zu engagieren. Was, wenn er besser mit den Kindern umgehen kann als ich? Was, wenn er noch schlechter mit den Kindern umgehen kann als ich? Aber jetzt bin ich begeistert. Das ist eine tolle Sache, wenn ein Mann auf die Kinder aufpasst. Er trägt Kind und Wagen fünf Treppen hoch, ohne zu murren, und er bleibt den ganzen Tag über mit ihnen draußen und hält sie beschäftigt. Dass er nicht auf die Idee kommt, die Windeln zu wechseln, sehen Sie ihm nach, schließlich ist er ein Kerl! Dass ein Mann die Kinder anderer Leute erträgt, da kann ich immer wieder nur staunen.

Die Mary Poppins

Es war Liebe auf den ersten Blick, als Sie diese Babysitterin mit fremden Kindern im Park sahen. Sie schnappten sie sofort ihrer vorherigen Familie weg, indem Sie ihr mehr Geld boten. Diese Babysitterin kann einfach alles. Sie ist liebevoll, sie liest den Kindern Geschichten vor, spielt Verkleiden mit ihnen, kocht, putzt, ist halb Lehrerin, halb beste Freundin. Sie kennt die Namen sämtlicher X-Men. Die Kinder sind begeistert von ihr, und nach einer Weile wird eine reichere Familie sie Ihnen im Park wegschnappen. Karma. Hinweis: Wenn Ihre Frau mit einem anderen verheiratet war, als Sie sie kennenlernten, wird diese Geschichte sich wiederholen.

Die Erpresserin

Diese Babysitterin kommt Ihnen anfangs wie eine Perle vor, und Sie vertrauen ihr immer mehr Aufgaben an. Sie sind vollkommen abhängig von ihr, sie wird ein Fixpunkt in Ihrem Tageslauf und Ihrem Arbeitsplan. Es kann nicht ausbleiben, dass sie im Park mit anderen Kindermädchen ins Gespräch kommt und erfährt, dass jemand mehr Geld für weniger Kinder bekommt, eine Busfahrkarte, oder dass sie an landesweiten Feiertagen frei hat (Tage, an denen keine Schule ist und an denen man am dringendsten jemanden braucht). Wenn Sie dann Ihre arbeitsreichste Woche mit dem wichtigsten Termin haben, wird sie damit drohen zu kündigen, wenn sie die erwähnten Zusatzleistungen nicht ebenfalls bekommt, und es bleibt Ihnen nichts anderes übrig, als allen Forderungen nachzugeben. Eine behält sie natürlich immer noch in der Hinterhand, für das nächste Mal, wenn Sie nicht anders können.

Die Psychopathin

Dieser Typ Babysitter macht immer gerade eine persönliche Krise durch und schafft es irgendwie, es so hinzustellen, als ob Sie etwas damit zu tun hätten. So eine Frau unterbricht Sie bei einem Geschäftstelefonat, um Ihnen zu sagen, dass die Kinder ein Durcheinander angerichtet haben, statt dass sie es wegräumt. Es wird jedes Mal ein Drama, wenn Sie zur Aushilfe noch einen zweiten Babysitter anstellen müssen. Die Psychopathin hat auch ihre wirklich guten Seiten, sonst würden Sie sie nicht behalten, aber irgendwann halten Sie es einfach nicht mehr aus, dass sie dauernd Aufmerksamkeit will, denn schließlich wollen Ihre Kinder ebenfalls dauernd Aufmerksamkeit, und Ihre Aufmerksamkeit ist auch so schon begrenzt.

Die Ironie an der ganzen Babysittergeschichte ist, dass man jemanden braucht, der in der Zeit auf die Kinder aufpasst, in der man das Geld verdient, das man demjenigen fürs Aufpassen zahlt. Man will genug Geld verdienen, dass man es sich leisten kann, mehr Zeit mit den Kindern zu verbringen, und währenddessen bezahlt man den Babysitter dafür, dass er die Zeit mit den Kindern verbringt. Es ist meine persönliche Sisyphos-Geschichte, immer wieder wälze ich den Felsbrocken den Berg hinauf und sehe zu, wie er wieder hinunterrollt. Eigentlich ist es Ihre Schuld; Sie wollten, dass ich dieses Buch schreibe, damit Sie es lesen können. Das ist wirklich sehr selbstsüchtig von Ihnen!

Wie man fünf Kinder in einer Dreizimmerwohnung schlafen legt

Wenn man mit fünf Kindern in einer winzigen Dreizimmerwohnung lebt, wird das Schlafengehen zum logistischen Albtraum. Im Kinderzimmer stehen zwei Einzelbetten, im Elternschlafzimmer ein Doppelbett. Nein, groß sind die Zimmer nicht. Stellen Sie sich eine Brotbüchse vor, nur kleiner. In jedem Schlafzimmer steht ein Kinderbett, und ein drittes im Wohnzimmer/Arbeitszimmer/Esszimmer/Küche. Wir lieben es, unsere Krippe zur Schau zu stellen.

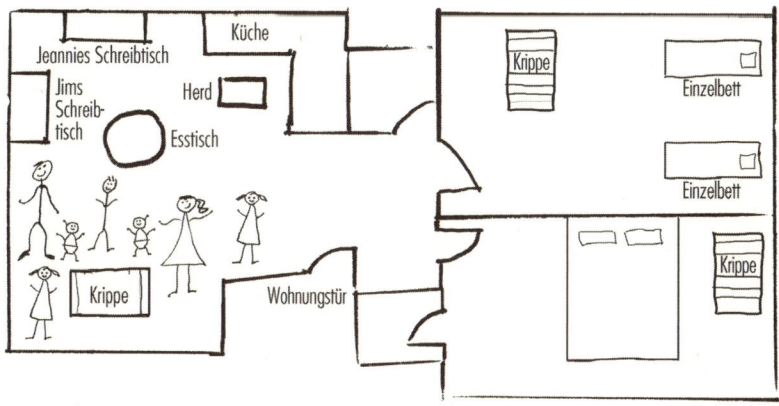

Bei so vielen Kindern können nicht alle gleichzeitig zu Bett gebracht werden – es geht in Wellen. Als Erstes kommen die Babys (ein Jahr alt und jünger) in ihre Bettchen, eins im Kinder-, eins im Elternzimmer.

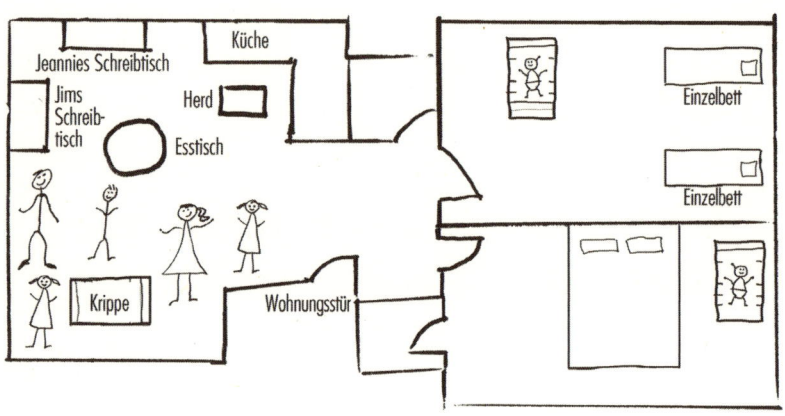

Dann beginnt der schwierige Teil: Koordination von Zähneputzen und Toilettenzeit für die drei Großen. Wenn die Zähne sauber sind und jeder auf dem Töpfchen war, gibt es Schmusen und Gutenachtgeschichten für die drei, dann wird notgedrungen der Unruhigste vorübergehend in unser Bett ins Elternschlafzimmer gelegt, das damit zu einer Art Quarantänestation wird. Wenn Sie aufgepasst haben, wissen Sie, dass wir jetzt drei Kinder in einem Zimmer haben und zwei im anderen.

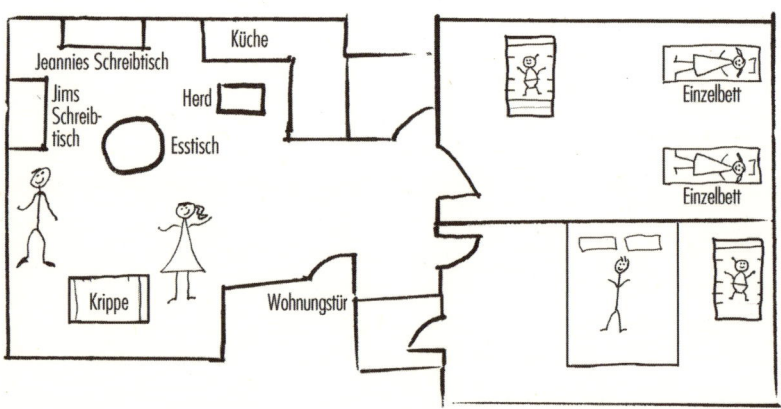

Sie werden jetzt fragen, warum wir denn keine zweistöckigen Betten haben. Wir haben bei unseren ersten beiden Kindern gelernt, dass zweistöckige Betten zwar eine tolle Sache sind, aber nicht, wenn eine Zweijährige in die obere Etage klettert, springt und auf die Nase fällt. Wir haben uns schließlich von dem Bett getrennt, als der Rezeptionist der Notaufnahme dazu überging, uns beim Vornamen zu nennen. Aber zurück zur gegenwärtigen Situation. Wenn die Kids allesamt in sicherer Position sind, gehe ich mal rasch nach draußen und absolviere einen Auftritt oder zwei. Jeannie tut in der Zeit ein paar von den vielen Dingen, die sie tut, damit der Haushalt nicht völlig zusammenbricht. Diesen Teil des Abends könnte man den »Zwischenakt« nennen. Nach meiner Rückkehr beginnt der zweite Akt. Jeannie und ich arbeiten, schreiben, versuchen, wenigstens den Anschein einer erwachsenen Beziehung zu wahren. Das alles findet im Wohnzimmer statt, wo sich zu diesem Zeitpunkt keine Kinder befinden.

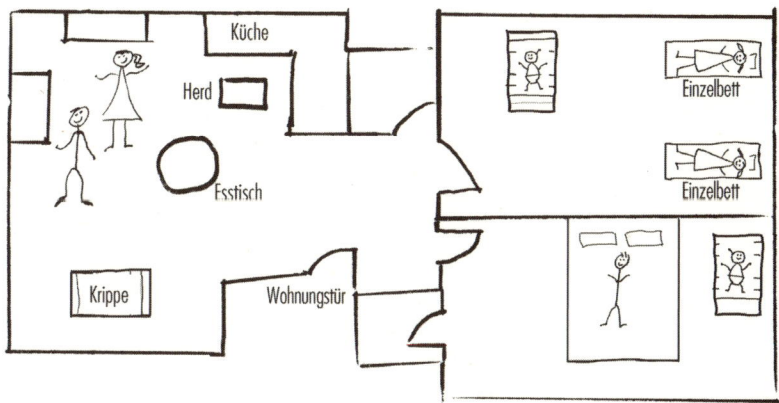

Wie Sie sehen, nutzen wir die Wohnung optimal. Die Kinder schlafen wohlig in unseren sämtlichen Betten. Sie werden sich fragen, wo Jeannie und ich schlafen, denn alle Betten sind ja jetzt belegt. Daraus könnte sich ein größerer Konflikt ergeben. Anfang des dritten Akts. Wenn Jeannie und ich lesen oder im Bett fernsehen wollen (was übrigens jeden Abend der Fall ist), kommt nun die »Umbettung«. Das Kind in unserem Bett muss zu einem der beiden in den Einzelbetten gesteckt werden. Dann kommt das Baby aus dem Bettchen in unserem Zimmer in das Bettchen im jetzt dunklen und stillen Wohnzimmer/Esszimmer/Arbeitszimmer/Küche.

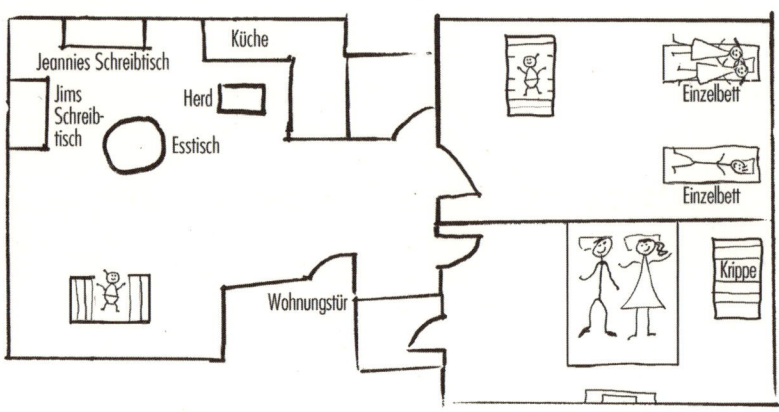

Dann können Jeannie und ich exakt eine Minute lang fernsehen oder lesen, bis sie allesamt aufwachen und zu uns ins Bett kommen. Vorhang.

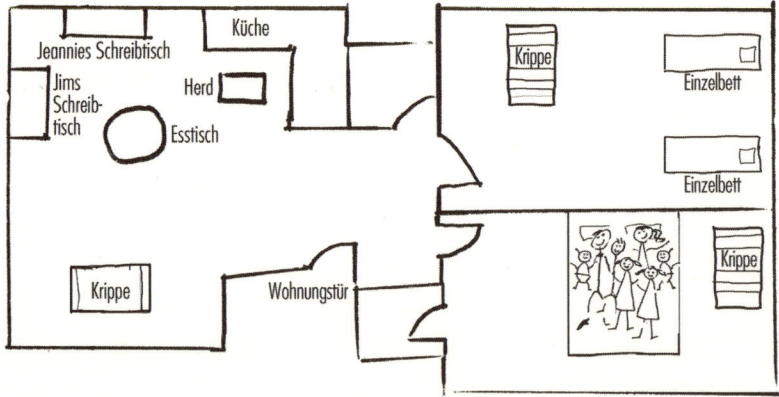

Wo bleibt denn da Zeit, all diese Babys überhaupt zu *machen*, werden Sie jetzt fragen. Das geht Sie nichts an, Sie Spanner. Lesen Sie doch lieber noch mal das schmutzige Buch mit der Krawatte auf dem Umschlag. Aber ich wundere mich doch, dass Sie so was lesen. Skandalös! Na, verzeihen Sie. Das war wohl eine Überreaktion. Ich bin froh, dass Sie mein sauberes Buch gekauft haben. Daran sieht man, dass Sie ein anständiger Mensch sind ... mit ein paar dunklen Geheimnissen. Und die will ich Ihnen noch mal durchgehen lassen, Sie Perversling.

Verhandeln mit Terroristen

Vor exakt einer Million Jahren gab es eine Fernsehserie, die hieß *Die Waltons*. Am Ende jeder Folge war das Haus der Familie Walton am Abend und von draußen zu sehen. Die Kamera blieb auf das Haus geheftet, während die Familie ihre Runde von Gutenachtgrüßen absolvierte und die Lichter in den Fenstern eins nach dem anderen ausgingen. Jedes Familienmitglied stimmte ein: »Gute Nacht, Mama. Gute Nacht, Daddy.« »Gute Nacht Jim-Bob, gute Nacht John-Boy.« Ungefähr eine Minute lang ging das so. Es war wunderbar; es war süß und vermutlich die aus Elternsicht unrealistischste Darstellung des Zubettgehens, die je in einer Kunstform verbreitet wurde.

Der Ausdruck *Bettzeit* ist irreführend. Er gehört in die gleiche Klasse wie das Wort *Utopie*. Die Komponente *Zeit* scheint zu besagen, dass es eine bestimmte Uhrzeit gibt, zu der zu erwarten ist, dass Ihre Kinder im Bett sind. Jeder, der einen Fünfjährigen zu Hause hat, wird Ihnen sagen, dass die Realität anders aussieht. Das Zubettgehen ist für kleine Kinder Abend für Abend eine Krise. Ich muss gestehen, ich bin froh, dass meine Auftritte meist genau zur Zeit dieser Krise stattfinden; damit habe ich eine lupenreine Ausrede, mich, wenn der tägliche Kampf beginnt, zu verabschieden.

Beim Zubettbringen eines Kindes spürt man, wie vollkommen unmöglich es ist, Einfluss auf andere Menschen zu nehmen. Meine Kinder tun, als hätten sie noch nie im Leben geschlafen. »Bett? Was soll das denn sein? Nein, das mache ich nicht.« Sie wollen nie ins Bett. Auch das ist wieder etwas, das ich mit meinen Kindern niemals gemeinsam haben werde. Jeden Morgen beim Aufwachen denke ich als Erstes: »Wann kann ich wieder zurück?« Das ist die Mohrrübe, die mich den Tag über anspornt. Oft scheint mir das Zubettgehen der Höhepunkt des Tages.

Meine Kinder hingegen sehen es als menschenrechtsverletzende Strafe an, wenn sie ins Bett sollen. Selbst wenn die Lichter gelöscht sind, ist noch mit mindestens einer weiteren Stunde zu rechnen, in der die Insassen mit ihren Blechtassen an die Zellenstäbe schlagen. Sie stemmen sich uns mit einer Vehemenz entgegen, die sich nicht hinter den Bürgerrechtsmärschen der Sechziger zu verstecken braucht. »Das ist unfair!« Bevor die ersten Schlafanzüge in Flammen aufgehen, schreiten wir zur Tat, und zwar nach dem Prinzip »Teile und herrsche«.

Zum Schlafengehen-Ritual gehört, dass Jeannie und ich uns mit den Kindern ins Bett legen. Wir schmusen mit ihnen, lesen ihnen etwas vor, erzählen ihnen Geschichten, am Ende flehen wir sie an einzuschlafen. Diese Taktik beginnt jedes Mal in schönster Harmonie und endet unter Drohungen und Tränen. Manchmal auch für die Kinder. Unweigerlich wird zum Schluss eine umgekehrte Verhandlung mit Geiselnehmern daraus. »Wenn ihr drinbleibt, geben wir euch, was ihr wollt. Was soll es sein, vielleicht ein Hubschrauber nach Kuba? Wir gehen auf all eure Forderungen ein, *wenn ihr nur drinbleibt und uns nicht mehr quält!*«

Bei fünf kleinen Kindern hört das Zubettgehen niemals auf. Eins ist immer wach. Als ob sie sich abwechselten. Ich stelle mir vor, wie sie die Termine absprechen: »Okay, ich quäle Daddy von Mitternacht bis zwei. Wer übernimmt die Drei-bis-sechs-Uhr-morgens-Schicht? Jetzt alle hinlegen, wir proben das Vatertreten im Schlaf.« Wenn eins meiner Kinder »Gute Nacht, Daddy« sagt, denke ich immer: »Das meinst du nicht ernst.«

Früher war es mein Bett

Ich liebe mein Bett. Es war eine große Investition. Es ist ein Tempur-Pedic. Vielleicht kennen Sie die peinliche Fernsehreklame, in der Tempur-Pedic-Besitzer Sie in heller Aufregung auffordern: »Fragen Sie mich nach meinem Tempur-Pedic!« oder: »Fragen Sie mich, wie schnell ich einschlafe!« Ich würde dann immer am liebsten einstimmen: »Fragen Sie mich, warum in meinem Tempur-Pedic jeden Morgen eine Horde Kinder liegt, und mir tun sämtliche Knochen weh.«

Das liegt daran, dass mein Bett, unser Bett, ein »Familienbett« ist. Es gibt zwei verschiedene Ansätze, wenn es darum geht, kleine Kinder zum Schlafen zu bringen. Der eine ist »Schlaftraining«, was im Wesentlichen darin besteht, dass man seine Kinder ins Bett steckt und dann die ganze Nacht zuhört, wie sie schreien; das andere ist die »bindungsorientierte Elternschaft«, bei der man sich mit den Kindern ins Bett legt, mit ihnen schmust und dann die ganze Nacht zuhört, wie sie schreien. Das Familienbett gehört zum bindungsorientierten Ansatz.

Da Jeannie eine große Anhängerin dieses Ansatzes ist und ich ein Feigling ohne Rückgrat, gilt bei uns eine Politik der offenen Tür; das heißt, wenn eins unserer Kinder einen Albtraum hat, darf es zu uns ins Zimmer kommen und in unser Bett pinkeln. Zum Glück passiert das nur jede Nacht.

Ich weiß nicht, ob Sie schon einmal neben jemandem geschlafen haben, der ins Bett gemacht hat, aber es ist ein schönes Gefühl. Also, zuerst schlafen Sie. Und wenn Sie dann aufwachen, ist Ihr erster Gedanke »Meine Güte, ich habe ins Bett gemacht!« Was mich persönlich angeht, denke ich als Zweites: »Na, *so* nass ist es ja nicht. Ich rutsche einfach ein bisschen weiter rüber. Wenn ich tue, als ob ich schliefe, wechselt vielleicht Jeannie die Laken.« Zu meinen besten schauspielerischen Leistungen gehören die Augenblicke, in denen ich tue, als schliefe ich, während Jeannie den Saustall aufräumt. Verschlafen sage ich: »Ach, das habe ich gar nicht gemerkt. He, wo du schon auf bist, machst du mir ein Sandwich?«

Manchmal bin ich noch wach, wenn eins der Kinder ins Zimmer kommt. Ich sehe in aller Unschuld fern, und plötzlich bemerke ich in den Augenwinkeln eine schattenhafte Gestalt in der Schlafzimmertür. Ich erschrecke mich jedes Mal. Sie stehen einfach nur da und blicken starr vor sich hin, so als sollten sie eigentlich ein Messer in der Hand halten. Ich frage, ob alles in Ordnung ist, und dann kommt der oder die Betreffende in unser Bett und beschwert sich, dass der Fernseher läuft.

»Stell den Fernseher ab!«, quengelt mein sechsjähriger Sohn Jack. Als ob ich ihn bei etwas störte.

»Warum gehst du nicht einfach wieder in dein eigenes Bett?«

»Dad, stell den Fernseher ab – ich versuche zu *schlafen*!«

Hauptsächlich stört ihn, dass die Nachrichten laufen. Fernsehnachrichten sind für Kinder Kryptonit. Die zwei großen Umbrüche im Wechsel vom Kinder- zum Erwachsenengeschmack sind Nachrichten und Senf. Man kann verstehen, wie Senf den Kleinen vorkommen muss. Vielleicht sollte ich versuchen, den Kindern zu drohen, dass ich mir mit ihnen, wenn sie nicht wieder ins eigene Bett gehen, eine stundenlange Nachrichtensendung über Senf ansehe.

Es ist eine schöne Vorstellung, dass die Kinder, wenn sie nachts aufwachen und sich fürchten oder einsam fühlen, zu uns ins Bett kommen können. Ich wünschte nur, dass nicht jedes Einzelne von ihnen jede Nacht davon Gebrauch macht. Es ist nicht groß genug dafür. Glauben Sie mir. Wir sind sieben Personen, und das Bett, in das wir alle bequem hineinpassen, muss erst noch gebaut werden. Ich habe ein Kingsize-Bett, doch meine Rechte daran beschränken sich auf einen schmalen Streifen am rechten Rand. Noch ein Bauernaufstand, und ich schlafe auf dem Boden. Je länger die Nacht dauert, desto mehr sehne ich mich nach einer eigenen Koje. Es könnte ein Nagelbett sein, Hauptsache, ich hätte es für mich allein.

All das ist die Schuld von Dr. Sears, dem Erfinder der »beziehungsorientierten Elternschaft«. Natürlich zweifle ich nicht an seinen guten Absichten, aber mir kommt es doch eher vor wie eine »Macht Dad das Leben zur Hölle«-Elternschaft. Inzwischen bin ich allerdings viel zu sehr darin verstrickt. Ich kann ihnen das Bett jetzt nicht mehr verbieten. Die Jüngeren würden es mir später vorhalten.

KIND: Die Großen hat Dad im Bett schlafen lassen, weil er sie
                  mehr liebt als mich.
THERAPEUT: Mach dir keine Sorgen. Dafür wird er in der Hölle
                  schmoren.
KIND: Dann ist gut.

Ich will nicht, dass meine Kinder sich wünschen, dass ich in der Hölle schmore. Ich will einfach nur mein Bett zurück. Jeannie macht das Gedränge anscheinend überhaupt nichts aus. Die würde sich wohlfühlen, wenn ihre Bettdecke aus Kindern bestünde. Lebendigen Kindern natürlich.

Als noch Platz darin war.

Morning Has Broken

Ich liebe den Schlaf. Ich brauche den Schlaf. Den brauchen wir alle. Ich weiß, es gibt auch Leute, die keinen Schlaf brauchen. Man nennt sie, glaube ich, »erfolgreich«. Was mich betrifft, bin ich immer ein wenig unglücklich, wenn ich aus dem Bett muss. Sobald ich aufgestanden bin, werfe ich sehnsuchtsvolle Blicke in Richtung Bett und jammere: »Du warst großartig heute Nacht. Ich wünschte, wir hätten immer so weitermachen können. Ich kann gar nicht erwarten, wieder bei dir zu sein ...«

Ich bin sicher, alle Leser dieses Buches schlafen gern, aber ich, ich bin ein *Genießer* des Schlafes. Am liebsten wäre ich einer von diesen Großvätern in *Charlie und die Schokoladenfabrik*, die den ganzen Tag im Bett bleiben. Das sah traumhaft aus. Es gibt nicht viel, was mich in meinem Schlaf stören kann. Kennen Sie das Gefühl, wenn Sie im Bett aufschrecken und ein Geräusch hören – da ist ein Einbrecher im Haus, er wird mich umbringen! –, und statt die Flucht zu ergreifen, legen Sie sich einfach wieder hin? Ich nehme an, man sagt sich in so einem Falle: »Er kann mich ja im Schlaf umbringen.« Auch wenn es seine peinliche Seite hätte. Man würde ja so nicht im Himmel aufkreuzen wollen.

ANDERER HIMMELSBEWOHNER:	Wie sind Sie gestorben?
ICH:	Ich war zu faul zum Aufstehen. Hab den Burschen in der Küche gehört. Aber ich dachte, eine Stunde bleibt mir noch.
ANDERER HIMMELSBEWOHNER:	Hört sich wirklich verdammt faul an. Wie sind Sie denn damit hier reingekommen?

ICH: ·   Meine Frau hat das für mich organisiert. Sie ist drüben
                               in der VIP-Suite. Na, ich sollte sehen, dass ich mit dem
                               Putzen weiterkomme, bevor ich wieder nach unten in
                               die Hölle muss

Schlaf ist zu wichtig. Für Schlaf gibt man seine sämtlichen Prinzipien auf.

MANN: Wollen Sie den Obdachlosen helfen?
ICH: Sicher. Ich helfe den Obdachlosen.
MANN: Wir treffen uns am Sonntagmorgen um sieben.
ICH: [*kurze Pause*]   So wichtig sind die Obdachlosen nun auch nicht.
                               Die sind am Nachmittag auch noch obdachlos, oder?
                               Außerdem sind das, glaube ich, Leute, die gern zum
                               Brunch kommen.

Früher musste ich Verhandlungen mit mir selber führen, damit ich aus dem Bett
kam. »Also, du, folgendes Angebot: Du stehst auf, aber du musst nicht duschen.
Vielleicht darfst du sogar gleich wieder hierher zurück.« Ich habe morgens den
Wecker gehört – »iii-iii-iii-iii-iii« – und mir gesagt: »Daran gewöhnst du dich.
Träum einfach, du seist in einem Techno-Club.«
    Ich habe meine Beziehung mit dem Schlaf schon vor langer Zeit aufgege-
ben. Wir mussten uns trennen, auch wenn keiner von uns beiden es wollte. Was
hat uns auseinandergebracht? Die Kinder. Ist das nicht immer so? Vom ersten
Augenblick an waren die Kinder dagegen, dass ich und der Schlaf zusammen
waren. Sie haben mir ein Ultimatum gestellt: Wir oder der Schlaf. Bevor ich es
mir in Ruhe überlegen konnte, ließ der Schlaf mich einfach sitzen und kam nie
mehr zurück. Darüber sollte jemand einen Countrysong schreiben.
    Der Schlaf ließ mich mit sämtlichen Kindern sitzen. Meist wache ich von
einem Tritt in den Bauch oder einem Tritt ins Gesicht auf, oder einem Tritt in
den Bauch *und* einem Tritt ins Gesicht. Die Folge: Ich bin rund um die Uhr
müde. Auch nur darüber zu klagen, wie müde ich bin, erschöpft mich. Ich
bin so müde, dass ich neulich die Haustür mit der Kreditkarte aufmachen
wollte.
    Bedenkt man, mit welchem Widerstand Kinder abends ins Bett gehen,
wundert es einen nicht, dass sie früh aufstehen. Und es ist ja nicht allein die
Uhrzeit, es ist auch die *Art*, wie sie aufstehen. Offenbar steht »Morgen« in der

Kleinkindsprache für »sprich lauter«. Mein Sohn spricht mich nicht flüsternd an, nicht einmal mit normal lauter Stimme. Er brüllt direkt neben meinem Ohr, als lägen dreißig Meter zwischen uns. Ich weiß nicht, warum, aber alle meine Kinder sprechen morgens am lautesten. Manchmal steht Jeannie mit den Kindern auf und »lässt mich schlafen«, doch allein die Lautstärke, dazu die am Morgen ebenfalls erhöhte Neigung zu Streitereien, machen »Schlafenlassen« zum Widerspruch in sich. Wir haben damit experimentiert, sie abends länger auf zu lassen, damit sie morgens länger schlafen, aber dann wachen sie nur müder, gereizter und folglich *lauter* auf.

»Morning has broken«, heißt es im Lied von Cat Stevens. Und ich bin sicher, wenn er zerbrochen ist, dann waren meine Kinder das. Und wie bei allem, was sie zerbrechen, würden sie es nie zugeben. Ich kann es hören, wie sie sich rausreden.

SOHN:	Der Tag ist angebrochen, Dad.
ICH:	Ehrlich.
TOCHTER:	Aber der war schon so, als wir reingekommen sind.

Ich weiß nicht, was das Schlimmere ist: dass man früh aufstehen oder dass man dabei auch noch tun muss, als sei man schon wach. Sicher, als ich noch allein lebte, musste ich auch manchmal früh aufstehen und zur Arbeit, und das war jedes Mal eine Krise!

»Jim, nächsten Donnerstag musst du um sieben Uhr morgens aufstehen.«

»Meine Güte! Da gehe ich am besten jetzt gleich schlafen!«

Mit Kindern kommen ganz neue Dimensionen der Belastung hinzu. Man wacht nicht nur unausgeschlafen auf, man wacht unausgeschlafen auf und hat die Verantwortung für andere Menschen. Und Kinder sind morgens nicht nur entsetzlich laut, sie sind auch immer hungrig.

»Dad, ich habe *solchen* Hunger!«

»Geh wieder ins Bett, es ist noch zu früh.«

»Aber ich muss etwas essen, sonst *sterbe* ich!«

Plötzlich sind sie Oliver im Waisenhaus. Na toll, dann vernachlässige ich also meine Kinder, wenn ich jetzt nicht aufstehe. Da ich mit meiner schönen Idee, ihnen schon am Vorabend Cornflakes in Hundenäpfen bereitzustellen, bei Jeannie nicht durchgekommen bin, muss ich also aufstehen und meine Kinder füttern.

Uhrzeit: Sechs Uhr morgens.

Sohn:	Daddy, wir wollen Pfannkuchen!
Ich [im Schlaf]:	Was? Wer? Was wollt ihr?
Sohn:	Pfannkuchen!

Er will Pfannkuchen, und dabei fühle ich mich selbst wie ein Pfannkuchen. Ich finde, jemand, der nicht alt genug ist, sich selbst Frühstück zu machen, sollte nicht vor sieben Uhr aufstehen dürfen. Es ist ja nicht das Aufstehen allein. Es kommt einem vor, als würde man für jedes einzelne Mal bestraft, das man sich über Langeweile beklagt hat. Nun hätten wir also die Herausforderung, im Haus etwas zu finden, das sie essen *wollen*. Sie mögen dem Hungertod nahe sein, wenn sie kommen und Sie wecken, aber alles, was Sie ihnen anbieten, passt ihnen nicht.

Manchmal mache ich Rührei für meine Kinder, aber das meiste davon lassen sie stehen. »Das ist ja ganz glibberig!« »Hast du da *Käse* reingetan? Igitt.« »Ist da etwa Ei drin?« »Ich dachte, ihr hättet Hunger?« »Aber doch nicht auf *so* was!« Wenn es nicht ein Osterkörbchen ist oder wir im Pfannkuchenladen sind, sind diese kleinen Gauner ganz schön wählerisch. Wenn sie es allein machen müssten, würden sie wahrscheinlich einfach einen Löffel und eine Tüte Zucker nehmen.

Einmal hat Marie, damals sechs, Frühstück für sich und ihren Bruder und ihre kleine Schwester gemacht. Sie weckte uns und erklärte uns stolz: »Ihr müsst nicht aufstehen. Ich habe Frühstück für mich und Jack und Katie gemacht.« Als ich fragte, warum sie Schokolade im Gesicht habe, erklärte sie, es habe Nachtisch zum Frühstück gegeben.

Als ich in die Küche kam, sah es aus, als sei eine Fabrik für Zuckerguss in die Luft geflogen. Da Jeannie meistens um diese Tageszeit einem Baby die Brust gibt, bin in der Regel ich derjenige, der mit solchen Katastrophen fertigwerden muss.

Jeannie:	Was ist denn hier passiert?
Ich:	Die Kinder haben Frühstück gemacht.
Jeannie:	Na dann viel Spaß beim Putzen.

Meist ist der Morgen einfach für einen einzelnen Mann zu viel des Guten.

Ein Nickerchen in Ehren

Bedenkt man, wie leidenschaftlich ich den Schlaf liebe, wird sich über meine Einstellung zu einem kleinen Nickerchen niemand wundern. Ich glaube an Nickerchen. Für mich sind Nickerchen eine nonverbale Art, dem Leben zu verstehen zu geben: »Ich schalte jetzt ab. Diesen Teil des Tages gönne ich mir als Auszeit.« Man hört, Nickerchen seien Kleinkindern und alten Leuten vorbehalten, aber ich diskriminiere aus Überzeugung nicht. Früher gehörten Nickerchen zum festen Bestand meines Tagesablaufs. Bevor die Kinder kamen, war es eine Katastrophe für mich, wenn ich morgens so lange schlief, dass ich mein Nickerchen verpasste.

Als frischgebackener Vater freute ich mich noch, dass Neugeborene so viele Nickerchen halten. Man hat den Eindruck, sie schlafen mehr, als dass sie wach sind. Neugeborene schlafen so viel, man könnte denken, sie stünden unter Drogen oder litten an einer Depression. Da ich ja auch meinen Beitrag leisten will, biete ich oft selbstlos an, einem unserer Babys beim Einschlafen zu helfen. Manchmal lege ich mich mit meinem fünfzehn Monate alten Sohn hin, einfach aus Solidarität. Manchmal mache ich beim Nickerchen des Neugeborenen mit, aus Solidarität. Manchmal schlafe ich auch einfach so, als Tribut an den Neugeborenen und den Fünfzehnmonatigen. Alles im Interesse der Kinder.

Alle Eltern bekräftigen, wie wichtig es ist, dass Kinder bis zum zweiten Jahr mittags ihr Schläfchen halten. Es ist wichtig, bei Kleinkindern den gefürchteten »übermüdeten« Zustand zu verhindern, und keiner möchte einem Zweijährigen nahekommen, der am Mittag nicht geschlafen hat. »Er hat heute Mittag nicht geschlafen« werden Sie nie von Eltern eines Zweijährigen hören, wenn er brav ist. Ohne Nickerchen geht es nicht.

Leider zahlt sich etwa vom dritten Lebensjahr an der Mittagsschlaf eines Kindes nicht mehr aus. Er wird kontraproduktiv. Wenn ein Dreijähriger am Tage schläft, ist es wie ein Überbrückungskredit. Für diejenigen, die sich im Kreditwesen nicht auskennen: Ein Überbrückungskredit ist für Leute, die Geld brauchen, bis der nächste Monatslohn kommt. Sie gehen zu einem Geldverleiher (auch »Gauner« genannt), der ihnen gegen unverschämte Zinsen den Monatslohn im Voraus bezahlt. Das ist natürlich unklug – fragen Sie Ihren Finanzberater.

Und genauso unklug ist es im Falle von Nickerchen. Wenn Sie sich auf einen Überbrückungskredit in Form freier Zeit am Nachmittag einlassen, indem Sie Ihrem unleidlichen, sichtlich müden Dreijährigen doch wieder den eigentlich abgeschafften Mittagsschlaf gönnen, dann stellen Sie sich darauf ein, dass Ihr Kind am Abend noch lange wach sein wird. Mit »wach« meine ich eine Bedrohung für Leben und geistige Gesundheit. Das sind die Zinsen, von denen oben die Rede war.

Und mit »spät« meine ich spät. Ein schlafloser Dreijähriger ist wie ein Heroinabhängiger auf Entzug. Es gibt nichts, was sie beruhigen kann. Sie können sich auf nichts konzentrieren. So viele Geschichten, wie sie brauchen, kann man ihnen nicht erzählen. Sie begreifen nicht, warum sie immer noch wach sind, obwohl schon vor vier Stunden Schlafengehenszeit war. Eltern von Dreijährigen hingegen verstehen es nur zu gut, und das Dilemma hat Werke der Weltliteratur inspiriert, etwa *Halt endlich die Klappe und schlaf*.

Sicher, wenn Ihr Dreijähriger nachmittags schläft, können Sie in der Zeit arbeiten, selbst schlafen oder die Zeit im Internet vertrödeln, doch um welchen Preis? Jetzt ist Zahltag, und für was haben Sie Ihr Darlehen vergeudet? Twitter? Jemand sollte Ihren Finanzberater verständigen – Sie brauchen Hilfe.

Wenn Ihnen erst einmal die grässlichen Konsequenzen eines solchen Überbrückungskredites klar geworden sind, werden Sie versuchen, den schlafentwöhnten Dreijährigen mit allen Mitteln vom Nachmittagsschlaf abzuhalten. Das ist nicht einfach. Der Kleine hat immer geschlafen. Er will sein Nickerchen. Er braucht sein Nickerchen. Sie würden ihn viel lieber mögen, wenn er schliefe. Es kommt Ihnen vor, als machten Sie mit ihm ein Schlafentzugsexperiment à la CIA. Es ist grausam, aber Sie werden feststellen, dass Sie überlegen, mit welchen Mitteln Sie Ihr Kind wach halten können. »Du nickst um vier Uhr ein? Dann wird's Zeit für ein kaltes Bad und eine Tasse Kaffee!«

Noch unmöglicher ist es, den Nickerchenentzug durchzusetzen, wenn Ihr Kind der Obhut anderer anvertraut ist. Verständlicherweise sehen Babysitter es gern, wenn die Kinder schlafen. »Sie war ganz brav« heißt immer so viel wie: »Sie hat stundenlang geschlafen.« Jeannie und ich ordnen ausdrücklich an, dass Katie nicht schlafen darf, aber warum sollten Babysitter sich daran halten?

Sie sind ja längst wieder weg, wenn sich die Schlaffolgen einstellen. Wir sind die einfältigen Bürgen, die zahlen müssen, wenn der Aufpasser mit der Kasse durchbrennt. Die Immobilienkrise hätte sich leicht verhindern lassen, wenn jemand einfach die Ökonomie des Nachmittagsschlafs einer Dreijährigen dargelegt hätte. Stellen Sie sich auf die Vollstreckung Ihres Abends ein, und Rettungsgelder sind nicht in Sicht.

Heirate, habe Kinder, werde fett

Ich werde fett ... wie geplant. Zum Glück habe ich diese Wampe mit Absicht. Ich bereite mich auf eine große Rolle vor. Natürlich eine Biskuitrolle, und ich will, dass auch Platz dafür da ist. Ja, gut, ich könnte schon ein paar Pfunde verlieren, aber ich will mich nicht hinter einer lahmen Entschuldigung verstecken. An meinem Bauch sind allein meine Kinder schuld.

Ich werde dick und gebe den Kindern die Schuld. Klingt nach einem Klischee, oder? Man heiratet, man kriegt Kinder, man wird fett. Man wird ja nicht hungrig, weil Kinder in der Nähe sind. Man wird hungrig, weil Kinder *essen*. Haben Sie mal erlebt, was ein Sechsjähriger alles essen will? »Ich nehme ein Stück Pizza, eine Schokoladenmilch und einen Lutscher.« Als hätten sie Medikamente genommen, die Heißhunger verursachen. »Zum Mittagessen nehme ich einen Mac mit Käse, eine Handvoll Brezeln und ein halbes Törtchen.« Nicht, dass sie ein halbes Törtchen verlangen, aber mehr als ein halbes essen sie meistens nicht. Einmal hat meine Tochter Katie den Zuckerguss von ihrem Törtchen gegessen und dann gefragt, ob sie noch mehr Kuchen auf ihrem Brot haben kann. *Halb* ist ein entscheidendes Detail. Was soll man mit der anderen Hälfte des Törtchens machen? Ein Dreijähriger isst nie alles auf. Ich gehe mit meinen Kindern essen, und sie lassen einen halben Teller Pommes stehen. Wie bitte? Wer lässt denn *Fritten* stehen? Sie machen es nicht bewusst. Sie denken nicht: »Wenn ich das esse, sehe ich es als Speck auf den Hüften wieder.« Sie werden einfach abgelenkt. »Was ist denn das schimmernde Ding da hinten?« Und jetzt frage ich Sie, soll ich einen stinklangweiligen gesunden Salat essen, wenn eine Armlänge von mir entfernt ein halber Teller Pommes umkommt? Deshalb machen Eltern immer gerade das Gegenteil von einer Diät. Ich kann mir die Reklame vorstellen: »Ich habe zehn Kilo zugenommen, indem ich einfach nur die Kleinigkeiten gegessen habe, die meine Kinder übrig lassen. Das funktioniert!«

Manche werden sich jetzt fragen, warum ich nicht einfach etwas Gesundes für meine Kinder bestelle. Die Antwort lautet: Das gibt es in einem Restaurant nicht. Ist Ihnen schon einmal aufgefallen, dass die Kinderkarte und die Barkarte immer identisch sind? Burger, Hotdog, Pizza. Wenn man an der Bar die Kinderkarte auslegte, würden die Leute es nicht einmal merken. »Oh, prima. Ich kann ein Flugzeug ausmalen, während ich mein Bier trinke und auf meine Hähnchen-Nuggets warte.«

Natürlich hat es seinen Grund, wenn niemand sich darüber aufregt, dass Kinder- und Barkarte gleich sind. In einem Restaurant ist gesundes Essen für Kinder im wahrsten Sinne des Wortes vom Tisch. Wir machen uns zwar alle Sorgen, weil unsere Kinder zu fett sind, hören aber sehr schnell damit auf, wenn wir in einem Lokal sind und wollen, dass die Kinder still sind. Da ändert sich selbst bei der gesundheitsbewusstesten Mutter der Ton. »Aber natürlich kannst du Kuchen mit Eis haben. Und was nimmst du zum Nachtisch?« Ein Essen im Restaurant ist nicht die Zeit und der Ort, die »Als Erstes isst du deinen Brokkoli«-Regel durchzusetzen, es sei denn, man will, dass alle anderen im Lokal einen böse anstarren. »Ihre Kinder sind so brav!« Nein, das sind sie nicht – sie sind nur mit Hähnchen-Nuggets aus der Fritteuse sediert.

Im Unterschied dazu sind natürlich für das, was die Kinder zu Hause essen, die Eltern allein verantwortlich. Kinder essen auch etwas anderes als Fritten und Hotdogs. Ich sollte klarstellen, dass Jeannie nur »Bio«-Sachen kauft, was, glaube ich, im Lebensmittelhandel ein Fachbegriff für »doppelt so teuer« ist. Ich habe mich fast schon an etwas gewöhnt, das *Sprossenbrot* heißt und das anscheinend aus Baumrinde gemacht wird. Dank Jeannies Initiative essen unsere Kinder kein Junkfood, sondern Bio-Junkfood. Man kann noch so sehr versuchen, auf gesunde Kost zu achten, irgendwann gibt man im Zermürbungskrieg nach. »Also gut, dann bekommst du ein Bio-Pizzabrötchen.«

Ich selbst habe seit jeher meine Schwierigkeiten mit gesundem Essen, aber bei Kindern ist es schlichtweg unmöglich. Wenn Sie selbst keine Kinder haben, will ich es Ihnen erklären. Man muss ein Kind nicht verwöhnen oder ihm schlechte Manieren antrainieren; der Schaden kann in einem einzigen Augenblick geschehen. Wenn Sie wollen, dass die Kinder gesund essen, werden Sie normalerweise keinen Nachtisch im Hause haben, aber eines Tages kaufen Sie gedankenlos doch ein Stück Kuchen als Dessert nach dem Abendessen. Mal etwas Besonderes. Aber Ihnen ist nicht klar, dass Sie für einen Fünfjährigen damit einen Präzedenzfall geschaffen haben. Ein einziges Stück Kuchen bei einem einzigen Abendessen wird der Startpunkt für sechs Wochen Fragen »Was gibt es zum Nachtisch?«. Man könnte antworten: »Heute ist Dienstag. Da gibt es keinen Nachtisch.« Für einen Fünfjährigen heißt das: *Bohr weiter, damit es Nachtisch gibt.* »Aber vor sechs Wochen gab es Kuchen zum Nachtisch. Das ist bei uns jetzt so.« Dass es der Geburtstag war, spielt dabei keine Rolle. Sie erwarten es jetzt, und wenn sie es nicht bekommen, haben sie das Gefühl, man würde ihnen etwas vorenthalten. Als Nächstes kommt Ihnen die großartige Idee, es als Druckmittel einzusetzen: »Wenn du das nicht machst, gibt es keinen Nachtisch!« Damit haben Sie sich jetzt in eine Position gebracht, in der Sie gezwungen sind, tatsächlich Nachtisch im Hause zu haben, für den unwahrscheinlichen Fall, dass die Kinder sich wirklich einmal gut benehmen. Sie verraten Ihre Überzeugung und kaufen Nachtisch. Und wenn die Kinder nicht brav sind, müssen Sie ihn selber essen.

Die »Hand in den Mund«-Krankheit

Kinder haben keine Tischmanieren. Jeder weiß, dass der Erstkontakt eines Babys mit Essen eine Katastrophe ist. Jeder, der je ein Baby mit seinen ersten Haferflocken oder geriebenen Möhren gefüttert hat, wird bestätigen, dass »essen« dafür kaum der richtige Ausdruck ist. Es ist eher eine Art Ritual, bei dem das Baby mit Essen beschmiert wird. Wenn etwas davon tatsächlich in seinem Mund landet, ist es reiner Zufall.

Der nächste Schritt in der Esstechnik-Evolution steht bevor, wenn das Baby lernt, selbst nach Nahrung zu greifen und sie zu »essen«. Die Art, wie sie das Essen zum Munde führen, hat Ähnlichkeit mit dem Spiel, das man Topfschlagen nennt. Am Ende hat das Kind Nahrung in Ohren, Augen, Nase und Haar, aber auch hier wiederum nur selten im Mund.

Man sollte denken, zwei Jahre Übung würden reichen, um essen zu lernen. Schließlich lässt sich in der Zeit auch ein Bachelor-Abschluss in Betriebswirtschaft machen. Aber in der Praxis stellt sich leider heraus, dass Kinder zwischen zwei und sechs Jahren hinsichtlich ihrer Esstechnik kaum Fortschritte machen. Da ist es schon eine Leistung, wenn man sie dazu bringt, sich auf einen Stuhl am Tisch zu setzen. Sie anschließend zum bestimmungsgemäßen Gebrauch des Bestecks zu bringen, ist eine *heroische* Leistung. Ich brauche nicht zu erklären, wie leicht Kinder aus einem simplen Buttermesser einen Dolch machen. Ein voller Löffel wird leer sein, bis er zum Mund gelangt. Vielleicht versuchen die Kleinen es mit einer Gabel, doch sehr schnell kehren sie zu den praktischeren Händen zurück – spätestens fünf Sekunden später liegt die Gabel am Boden. Offenbar ziehen die Kleinen das Essen mit der Hand um Längen vor.

Die meiste Zeit komme ich mir vor, als äße ich mit einem Beduinenstamm – nur dass Beduinen sich beim Essen über den Teller beugen. Kindern ist das zu viel Mühe. Man hat sogar den Eindruck, dass sie es darauf anlegen, *nicht* über dem Teller zu essen. Deshalb gibt es auch keinen Unterschied zwischen einem Taco, das von einem Vierjährigen gegessen wird, und einem Taco, das man auf den Fußboden wirft. Die Lebensmittel, die überall, wo Kinder essen, auf dem Fußboden liegen, könnten den Hunger dieser Welt stillen. Und wenn es einmal Gabelmangel gäbe, ließe die Lösung für diese Krise sich unter demselben Tisch finden. Getränke hingegen werden meist auf dem Tisch umgeworfen, weil der Schaden, den sie anrichten können, dort größer ist.

Darauf, dass ein Kind am Tisch sein Getränk verschüttet, kann man sich genauso verlassen wie darauf, dass in einem Liebesfilm die Heldin in Versuchung kommt. Dem kann man nicht entgehen. Im Augenblick, in dem Sie nicht mehr daran denken oder denken, diesmal passiert es nicht, passiert es. Um fair zu sein: Ich habe einmal ein vollständiges Essen erlebt, bei dem unsere Zweijährige nicht ihr Glas umwarf. Sie warf stattdessen meines um. Meist kann man nur noch zusehen, wie der Inhalt über den Tisch läuft, und nichts mehr machen. Jedes Mal hat man den Eindruck, dass die Szene in Zeitlupe abläuft, wenn man starr dabeisitzt und sieht, wie die winzige Hand oder der kleine Ellenbogen achtlos in Richtung Tasse geht. Es scheinen Stunden vergangen zu sein, seitdem man »Vorsicht!« gerufen hat, bis das Glas tatsächlich kippt und alles in Reichweite überflutet. Und jedes Mal staunt man über die Reaktion des Kindes: Es gibt keine Reaktion. Die Kinder tun überhaupt nichts. Sie versuchen nicht, das Verschüttete mit einer Serviette wegzuwischen oder den Schaden zu begren-

zen, indem sie den Becher wieder aufrichten. Nichts. Sie sehen ihm beim Flie-
ßen zu, fasziniert, wie es sich in Ströme, Bäche, Rinnsale teilt, als warteten sie,
dass gleich irgendwo ein Lachs hochspringt. Sie als Elternteil reagieren genau
umgekehrt. Mit Ihnen gehen die Pferde durch. Als könnten Sie mit Ihrem Schrei
das Unvermeidliche aufhalten. Wie in dem Film mit dem Murmeltier. Jeden Tag
werden Getränke aufs Neue verschüttet, aber anders als Bill Murray lernen Sie
nie, sich darauf einzustellen. Deshalb gab Gott uns die Schnabeltasse.

Für Eltern sind Schnabeltassen im Bezug auf Getränke das, was die Pizza für
das Essen ist. Wenn es eine Flagge für Eltern mit kleinen Kindern gäbe, zierten
Schnabeltasse und Pizza sie. Falls Sie gern wie Betsy Ross, die einer Legende
zufolge die erste Flagge der Vereinigten Staaten genäht haben soll, mit einer
Kindernahrungsflagge in die Geschichte eingehen wollen: Die beiden Teile der
Tasse sollten nicht zueinanderpassen und die Pizza sollte nur halb aufgegessen
sein.

Man kann leicht verstehen, warum Pizza die offizielle Nahrung im frühen
Lebensalter ist. Kinder lieben Pizza. Mit Pizza sind die Kids viel happier als mit
einem Happy Meal, und man muss kein Spielzeug dazunehmen. Wenn ein Kind
nicht in der einen oder anderen Form Pizza mag, würde ich zu einem Besuch
beim Kindertherapeuten raten. Pizza ist Spaß. »Pizza« ist ein anderes Wort für
»Party«. Hier mein Rezept für eine wirklich gelungene Pizzaparty. Erster Schritt:
Bestellen Sie Pizza. Fertig.

Pizza ist die Antwort auf alle Sorgen mit den Essgewohnheiten der Kinder,
von denen oben die Rede war. Pizza ist so einfach. Kinder brauchen kein Be-
steck, um Pizza zu essen. Teufel noch mal, man braucht nicht mal einen Teller.
Der Boden ist der eingebaute essbare Teller. Mit Pizza wird man in den Augen
seiner Kinder zum Helden. »Daddy hat Pizza bestellt!« Steht man mit Pizza vor
der Wohnungstür, dann fliegen einem mehr Herzen zu, als kehrte man mit einer Tapferkeitsmedaille aus dem Krieg zurück. Pizza ist schnell bestellt, nach der
Pizza ist nicht viel aufzuräumen – aber einen Nachteil hat sie doch: Für einen
selber ist Pizza nicht gut. Selbst diejenigen unter den Erwachsenen, die sich
nie Gedanken über gesundes Essen machen, wissen, dass man nicht häufiger
als einmal im Jahr Pizza essen sollte, weil man sonst aussieht wie, nun ja, wie
jemand, der dauernd Pizza isst.

Leider *werden* Sie, wenn kleine Kinder im Haus sind, dauernd Pizza essen.
Jedenfalls wird es Ihnen so vorkommen. Egal, was es für die Kleinen zu feiern
gibt, Pizza gehört immer dazu. Seit zwei Jahren gilt bei uns zu Hause der Freitag

als »Pizzaabend«, und mittlerweile fürchte ich mich davor. Keine Chance mehr, aus eigenen Kräften Lust auf Pizza zu bekommen. Ich sehe diese veränderte Einstellung zu Pizza mit Bedauern. Mein Leben lang habe ich sie mit großem Vergnügen gegessen. In meiner Kindheit war sie etwas ganz Besonderes, auf dem College mein täglich Brot, ein wunderbarer Imbiss spätabends nach einem Auftritt. Aber das ist jetzt alles vorbei. Heute ist Pizza ein alter Kumpel, mit dem man früher wirklich gerne zusammen gewesen ist, aber jetzt steht er dauernd uneingeladen vor der Tür, will einen zum Fettwerden verleiten, und man sagt etwas wie: »Ja, ich weiß, Mann, wir haben tolle Zeiten miteinander erlebt, aber jetzt musst du doch mal sehen, dass du weiterkommst.« Wie Schlaf und Stille ist auch meine Liebe zur Pizza der Elternschaft zum Opfer gefallen.

Wir brauchen Brot

Ich gehe mit meinen Kindern gern in Lokale, in denen Hamburger, Pfannkuchen oder Waffeln aufgetischt werden. Sie essen etwas im Gegenwert von
vielleicht fünf Dollar und richten in dem Lokal Schaden in Höhe von ungefähr
vierzig Dollar an. Und ich fühle mich nicht mal schuldig. Schließlich findet man
diese Läden nicht gerade im Michelin-Führer.

Vielleicht einmal im halben Jahr mache ich den Fehler und nehme alle fünf
Kinder mit in ein richtiges Restaurant. Nun kann »richtiges Restaurant« alles Mögliche bedeuten. Sagen wir einfach nur, dass ich ein Lokal mit Stofftischdecken
meine, eines, in das kein normaler Mensch mit fünf kleinen Kindern kommen
würde. Ich könnte nicht sagen, warum ich immer wieder den Fehler mache, eine
Achtjährige, einen Sechsjährigen, eine Dreijährige, einen Einjährigen und einen
Säugling mit in ein gutes Lokal zu nehmen, aber ich tue es immer wieder. Wenn
wir unseren Tisch ansteuern, ist allen anderen Anwesenden bereits klar, dass es
ein großer Fehler ist. Der Kellner weiß es immer. Die ganze Belegschaft des Lokals
blickt uns auf eine Art an, die zu sagen scheint: »Wollt ihr das wirklich?«

Die Einstellung, mit der kleine Kinder an den Tisch kommen, ist das genaue
Gegenteil von allem, was Leute, die in ein schönes Restaurant gehen, sich er-
hoffen: in Ruhe dort sitzen, geduldig warten, das Ambiente genießen, sich von
allem Störenden abschotten. Sicher, es kann schon einmal vorkommen, dass
ein Dreijähriger still dasitzt und nicht am Salzstreuer leckt, aber erfahrene Eltern
wissen, dass so ein Kind eine tickende Zeitbombe ist. Es gibt nur zwei Gründe,
weshalb Dreijährige sich hinsetzen. Belassen wir es bei der Feststellung, der
eine ist das Essen. Und zwar Essen sofort. Kein Tischgespräch mit anschließendem Essen. Kein Vortrag über die Angebote des Tages mit anschließendem
Essen. Kein Bewundern der Atmosphäre mit anschließendem Essen. Nur Essen,
und kurz danach kommt bei Dreijährigen dann auch der andere Grund für das
Hinsetzen ins Spiel.

Deshalb wissen Eltern von Kleinkindern immer, dass sie in einem Restaurant unbedingt sofort, besser gestern als heute, Nahrung brauchen. Wenn auf dem Tisch kein Brot steht, ist die erste Mini-Krise da. Ich habe wirklich Mitleid mit den Kellnern und den Kellnerinnen, die an unseren Tisch müssen.

KELLNER: Hallo, ich bin Todd. Darf ich kurz vortragen, was es als Angebote des ...

ICH: Können Sie bitte Brot bringen? Wir brauchen Brot, sonst nehmen die Kinder den Laden auseinander. Wenn Sie kein Brot haben, bringen Sie ihnen einfach ein Kauspielzeug oder einen Knochen, damit sie beschäftigt sind. Glauben Sie mir. Ich habe das Wohl aller in diesem Lokal im Sinn.

Ein guter Kellner wird jetzt reagieren, als hätte ich ihn aufgefordert, das Lokal zu verlassen – keine Zeit mehr, seine Besitztümer zu holen. Die Kinder bekommen Brot, etwas zu trinken, sie bekommen ihr Essen, und dann können Jeannie, ich und all die anderen Gäste ihr eigenes Essen in Ruhe genießen. Stattdessen bekommen wir fast immer den Kellner, der anscheinend noch nie Erfahrungen mit Kindern gemacht hat. Wir meinen es gut mit ihnen: »Bitte bringen Sie das Essen der Kinder sofort, wenn es fertig ist.« Gerade die Kellner in den gehobenen Restaurants legen viel zu viel Wert auf die althergebrachte Reihenfolge: Getränke, Appetizers, Suppe, Salat, Hauptgang, Dessert, Kaffee. Ihre Ausbildung und die Etikette haben Vorrang vor unserer Gewissheit – denn wir *wissen*, was passiert, wenn die Kinder auf ihr Essen warten müssen. Wenn wir die Kinder dabeihaben, sind uns alle Traditionen des feinen Dinierens egal. »Bringen Sie einfach den Kindern sofort ihr Essen!« Obwohl unsere Anweisungen klar und deutlich sind, ist es schon oft vorgekommen, dass Jeannie und ich tatsächlich als Erste bedient wurden. In welcher Welt könnten wir essen, wenn die Kinder nichts vor sich haben als Glas und stählerne Waffen?

Jetzt geht es vor allem darum, die Kinder am Tisch zu halten, und ich muss aufpassen, dass ich mir nicht mit einem Steakmesser die Kehle durchschneide, weil ich so dumm war, mit einer Dreijährigen in ein gutes Restaurant zu gehen. In besseren Lokalen gibt es keine Buntstifte, um die Kinder beschäftigt zu halten. Oft müssen wir improvisieren. »Hier, spielt mit meinem Telefon.« »Hier hast du ein Kaugummi.« »Die Streichholzschachtel, das wäre doch was für dich.« Es ist unglaublich, wie viele Möglichkeiten man findet, eine Serviette neu zu falten; man kann vollkommen andere Dinge daraus machen, eine vollkommen anders gefaltete Serviette zum Beispiel.

In den richtig guten Restaurants gibt es auch keinen Kinderteller. In diesem Falle würde ich vorschlagen, Nudeln mit Olivenöl zu bestellen. Alles, was Sie sonst noch bestellen könnten, wäre eine enorme Zeit- und Geldverschwendung. Je großartiger das Gericht, desto unwahrscheinlicher, dass Ihr Kind es essen wird.

An Thanksgiving trete ich jedes Jahr in Las Vegas im Mirage auf, und die ganze Bande kommt mit. Zum Festessen waren wir letztes Mal in einem vornehmen Restaurant dort. Als wir hörten, dass es zur Feier des Tages eine Suppe gab, die in kleinen Kürbissen serviert wurde, dachten wir in unserer Einfalt, das würde den Kindern gefallen. Unten der Kommentar meiner siebenjährigen Tochter – die vernichtende Kritik der famosen Fünfzehn-Dollar-Kürbissuppe, die sie nicht einmal probiert hatte.

Neben den Nudeln ohne alles habe ich noch einen hervorragenden Ratschlag für alle, die kleine Kinder haben und in einem schönen Restaurant gut essen wollen: Bringen Sie die Kinder nicht mit. Gern geschehen.

McDonald's gewinnt immer

Es ist schlichtweg zu einfach. Tut mir leid. McDonald's ist schlecht für uns alle, und mit den Kindern zu McDonald's zu gehen ist für Eltern unverantwortlich. Ich sehe auf Anhieb, wie hinterhältig das »Happy Meal« ist. Ein Spielzeug kostenlos zum Essen? Das ist satanisch genial. Genau wie geschiedene Eltern weiß McDonald's, dass man die Kinder bestechen muss, wenn sie wiederkommen sollen. Mir ist klar, dass McDonald's damit im Grunde eine neue Kundengeneration kauft. Selbst Crackdealer finden McDonald's skrupellos. Aber McDonald's macht es einem zu leicht. Sie könnten kleine Zigarettenpäckchen in ihre Happy Meals stecken, und ich würde auf langen Autofahrten mit meinen Kindern immer noch zu McDonald's gehen.

ICH: Also gut, Schatz, du kannst die frittierten Apfelscheiben und das Päckchen Karamellsoße dazuhaben, aber nicht die Zigaretten.

FÜNFJÄHRIGE TOCHTER: Nur eine einzige?

ICH: Also gut, eine. Aber du darfst nicht rauchen, wenn du schwanger bist.

Jeder, der je für länger als eine Stunde mit Kindern im Auto unterwegs gewesen ist, ist bei McDonald's gewesen. Alle erfahrenen Eltern kommen am Ende zu dem gleichen Schluss. »Warum sollte ich bei McDonald's halten und meinem Kind miese Hähnchen-Nuggets kaufen, wenn ich auch warten kann, bis wir im Hotel sind, um meinem Kind dort miese Hähnchen-Nuggets für zwanzig Dollar zu kaufen?« McDonald's gewinnt. Man fährt mit seinen Kindern essen und muss nicht einmal aus dem Auto steigen. Man muss kein Geschirr spülen. Die Happy-Meal-Schachtel verwandelt sich wie von Zauberhand in eine Mini-Abfallbox. Selbst das enttäuschte Gefühl, das sich einstellt, kennt man schon. McDonald's gewinnt immer.

Und das nicht nur auf Reisen. McDonald's ist immer ein Trumpf, wenn man mit den Kindern verhandelt. »Wenn ihr euch weiter so benehmt, gehe ich nicht mit euch zu McDonald's.« Oben war die Rede davon, dass mein Vater mich und meine Geschwister samstags zu stundenlanger Gartenarbeit zwang. Nicht erwähnt habe ich, dass er uns am Ende des Arbeitstages mit einem Besuch bei McDonald's belohnte. Mir als Achtjährigem kam das wie ein prima Tauschgeschäft vor. Der Witz ist natürlich, dass Dad uns ohnehin etwas zu essen geben musste. »*[hustet]* Wie wäre das? Ihr schuftet acht Stunden lang schwer im Garten, und dafür gehen wir heute Abend essen?« Abgemacht. Abendessen hätten wir natürlich so oder so bekommen – aber das war McDonald's.

Das Schlimmste und zugleich aber auch das Beste daran, mit seinen Kindern zu McDonald's zu gehen, ist, dass man selbst ebenfalls zu McDonald's geht. Da schmilzt die stärkste Willenskraft dahin. Man hat eine Ausrede, eine Entschuldigung dafür, dass man bei McDonald's isst. »Jetzt, wo ich einmal da bin, kann ich ja auch den Viertelpfünder mit Käse nehmen.« Ich habe sogar mal einen Halt bei McDonald's hinbekommen, während sämtliche Kinder schliefen. »Hey, hier kommt endlich ein McDonald's! Oh, die Kinder schlafen alle. Na, wenn ich einmal da bin, kann ich ja auch den Viertelpfünder mit Käse nehmen.« McDonald's gewinnt immer.

Ist das süß!

Ich gehe davon aus, dass jeder, der diesen Text liest, früher Kind war. Doch, die meisten von Ihnen. Ich muss Ihnen nicht erzählen, welchen Stellenwert Süßigkeiten im Leben eines Kindes haben. Süßigkeiten sind das Geld der Kinder. Kinder sammeln, handeln, horten Süßigkeiten. Eltern bestechen ihre Kinder damit. Unbeliebte Kinder erkaufen sich damit Freundschaft. Ich bin sicher, ich war nicht der Einzige, der sich gesagt hat: »Eigentlich mag ich den Nachbarsjungen nicht, aber er hat immer Bonbons, und da unternehmen wir wohl doch öfter was zusammen.« Als Kind konnte man sich über die abfällige Einstellung der Erwachsenen zu Süßigkeiten nur wundern. Ich weiß noch, wie ich damals gedacht habe: »Wenn ich groß bin und arbeite, dann gebe ich mein ganzes Geld für Süßigkeiten aus.« Natürlich verändert sich der Geschmack, wenn man größer wird, man bekommt Pickel, und irgendwann beschließt man, dass man kein Fettsack werden will. Man weiß, man muss Grenzen beim Süßigkeitenkauf setzen. Was ich sagen will: Man kommt zu dem Schluss, dass man nie wieder Süßigkeiten kaufen oder auch nur in die Nähe von Süßigkeiten gehen sollte.

Als Erwachsener habe ich mich immer gefragt, wer denn all die Süßigkeiten kauft, die es offenbar überall gibt. Ich habe nie verstanden, warum sich die Leute im Drugstore überhaupt die Mühe machten, das an der Kasse aufzustellen. Wer sollte es kaufen? »Schreiben Sie mir noch die Snickers hier auf die Rechnung für mein Diabetesmittel.« Sie stellen die Süßigkeiten genau auf Augenhöhe der Kinder auf, und wenn die Eltern an der Kasse den Geldbeutel hervorholen, betteln die Kinder um Süßigkeiten; die Eltern verlieren die Nerven und geben nach. Ich nicht. Ich falle nicht wie die anderen Blödmänner auf solche Vermarktungstricks herein. Ich kaufe niemals Süßigkeiten, und natürlich gebe ich auch meinen Kindern keine.

Nur merkwürdigerweise *esse* ich, seit ich Kinder habe, dauernd Süßigkeiten. Ich kaufe keine, aber sie landen ständig im Haus – es sind Süßigkeiten der

Kinder, die wir zu ihrem eigenen Wohl konfisziert haben. Mit einem Mal habe ich eine große Schüssel voller Verlockungen im Schrank, und alles verzehrt sich danach, von mir gegessen zu werden. Es müssen nicht einmal gute Sachen sein. Mehr als einmal habe ich eine ganze Tüte geschmackloser Gummibärchen gegessen – im vergangenen Monat.

Ich würde es nicht so sehen, dass ich den Kindern etwas wegnehme. Schließlich ist es mein Haus, und sie zahlen keine Miete. Die meiste Zeit habe ich nicht einmal Lust darauf, ihre Süßigkeiten zu essen, doch spätabends stellt sich mir regelmäßig ein Dilemma: Esse ich die Süßigkeiten meiner Kinder oder gebe ich mich der Melancholie hin? Offenbar behalten die Süßigkeiten immer die Oberhand. Ich weiß, es gibt Leute, die würden die Vorräte ihrer Kinder nie anrühren, solche Leute nennt man verrückt oder magersüchtig. Was würden *Sie* denn tun, wenn Sie eine ganze Tüte Schokoladentäfelchen im Haus hätten? Zulassen, dass die Kinder sie essen? Sie wegwerfen? Ich bin sicher, es gibt Gegenden, da wird Schokoladenwegwerfen sogar bestraft. Jetzt seien Sie mal ehrlich: Sie würden sie essen. Sie würden die Süßigkeiten essen, um das Leben Ihrer Kinder zu retten. In Wirklichkeit sind Sie ein Held. (Ich esse ja auch nicht *sämtliche* Süßigkeiten meiner Kinder. Wenn ich, wie jedes Jahr, etwas aus ihren Halloweentüten stibitze, nehme ich nur die Snickers, Reese's und die Heath Bars. Rücksichtsvoll lasse ich ihnen die Now and Laters, Wax Lips und die Verpackungen. Ich bin doch kein Unmensch.)

Zukünftige Generationen werden über den Leichtsinn, mit dem wir unseren Kindern Süßigkeiten geben, den Kopf schütteln – als ließe man Babys Zigaretten rauchen. Manchmal hat man den Eindruck, dass die Süßigkeiten den Eltern aufgedrängt werden. Im Kindergarten meines Sohnes gab es einmal im Jahr ein Schulfest, um Geld in die Kasse zu spülen, und unter anderem wurde dafür eine Kiste Schokoriegel verkauft. Habt ihr euch das überlegt, Leute? Schokoriegel? Wir schicken unsere Kleinen nicht zuletzt deswegen zu euch, damit sie nicht zu Hause um Süßigkeiten betteln können. Als wollte man Geld für den Kampf gegen Herzkrankheiten auftreiben, indem man Steaks verkauft. Mein Dreijähriger geht nicht umher, um Schokoriegel zu verkaufen. *Ich* gehe nicht umher, um Schokoriegel zu verkaufen. Die Lösung? Dad stellt einen Scheck aus, und dann isst er eine Kiste Schokoriegel.

Aber keine Sorge, meine Kinder merken praktisch gar nicht, dass manche von ihren Süßigkeiten verschwinden. Kürzlich fragte die achtjährige Marre: »Wo sind denn meine Bonbons vom Valentinstag geblieben?« Wie jeder gute Vater log ich: »Keine Ahnung.« Und ohne jedes Zögern antwortete sie: »Na, dann nehme ich welche von den Osterbonbons.«

Es kommt immer die nächste Geburtstagsparty, der nächste Feiertag. Geburts- und Feiertage, das sind die Maultiere, auf denen die Drogenhändler die Süßigkeiten für unsere Kinder schmuggeln, und wir sind die korrupten Agenten der Drogenbehörde in unserem aussichtslosen Kampf gegen die Süßigkeit.

Für unsere heutigen Kinder besteht die ganze Welt aus Süßigkeiten. Sie müssen sich nicht einmal anstrengen – es gehört dazu, dass man sie überall bekommt. Sicher, bei uns betteln die Kinder immer noch darum, aber nur weil sie wissen, dass wir das Zeug verstecken. Als ich klein war, gab es bei uns zu Hause niemals Süßigkeiten. Sie waren ein Traum, der nur an Halloween wahr wurde. An einem einzigen Abend verschlang man alles, was man sich vorher erpresst hatte, am nächsten Tag war einem schlecht, und dann träumte man wieder ein Jahr lang von Süßigkeiten. Ich erinnere mich, wie ich als Kind eine Rolo-Reklame im Fernsehen sah und dachte: »Der Tag wird kommen ...«

Bevor ich mit diesem Aufsatz Schluss mache und ein paar von den Süßigkeiten meiner Kinder esse, will ich mich noch mit zwei Dingen im Detail beschäftigen. Eines ist von Übel, das andere kann Leben retten, und nein, ich spreche nicht von Rettungsringen.

Kaugummi

Unter allen Süßigkeiten die schädlichste ist wohl Kaugummi. Haben Sie schon einmal einem Dreijährigen ein Stück Kaugummi gegeben? Man denkt, das sei eine gute Idee; das Kind ist beschäftigt, es ist nicht süß, sodass die Kleinen dabei nicht über die Stränge schlagen werden, und sie sind immer begeistert, wenn sie Kaugummi bekommen. Besitzen Sie eine Packung Kaugummi, dann haben Sie absolute Macht. Spielen Sie den großen Mann: »Wenn ihr im Supermarkt brav seid, bekommt ihr anschließend einen Kaugummi.« Kinder tun alles für einen Kaugummi.

Sie werden jetzt denken, es könne nichts Schlimmeres passieren, als dass die Kinder den Gummi verschlucken. »Nicht den Kaugummi verschlucken! Daran verdaust du sieben Jahre!« In Wirklichkeit sollten Sie die Kleinen sogar dazu ermuntern, den Kaugummi zu schlucken, denn das Schlimmste, was passieren kann, ist, dass sie ihn verlieren. Ein verlorener Kaugummi richtet Schaden an allem an, womit er in Berührung kommt, und wird an Stellen kleben bleiben, die Sie sich überhaupt nicht vorstellen können. Kinder können den Kaugummi nicht im Mund behalten. Der halbe Spaß beim Kaugummikauen ist für einen Dreijährigen, ihn in die Länge zu ziehen, ihn wie kaubares Knetgummi zu einer Kugel zu rollen und ihn schließlich irgendwo zu verlieren. Sie werden feststellen, dass dieser Gummi eine Verbindung mit dem Gewebe Ihrer Hose eingegangen ist und für alle Zeit mit dem Stoff Ihrer Jeans verbunden sein wird. Geben Sie einem Kind einen Kaugummi, und Sie werden es bereuen. Verlassen Sie sich drauf, der Gummi findet irgendwie seinen Weg in den Wäschetrockner und verdirbt sämtliche Schuluniformen auf einmal.

Neulich gab ich dem Flehen meiner dreijährigen Katie nach und gab ihr einen Kaugummi, der schon fünf Sekunden später fest in ihren Haaren klebte. Sie bekam jene Notfrisur, deren abstehende Spitze »Ich habe mit der Schere gespielt« ruft oder »Mein Dad, der Trottel, hat mir Kaugummi geschenkt«. Ich will ja jetzt nicht politisch werden, aber ich finde, Kaugummis sollten verboten werden.

Dauerlutscher

Meine Kinder lieben Dauerlutscher, aber nicht so sehr wie ich. Was nicht heißen soll, dass ich sie gerne lutsche; ich liebe sie, weil meine Kinder so still damit sind. Es ist praktisch unmöglich für eine Dreijährige zu heulen und zu klagen, wenn sie den Mund mit einem Lutscher voll hat. »Waaa! Ich will nicht in die Bade... [lutsch, lutsch]. Das ist ja Kirsche.«

Wenn Sie Ihre Kinder irgendwohin mitnehmen, wo sie wirklich still sein müssen, sollten Sie Lutscher dabeihaben. Das sind Knebel mit Geschmack. Zu den Partys für werdende Mütter sollte man Lutschersträuße mitbringen. Im Krankenhaus sollten die Leute den frischgebackenen Vätern Lutscher reichen und sagen: »Hier, die brauchst du.« Das ist die Geheimwaffe der Eltern. Und der Zucker? Es gibt eine Firma namens Dr. John, die stellt zuckerfreie Lutscher her. (Nein, Dr. John hat mich nicht dafür bezahlt, dass ich das hier schreibe. Der kennt mich überhaupt nicht. Ich könnte nicht mal sagen, ob John wirklich Doktor ist oder ob es ihn überhaupt gibt. Ich nehme auch an, dass der Dr. John, der Lutscher herstellt, ein anderer Dr. John ist als der, der den Song »Right Place, Wrong Time« zum Besten gab. Obwohl der Titel ja wirklich auf alle Eltern passt, die gerade einen Lutscher brauchen. Bei diesem Dr. John handelt es sich vermutlich nicht um den Sänger; eher ist er der Meister Proper der Lutscherindustrie. Sollte es Sie aber doch geben, Dr. John, finde ich, dass Sie mir zum Dank dafür, dass ich hier Werbung für Sie mache, eine Kiste zuckerfreier Lutscher schicken könnten.)

Katie und Jack in einem seltenen Augenblick der Stille.

In den Lutschern von Dr. John ist kein Zucker. Sie werden mit einem natürlichen Süßungsmittel gesüßt, von dem sich wahrscheinlich in zehn Jahren herausstellen wird, dass es hundertmal schädlicher ist als Zucker. Das mit dem Zucker ist schon merkwürdig. Immer heißt es: »Zucker ist schlecht! Von Zucker wird man dick und bekommt schlechte Zähne! Nimm stattdessen das Zeug hier in den gelben Päckchen.« Dann hört man ein halbes Jahr später: »Nein, nicht die gelben Päckchen – davon kriegt man Krebs! Man kriegt davon noch viel schlimmeren Krebs als von den rosa Päckchen mit falschem Zucker, von denen wir euch vor einem halben Jahr erzählt haben, sie verursachten Krebs.« Immer wieder der gleiche Zwiespalt: »Nehme ich Zucker und werde davon fett oder nehme ich dieses andere Zeug und sterbe daran? Hmmm. Aber was macht schon ein kleines bisschen Krebs? Von Krebs nimmt man doch ab, oder?« Wovon habe ich gerade gesprochen? Ah ja, Dauerlutscher. Warum haben Sie das Thema gewechselt und sind auf diese Sache zu sprechen gekommen, von der niemand reden will? Schließlich ist das hier ein Buch über Kinder und darüber, wie man ein Vater wird, der etwas vorstellt.

Es begab sich aber zu der Zeit

An Feiertagen laufen Kinder zu Höchstform auf. Als Kind habe ich das Jahr immer danach eingeteilt, welcher Feiertag als Nächstes kam. Die wichtigste Zeit im Jahr war die »Festzeit« – die Wochen zwischen Thanksgiving und Neujahr. Da gab es so viele Feiertage, Chanukka, Weihnachten und diesen afrikanischen, der noch schwerer zu buchstabieren ist als Chanukka, und noch viele mehr. Das ist die Zeit der Feiertage. Eine ganze Jahreszeit. Ganz egal, welcher Religion oder welcher Tradition Sie angehören, alle haben etwas zu feiern. Man kauft, man kocht, man trifft sich mit den Verwandten, man isst Sachen, die schlecht für einen sind, dann isst man mehr Sachen, die schlecht für einen sind, und natürlich isst man Sachen, die schlecht für einen sind.

Feiertage sind auch immer eine gute Gelegenheit für die Kinder, wieder zu verlernen, was sie an gutem Benehmen im Laufe des Jahres gelernt haben. Sie gehen nicht zur Schule. Sie dürfen länger aufbleiben als sonst. Sie bekommen Süßigkeiten und Geschenke, ohne dass sie etwas dafür tun müssen. Für Kinder das Paradies. Die »Festzeit« war immer die längste unter den Jahreszeiten und deshalb natürlich meine liebste.

Aber seit meiner Kindheit haben sich die Dinge verändert, und seither ist aus jedem einzelnen Feiertag eine »Festzeit« geworden. Wenn Sie mir nicht glauben, gehen Sie mal in einen Drugstore. Am Tag nach dem Neujahrstag werden die Sachen für den Valentinstag rausgeräumt. Am Tag nach dem Valentinstag ist alles voll mit Wichteln und Kleeblättern für den St. Patrick's Day.

Halloween ist heute kein Abend mehr. Es ist eine Woche, wenn man Glück hat. Ein Monat, wenn man in New York lebt. Ich weiß nicht, wie das gekommen ist oder was für eine Logik dahintersteckt. »Oh, dieses Jahr fällt Halloween auf einen Dienstag, da können die Kinder sich einen ganzen Monat lang verkleiden.« Mittlerweile gibt es sogar Halloween-Grußkarten. Die in die Länge gezogene Halloween-»Saison« führt dazu, dass Kinder mehr als nur ein Kostüm dafür haben, wie die Teilnehmer an einem Schönheitswettbewerb. »Welches Kostüm ziehst du in der Schule an?« Dann: »Welches Kostüm ziehst du für den Umzug an?« Dann: »Welches Kostüm ziehst du für den ›Süß oder Sauer‹-Rundgang an?« Dann: »Welches Kostüm ziehst du als Badeanzug an?« Als ich klein war, hatte ich eigentlich überhaupt kein Halloween-Kostüm. Meist schnitt ich zwei Löcher in ein altes Betttuch und ging als Gespenst. Oder nein, das war nur in dem Jahr mit der Charlie-Brown-Halloween-Nummer. Ich kann mich nur noch erinnern, dass ich als Gespenst ging und als Penner. Nicht als Obdachloser, sondern als Penner. Damals waren die Zeiten noch nicht so feinfühlig wie heute.

Heute gilt es für Eltern als Pflicht, an Festtagsfeiern für die Kinder teilzunehmen. Natürlich möchte man die Erfahrung mit ihnen teilen, und ganz gleich, wie sehr es einen quälen mag, man will den Kleinen doch die Freude nicht verderben. Einen Fichtenbaum zu fällen und ihn ins Wohnzimmer zu stellen hört sich an wie etwas, das nur ein Betrunkener tun würde, aber man tut es nüchtern. Man schnitzt Kürbisse, bemalt Eier, man tut alles für die Kinder. Vorletztes Jahr wurde ich an Halloween sogar zu einem der Väter, die sich zusammen mit ihren Kindern verkleiden.

So sehr liebe ich meine Kinder.

Ich kann es selbst nicht glauben. Natürlich war es Jeannies Idee, und es war nicht das einzige Mal. Ich wünschte nur, ich hätte vorher gewusst, wie ähnlich sich Käpt'n Hook und Käpt'n Morgan sehen, wenn Sie in Betrunkene stolpern, die an Halloween ihr Tässchen Rum mögen.

Auch meine Kinder teilen das Jahr nach den Feiertagen ein, aber heute gibt es zwischen diesen Feiertagen keine feiertagslosen Zeiten mehr. Wenn man noch Geburtstage dazunimmt, dann ist das ganze Jahr eine einzige Fete. Wenn früher die Feiertage die Zeiten waren, zu denen die Kinder ihre guten Manieren verlernten, dann sind heute die fünf Minuten zwischen den Feiertagen die einzigen Zeiten, zu denen sie ihre schlechten Manieren verlernen können. Die Feiertagsverschwörung der satanischen Drugstoreunternehmer zieht eine ganze Generation verwöhnter Ungeheuer groß. Noch eine Hürde mehr für Eltern, die keine Horde feiertagsdämonenbesessener Kinder wollen, die aber auch nicht die Einzigen sein wollen, die jedes Mal, wenn die Kinder unartig sind, damit drohen, dass sie »Weihnachten ausfallen lassen«. Die zwei Seiten dieses Dilemmas, das sind die Hörner, auf die der Stier Sie nimmt. Wenn Ihre Kinder, Generation Wundertüte, am laufenden Band Geschenke bekommen, dann sind Ihre Gaben nichts Besonderes mehr. Und so gesehen ist dann die einzige Möglichkeit, Ihren Kindern als Belohnung für gutes Benehmen Gutes zu tun, ihnen *nichts* Gutes zu tun. Dann wissen Sie, dass Sie ihnen Gutes tun. Ich glaube, mein Kopf ist gerade geplatzt.

So dringend brauche ich einen Drink.

Meine andere Familie

Feiertage ziehen unweigerlich Familientage nach sich. Für Eltern mit Kleinkindern sind sie verpflichtend. Ganz egal, wie Sie zu Ihrer Verwandtschaft stehen oder was Sie von Familientreffen halten, Sie werden hingehen. Denn jetzt ist der Grund für den Besuch der Riesenspaß, den Ihre Kinder mit den Cousins und Cousinen haben werden.

Kleine Kinder sind furchtbar gern mit Cousins und Cousinen zusammen. Für sie sind diese Verwandtenkinder Berühmtheiten. Wenn es Klatschzeitschriften für Kinder gäbe, wären Cousins und Cousinen auf dem Umschlagbild. Von ihnen hängt der Erfolg eines Familientreffens ab. »Sind die anderen Kinder auch da? Toll!« Dass sie als etwas so Besonderes gelten, lässt sich damit erklären, dass sie in Gedanken immer mit etwas Positivem verbunden sind. Mit Feiertagen, Geburtstagen, Sommerferien. Cousins und Cousinen sind immer auf den Partys, auf denen was los ist. Wo sie sind, gibt es Geschenke, Süßigkeiten, Baden im See. Das Cousinenrätsel. Solche Treffen sind wie Kuchen. Macht die Party Spaß, weil es Kuchen gibt, oder mag man den Kuchen, weil die Party Spaß macht? Ich persönlich denke, es liegt am Kuchen. Reicht nicht schon das Wort *Kuchen*, dass man Kuchen will? Ah, Kuchen. Wovon habe ich gerade gesprochen?

Meine Kinder haben noch nicht so ganz verstanden, dass die Eltern ihrer geliebten Cousins und Cousinen Kinder von Jeannies und meinen Geschwistern sind. »Was, du bist Onkel Joes Bruder? Das ist ja ein komischer Zufall.« Für Kinder haben diese Verwandten das gewisse Etwas. Sie sind wie Brüder und Schwestern, aber man sieht sie nicht so oft, dass sie einem auf die Nerven gehen. Die Kinder Ihrer Geschwister, das ist der Trick, mit dem Gott Sie zu Familientreffen lockt. »Meine Verwandtschaft treibt mich in den Wahnsinn ... aber die Kinder fahren so gern hin.«

Sie sollen nicht glauben, dass ich meine Verwandtschaft nicht liebe. Das tue ich. Ich will sie nur einfach nicht in meiner Nähe haben. Das liegt sicher auch daran, dass ich am liebsten für mich allein bin. Aber vor allem liegt es daran, dass man auf einem Familientreffen vor Augen geführt bekommt, wie wenig Unterschied, genetisch gesehen, zwischen einem selbst und jemandem, der ein eindeutiger Fall für die geschlossene Abteilung ist, besteht. Deshalb fallen bei mir Familienbesuche immer mit kurzen Alkoholikerphasen zusammen. Eigentlich trinke ich nicht viel, aber wenn ich mit meiner Verwandtschaft zusammen bin – gluck, gluck, gluck. Wir müssen uns nicht einmal streiten. »Wie schön, dass du da bist.« Gluck, gluck, gluck. »Ja, wir haben ein neues Kind.« Gluck, gluck, gluck. Das geht nicht nur mir so. Alle trinken. In meiner Familie kann alles als Vorwand zum Trinken herhalten. »Hey, heute ist der 4. Juli. Hier, nimm ein Bier.« »Hey, dich habe ich ja schon lange nicht mehr gesehen. Da hast du ein Bier.« »Hey, du kotzt ja gerade. Trink noch ein Bier.« Ich habe nie meinen Stammbaum gesehen, und zwar vermutlich deswegen, weil jemand ihn umgehauen und aus dem Holz eine Bar gebaut hat.

Familientreffen sind schon merkwürdig. Wenn ich ehrlich bin, freue ich mich jedes Mal drauf. »Das wird eine tolle Sache!« Eine halbe Stunde nach der Ankunft bin ich am Telefon.

»Wie viel würde es kosten, mein Ticket zu ändern?

Auf heute Nachmittag.

Ich bin schon am Flughafen.

Kann ich auf dem Rollfeld warten?

Ich muss hier raus, und zwar sofort!«

Man vergisst einfach alles über seine Verwandtschaft. Es fällt einem erst wieder ein, wenn man sie sieht. »Ja, stimmt. Die sind alle verrückt! Kein Wunder, dass ich nahezu fünftausend Kilometer weit entfernt wohne.« Gluck, gluck, gluck. Die Menschheit hat im Laufe der Jahrhunderte die erstaunlichsten Fortschritte gemacht, aber wir können uns einfach nicht merken, dass unsere Familie verrückt ist. Ich wette, die Steinzeitmenschen konnten das noch. »Ich wissen jeden Tag gelbe Kugel verschwindet von Himmel und meine ganze Verwandtschaft plemplem.« Deshalb sind Feiertage über das Jahr verteilt. Am Tag nach dem 4. Juli sagt man sich: »Das war das letzte Mal, dass ich mich mit diesen Idioten abgegeben habe.« Am Tag vor Thanksgiving: »Das wird ein Spaß, mal wieder alle zu sehen.« Gluck, gluck, gluck.

Habt ihr denn immer noch nicht genug?

Ich habe fünf Kinder, und dabei bin ich doch überhaupt kein Farmer. Früher waren große Familien eine Notwendigkeit, weil alle bei der Ernte gebraucht wurden, und außerdem ging man damals auch nicht davon aus, dass alle Kinder groß würden. Leider leben wir nicht mehr in den Zeiten von *Unsere kleine Farm*. Heute gibt es Traktoren, und alle überstehen den Winter. Großfamilien sind heute eine Seltenheit. Als ich klein war, war es nichts Ungewöhnliches, wenn man Freunde hatte, die aus großen Familien kamen. Ein Stück unsere Straße hinauf wohnte eine Familie mit dreizehn Kindern. *Das* hätte man damals als große Familie angesehen. Heute ist es mit Großfamilien wie mit Läden für Wasserbetten: Früher waren sie überall, heute sieht man sie allenfalls noch als Kuriosität. Geben Sie's zu – wenn Sie heute einen Wasserbettenladen sehen, denken Sie: »Das ist doch bestimmt die Fassade für irgendwas Kriminelles.« Und noch seltener sind große Familien bei uns in New York City. Wenn Fremde hören, dass ich fünf Kinder habe, macht selbst der zäheste, abgebrühteste New Yorker ein erschrockenes Gesicht. »Fünf Kinder? Wollen Sie Ihre eigene Nation gründen?«

Anscheinend glauben Leute, wenn sie hören, dass ich fünf Kinder habe, mir sei nicht klar, dass Kinderhaben Arbeit ist. Sie sagen in mahnendem Ton: »Fünf Kinder, das ist aber eine Menge.« Als wollten sie mich darauf aufmerksam machen. Tatsächlich, finden Sie? Ich hätte gedacht, fünf sind wenig. Oder nein, warten Sie, »eins«, ist das mehr oder weniger als »fünf«? Ich bringe das immer durcheinander. Können Sie mir Ihren Taschenrechner borgen?

Oft sagt jemand zu mir: »Ich weiß nicht, wie Sie das mit fünf Kindern schaffen. Ich habe nur eines und komme kaum zurecht!« Raten Sie mal. *Ein* Kind, das ist eine Menge. Wenn ich *ein* Kind hätte, käme ich auch kaum zurecht. Ich nehme an, es hat etwas von dem Experiment, bei dem man einen Frosch in einen Topf setzt und dann ganz langsam das Wasser anheizt, Grad um Grad, und der Frosch merkt nicht, was los ist, bis es zu spät ist und er in kochendem Wasser sitzt. Tja, der Frosch bin ich. Ich bin ja nicht von einem Augenblick auf den anderen Vater von fünf Kindern geworden. *So* sehr lasse nicht mal ich mich überrumpeln. Nicht, dass ich nicht überfordert wäre. Ich bin längst so weit, dass das Gefühl der Überforderung mich überfordert. Zum Glück kamen die Schwangerschaften eine nach der anderen, jedes Baby mit neuen Hürden und Triumphen. Was Freunde und Verwandte von unserer immer größer werdenden Familie hielten, konnte man sehr unterhaltsam an ihren Reaktionen auf jedes neue Kind ablesen.

Fünf Wochen nach der Rückkehr von unserer Hochzeitsreise stellten wir fest, dass Jeannie mit Marre schwanger war. Ja, so fruchtbar ist Jeannie oder so gut bin ich in puncto Vaterschaft. Oder beides. Alle waren begeistert. Es gab eine Party für die werdende Mutter. Freunde, die schon ein Kind hatten, überschütteten sie mit Ratschlägen. »Dein Sexleben kannst du vergessen.« (Ich finde immer, so was sollte man nicht zu jemandem sagen, egal aus welchem Anlass.) Na, wir dachten nicht daran, es zu vergessen. Zehn Monate nach der Niederkunft war Jeannie wieder schwanger, mit unserem ersten Sohn Jack. Wieder waren alle begeistert. Zwar gab es diesmal keine Party, dafür meldeten sich jetzt Freundinnen mit zwei Kindern zu Wort. »Jetzt geht's erst richtig los!« Wenn man zwei Kinder hat, einen Jungen und ein Mädchen, hört man Sachen wie: »So, jetzt habt ihr von jedem eines! Perfekt!« Was in Wirklichkeit gesagt werden soll, ist klar: »Jetzt aber genug.«

Als wir unser drittes Kind, Katie, bekamen, hatte ich den Eindruck, den Leuten wurde es allmählich zu viel. Wenn wir noch Glückwünsche bekamen, fing es meistens mit einem *Wow* an. »Wow … ja dann meinen Glückwunsch.« Das eine

Paar mit drei Kindern, das wir kannten, gab uns Ratschläge, wie man mit dreien zurechtkam:»Jetzt sind sie in der Überzahl!« Dann kam die vierte Schwangerschaft, Michael, und die Stimmung schlug endgültig um. In den Glückwünschen von Freunden und Familie schwang jetzt unüberhörbar Nervosität mit, gleich mit mehreren *Wows*.»Wow ... also Glückwunsch ... wow. Wow!« Es gibt immer noch Gegenden in den Vereinigten Staaten, da ist es überhaupt nichts Ungewöhnliches, vier Kinder zu haben; mitten in New York hingegen könnte man ebenso gut tausend haben. Wir merkten, dass unsere Freunde anfingen, uns wie Amische zu behandeln, wie Leute, die freiwillig ohne Elektrizität lebten.»Kann sich ja jeder aussuchen, wie er leben will. Sagt mal, baut ihr mir so einen offenen Kamin?« Man behandelte uns, als kämen wir aus der Pionierzeit. Die Freunde mit den drei Kindern schenkten uns eine Landkarte von Utah. Die Leute stellten Fragen, als wären wir Freaks in einer Kuriositätenshow.»Wie fühlt sich so was an?« Als Antwort, um ihnen einen Begriff davon zu geben, wie es sich anfühlt, wenn man sein viertes Kind bekommt, sagte ich einfach:»Stell dir vor, du ertrinkst ... und dann reicht dir jemand ein Baby.«

In gewissem Sinne machte das vierte Kind Berühmtheiten aus uns. Wenn ich eines in der Schule abholte, wurde ich nicht mehr als Komiker vorgestellt, sondern als»Vater von vier Kindern«. Es war lustig, dann oft das Mitleid auf den Gesichtern der Leute zu sehen, als sei mir gerade etwas Schlimmes zugestoßen – als hätte ein Tornado das Dach meines Hauses abgerissen oder so etwas. Ein Vater, arbeitslos, sagte:»Das stehst du schon durch.« Zeigt jemand Anteilnahme, reagiert man immer auf die gleiche Art: Zum eigenen Nutzen spielt man die Rolle weiter. Ich nahm die vier Kinder jetzt als Ausrede für alles.»Tut mir leid, dass ich zu spät komme ... ich habe vier Kinder.«»Ich weiß, ich habe ein bisschen zugenommen, aber ich habe vier Kinder.«»Entschuldigt bitte, aber ich habe vier Kinder, vier Kinder.«

Zur Zeit dieser Niederkünfte und anschließenden Reaktionen von Freunden und Verwandten lebten wir in einer Dreizimmerwohnung ungefähr von der Größe einer Flugzeugtoilette. Noch mehr Stoff für blöde Bemerkungen von den billigen Plätzen.»Da habt ihr den Raum ja optimal genutzt.« Wir waren ständig auf der Suche nach einer größeren und doch erschwinglichen Wohnung in Manhattan – aber es sollte nichts sein, was nur reichte, um uns für ein Jahr hineinzuquetschen, und dann hätten wir wieder neu suchen müssen. Wir jonglierten mit den Stundenplänen von Kindern in drei verschiedenen Schulen und Vorschulen in drei verschiedenen Ecken der Stadt. Jeannie produzierte gerade mein drittes großes Soloprogramm und stillte zugleich den acht Monate alten Michael, da kam das nächste dicke, fette Positiv beim Schwangerschaftstest. Wenn es mit vier Kindern war, als ertränke man und jemand reichte einem ein Baby, dann war es jetzt mit fünfen dasselbe Bild, nur dass man noch eine Haifischflosse auf sich zukommen sah. Wie sollte ich es Freunden und Verwandten sagen, dass wir jetzt ein fünftes Kind erwarteten? Damit waren wir nun endgültig nicht mehr normal. Als Jeannie und ich in der gespenstischen Ultraschallklinik (immer ein entspannendes Erlebnis) unser fünftes Kind Patrick betrachteten, beschloss ich, es einfach nur auf Twitter publik zu machen. Ich hatte keine Lust, die *Wows* von Freunden und Verwandten persönlich entgegenzunehmen. Ich weiß, es quälte sie; für sie waren wir jetzt schon so etwas wie der hoffnungslose Freund, der mal wieder im Entzug gelandet ist. Sie machten uns nicht mal mehr Mut. Wir waren Soldaten, die sich freiwillig für den fünften Afghanistantrip gemeldet hatten. Wir waren auf uns gestellt. Nach ihren Begriffen hatten wir »es jetzt endgültig übertrieben«. Mit einem Mal schienen vier Kinder im Vergleich um ein Vielfaches normaler. Jetzt plötzlich verglichen Leute uns mit Familien mit absurd großer Kinderzahl. »Meine Urgroßtante hatte sechzehn Kinder.« Na, dann sagt ihr, ich lasse grüßen. »Wollt ihr es mit der Kelly Family aufnehmen?« Klar, schon dabei. Nur noch acht, dann sind wir die Nummer eins!

Als Jeannie und ich mit unserem fünften Kind Patrick zum ersten Mal zum Arzt gingen, warteten wir am Aufzug zusammen mit einer Mutter mit drei kleinen Kindern. Stolz scheuchte die Mutter die quirligen Zehn-, Sieben- und Fünfjährigen in den Aufzug. Als die Fünfjährige wissen wollte, ob Jeannie in ihrer Trageschlaufe ein Baby habe, ermahnte ihre Mutter sie, vorsichtig zu sein und das Neugeborene nicht anzufassen. Jeannie schlug das Tuch zurück und zeigte ihr Patrick, gerade einmal einen Tag alt. Die drei waren ganz begeistert von dem winzigen Baby. Nette Kinder. Aufmunternd fragte die Mutter: »Ihr Erstes?« Als Jeannie antwortete, es sei schon das Fünfte, änderte sich das Verhalten der Mutter vollkommen. »Macht ihr Witze? Fünf? Ehrlich? *Fünf?*« Und dann kam die Reaktion, die wir inzwischen nur zu gut kennen. Die Frage, die zum festen Bestandteil unseres täglichen Lebens geworden ist. »Ja, habt ihr denn *immer noch nicht genug?*«

Es überraschte mich nicht, dass bei Patricks Geburt Gratulationsbesuche, Blumen und Geschenke ausblieben. Die waren schon nach dem zweiten Kind immer weniger geworden. Und zu dem Zeitpunkt brauchten wir auch wirklich keine weiteren Babysachen mehr. Ja, schon beim vierten, Michael, habe ich von der Mehrzahl meiner Geschwister gerade mal noch eine Email bekommen, die bestätigte, dass sie es zur Kenntnis genommen hatten. So sieht es aus. »Schon wieder ein Baby von Jim und Jeannie.« Spannend wie die Rechnung für den Jahresbeitrag im Sportstudio. Tja. Aber von der Häufigkeit, mit der die Frage kam, war ich doch überrascht. »Habt ihr denn immer noch nicht genug?« Ich muss jedes Mal aufpassen, dass ich nicht antworte: »Ist das ein Angebot, die Collegegebühren zu zahlen?« Ich finde wirklich, die Leute üben mit so etwas Druck aus. Als wären wir um Mitternacht die letzten Gäste im Lokal, ließen uns mit dem Nachtisch Zeit, und der Kellner muss zum Zug. »Haben Sie denn immer noch nicht genug? Kann ich noch etwas bringen? Die Teller räume ich schon ab, die sind Ihnen nur im Wege. Möchten Sie die Rechnung? Würden Sie jetzt bitte endlich verschwinden?!«

Ich weiß, »Habt ihr denn immer noch nicht genug?« hört sich wie eine unschuldige Frage an. Es steckt echte Neugier dahinter. Wenn wir fünf Kinder haben, wie weit werden wir dann noch gehen? Ich wäre auch neugierig, aber mit einer Frage wie »Habt ihr immer noch nicht genug?« ist eine Grenze überschritten. Schließlich handelt es sich um eine intime Frage, und die Antwort geht niemanden etwas an. Leute würden niemals einen Freund, und schon gar nicht einen Fremden, fragen, wann er zum Friseur geht, denn sie wollen schließlich niemandem zu nahe treten; aber die Frage »Wie viele Kinder wollt ihr denn noch?« gilt aus irgendwelchen Gründen als erlaubt. Ähnlich ist es bei Leuten ohne Kinder. Wir sind mit einem Paar befreundet, das schon seit Jahren gegen Unfruchtbarkeit kämpft, und ich habe es miterlebt, dass Fremde gleich nach der Frage, wie lange sie schon verheiratet seien, fragten: »Wieso habt ihr keine Kinder?« Vollkommener Mangel an Achtung vor dem, was sie vielleicht durchmachen. Ich will hier nicht auf eine Windelkiste steigen, aber dieses Land legt doch so großen Wert auf die persönlichen Freiheiten – nur offenbar nicht, wenn es um die Zahl von Kindern geht, die man hat oder nicht hat.

Oft habe ich den Eindruck, dass sich hinter »Habt ihr denn immer noch nicht genug?« eine nur notdürftig verschleierte Missbilligung der Tatsache, dass wir fünf Kinder haben, verbirgt. Vielleicht finden manche, dass Jeannie und ich mit unseren fünfen raffgierig seien – dass der Vorrat an Babys begrenzt ist und dass wir uns mehr nehmen, als uns zusteht. Vielleicht finden sie auch, dass Leute wie wir die Wahlfreiheit der Frau untergraben, eine Zwei-Personen Kampagne gegen die Geburtenkontrolle. Die Argumente gegen »zu viele Kinder« kennen wir alle. Was ist mit der Überbevölkerung? Den hungernden Kindern in

Afrika? Der CO_2-Bilanz? Ich habe in meinem Beruf über hundert Freunde, die mit Absicht keine Kinder haben. Vielleicht habe ich die Kinder an ihrer Stelle. Der Hunger in Afrika ist mir nicht gleichgültig, aber ich habe meine Zweifel, ob er sich dadurch verhindern lässt, dass wir ein Kind weniger haben. Was den ökologischen Fußabdruck angeht: Ich wohne mit meiner siebenköpfigen Familie in einer Dreizimmerwohnung ohne Aufzug. Meist kann man keine drei Schritte gehen, ohne dass man mit jemandem zusammenstößt. Wir haben kein Auto und auch keine furzende Streichelkuh. Ich bin mir ziemlich sicher, dass unser ökologischer Fußabdruck besser ist als der vieler anderer Leute. Ich will nicht behaupten, dass er kleiner als *Ihr* Fußabdruck ist, aber andererseits haben Sie mein Buch gekauft. Ist Ihnen eigentlich klar, wie viele Bäume für Sie sterben mussten? Ich habe mir sagen lassen, für wirklich hochwertige Bücher so wie dieses braucht man mindestens einen Baum pro Blatt. Aber keine Sorge – da es sich um *dieses* Buch handelt, verzeihe ich Ihnen. Und die Bäume tun es auch. Sie haben aus Ihrem Fußabdruck das Beste gemacht. Zwar tragen Sie zur Umweltzerstörung bei, aber wenigstens tun Sie es für mich. Wenn Sie es als E-Book lesen, fühlen Sie sich bitte wegen etwas anderem schuldig.

Also, keine Kinder, ein Kind, fünf Kinder, sechzehn Kinder – ich sage einfach nur: leben und leben lassen. Das hier ist das Land der Freien und derjenigen, die tapfer genug sind, fünf Kinder zu bekommen. Wenn Sie anderen Vorschriften machen wollen, sagt das mehr über Sie aus als über die, denen Sie Vorschriften machen wollen. Es sei denn, Sie machen Leuten Vorschriften, die zu viele Katzen haben. Und damit meine ich mehr als eine Katze. Solche Leute sind eine Gefahr für die Allgemeinheit und gehören hinter Gitter. Eine gute Freundin von uns hat drei Katzen in ihrer Einzimmerwohnung. Einmal fragte sie: »Merkt man, dass ich Katzen habe?« Und ich antwortete: »Nein, aber man merkt, dass du eine Kiste mit Kacke in deinem Wohnzimmer hast.« Vor Kurzem erzählte sie mir, dass sie ein neues Kätzchen bekommen habe. Und natürlich habe ich gefragt: »Hast du denn immer noch nicht genug?«

Sechs Kinder, katholisch

Großfamilien sind nichts Neues für mich; ich war einer von Sechsen. Wir waren »sechs Kinder, katholisch«. Ich weiß noch, dass ich das als Teenager immer geantwortet habe, wenn jemand fragte, wie viele Kinder wir waren. Nach »sechs Kinder« machte ich immer eine kleine Pause, damit die Leute über die Größe unserer Familie spekulieren konnten; dann kam die Erklärung »katholisch«. Merkwürdig, wie diese Antwort »Sechs Kinder, katholisch« offenbar alles erklärte. Manchmal fragte ich mich, ob wohl jemand, wenn ich auf »sechs Kinder« nicht das »katholisch« hätte folgen lassen, gesagt hätte: »Sechs Kinder? Wow, deine Mutter muss ja eine Schlampe sein.«

Der Wahrheit halber muss man dazusagen, dass meine Eltern zwar katholisch waren, aber es war nicht so, dass der Papst meinen Eltern gesagt hätte, wie viele Kinder sie bekommen sollen. Sie mochten einfach Kinder. Jedenfalls meine Mutter. Ich nehme an, den Hinweis auf das Katholische habe ich mir einfallen lassen, um die Größe unserer Familie zu rechtfertigen. So ähnlich wie Alkoholiker, die die Menge, die sie konsumieren, ihrer Herkunft anlasten. »Ich bin kein Säufer, ich komme aus einer irischen Familie.«

So etwas hatten wir bei uns zu Hause jeden Tag an.

Ich bin mit Begeisterung in einer großen Familie aufgewachsen, allerdings sagen Leute aus großen Familien immer, dass sie mit Begeisterung dort aufgewachsen sind. Das macht mich ein wenig misstrauisch. Wie bei Leuten, die sagen, dass sie gern in der Bronx groß geworden sind. Ich will nicht bezweifeln, dass die Leute das ernst meinen, aber sind Sie schon mal in der Bronx gewesen? Ehrlich, für mich war dieses Großfamilien-Erlebnis unvergleichlich. Ich war das jüngste von sechs Kindern. Der Bodensatz im Fass. Meine Eltern haben es gemacht, so gut sie konnten, aber sie waren erschöpft. Es war wie die letzte halbe Stunde bei einem Brunch-Büfett. Es ist immer noch ein tolles Essen, aber der Mann, der die Omeletts brät, hat inzwischen doch ein wenig von seinem Schwung verloren. Eltern verschleißen sich in großen Familien. Man kann das an den Namen verfolgen, die sie ihren Kindern geben. Zum ersten Kind: »Du trägst deinen Namen nach deinem Großvater.« Zum sechsten Kind: »Du trägst deinen Namen nach einem Sandwich, das mir großartig geschmeckt hat. Nun hol mal deinen Bruder her, Pastrami.« Meine Eltern hatten sich die Lügen von fünf Teenagern anhören müssen, bevor ich überhaupt alt genug war zu fragen, ob ich das Auto borgen konnte. Als ich kam, waren sie über misstrauisch schon hinaus. Sie waren paranoid. »Kann ich Rollschuh laufen gehen?« – »Nein! Wir wollen nicht, dass du hinterher schwanger bist wie deine Schwester.«

Keiner hatte mir gesagt, dass eine schwarze Fliege angesagt war.

Bei meiner Herkunft – »Sechs Kinder, katholisch« – sollte ich mich nicht wundern, wenn die Leute denken, meine Familie sei aus religiösen Gründen so groß gewesen. Ich bin katholisch. Jeder weiß, dass Mormonen, Katholiken und orthodoxe Juden viele Kinder haben. Das heißt doch, dass die Religion der Grund dafür ist, oder? Aber ich habe festgestellt, dass es nicht so ist. Wenn überhaupt, dann hat man zuerst vier oder fünf Kinder und *dann* wird man gläubig. Wenn man zum ersten Mal in einem New Yorker Park ein Kind verliert, dann spricht man mit Gott, auch wenn man vorher noch so großen Wert auf seinen Atheismus gelegt hat. Glauben Sie mir. »Hey, Gott, ich weiß, wir haben eine ganze Weile nicht miteinander geredet ... seit dem letzten Schwangerschaftstest wahrscheinlich. Ich weiß, es ist ein bisschen ironisch, dass ich mich jetzt wieder melde, weil genau dieses Kind verloren gegangen ist. Aber egal, ich verspreche dir, wenn du mir hilfst, meinen Sohn wiederzufinden, will ich nie wieder etwas Böses tun. Ja, ich will sogar nie wieder bei Wendy – oh, Moment. Da ist er. Hat sich erledigt, Gott. Wir gehen jetzt alle zu Wendy essen. Ich melde mich wieder, wenn ich Krebs bekomme.« Kinder und Krankheiten, das ist der wahre Weg zum Glauben.

Warum also so viele? Freunde fragen mich das oft. Teufel noch mal, ich frage mich ja oft selbst. Zwar kann ich mir keines meiner Kinder aus meinem Leben wegdenken, aber warum sind es so viele? Andererseits sollten alle das auf Anhieb begreifen, wenn sie sehen, dass ich mit einer so schönen und faszinierenden Frau wie Jeannie verheiratet bin. Aber wenn die Zahl der Kinder von meinen Gefühlen für Jeannie abhinge, hätten wir es wahrscheinlich schon längst mit der Kelly Family aufgenommen.

Aber warum eigentlich nicht? Was als Gründe gegen eine große Familie angeführt wird, kommt mir immer fantasielos und oberflächlich vor. Was genau muss ich denn dafür hergeben? Geld? Ein paar Stunden Schlaf? Friedlichere Mahlzeiten? Mehr Haare? Das ist nichts im Vergleich zu dem, was ich von diesen fünf Teufelsbraten, die mein Leben beherrschen, bekomme. Ich bin davon überzeugt, dass jedes meiner fünf Kinder einen besseren Menschen aus mir gemacht hat. Wenn ich mal überschlage – ich glaube, ungefähr vierunddreißig weitere Kinder würden reichen, und ich wäre ein anständiger Kerl. Jedes von ihnen ist ein Lichtstrahl in meinem verschrumpelten schwarzen Herzen gewesen. Ohne eine Sekunde zu zögern, würde ich Geld, Schlaf oder meine Haare gegen ein Lächeln von einem meiner Kinder eintauschen. Na gut, es hängt davon ab, wie viel Haare.

Manche Vorteile von fünf Kindern sieht man nicht auf den ersten Blick. Neben der bedingungslosen Liebe wäre da zuallererst der Freifahrtschein. Mit fünf Kindern wird man weitaus seltener zu irgendwelchen sozialen Zusammenkünften eingeladen. Manchen mag das als Nachteil vorkommen, aber glauben Sie mir, es hat sein Gutes. Keiner fragt mehr, ob Sie über Nacht bleiben wollen. Gott sei Dank. Alle verzeihen Ihnen Rücksichtslosigkeiten viel leichter. »Die Gaffigans haben sich nie für die Einladung bedankt.« »Schatz, die haben fünf Kinder. Wir können von Glück sagen, dass sie überhaupt hier waren. Das nächste Mal laden wir sie nicht mehr ein.« Fünf Kinder, das ist, als hätte man immer ein Attest vom Arzt.

Sie sind gezwungen, in ihrem Leben klar Schiff zu machen und zu vereinfachen, dafür sorgt der ZVK-Faktor: zu viele Kinder. Die heiraten in Alaska? Wie können wir uns da rausmogeln? ZVK. Jeder muss sich als Schülerlotse freiwillig melden? Nicht wir. ZVK. Leute gehen ins Fitnessstudio und treiben Sport? Nicht ich. ZVK.

Manchmal frage ich mich, was meine Kinder wohl als Erklärung für die große Familie anführen werden. »Fünf Kinder, katholisch« wäre zu einfach. »Fünf Kinder, Dad verrückt« zu sehr geradeheraus. »Fünf Kinder, meine Eltern verstehen sich im Bett« wäre anzüglich. Eine Frechheit, dass Sie das überhaupt vorschlagen! Aber die Kinder können es erklären, wie sie wollen. Alles, solange sie nicht sagen: »Vierunddreißig Kinder, katholisch.«

Das große weiße Baby

Eltern hoffen insgeheim immer, dass andere Leute das eigene Baby genauso unwiderstehlich finden wie sie selbst. Als unser erstes Kind Marre noch klein war, hatte ich ein paar Auftritte in China, und Jeannie und Marre kamen mit. Lassen Sie mich betonen, dass ich große Achtung vor den Chinesen habe, und ich sage das nicht nur, weil wir in ein paar Jahren alle für sie arbeiten werden. Während des ganzen Besuches waren die Chinesen sehr höflich und freundlich zu uns. Ganz besonders hatte es ihnen die fünfzehn Monate alte Marre angetan, mit der wir durch ganz Peking und Shanghai spazierten. Was soll ich sagen? Sie ist nun mal unwiderstehlich. Ich weiß noch, ich habe gedacht: »Die Kleine ist ein Star!« Anscheinend hatten die meisten Chinesen nie zuvor etwas wie sie gesehen. Auf unserem Weg durch Shanghai sahen wir lächelnde Leute, die auf das unglaublich hellhäutige und blauäugige kleine Mädchen mit dem blonden Lockenschopf zeigten. Wir waren glücklich – doch dann kam der Ausflug an die Chinesische Mauer.

Die Chinesische Mauer ist eines der sieben Weltwunder, und das mit gutem Grund. Die Aussicht von dort oben ist atemberaubend, und der Unzahl an einheimischen Besuchern nach zu urteilen sind die Chinesen auch wirklich stolz darauf. Es war eine Handvoll Besucher aus aller Welt da, dazu große Touristengruppen aus ganz China, alle in bunten Windjacken. Auf dem Weg zur Mauer fühlten Jeannie und ich uns geschmeichelt, als drei Chinesinnen um die fünfzig in identischen orangeroten Windjacken fragten, ob sie Marre fotografieren dürften. »Sie wollen ein Bild von meiner schönen Tochter?« Aber gern. Dieselbe Frage von zwei jungen chinesischen Mädchen in violetten Windjacken, als wir die Mauer erreichten. »Aber sicher.« Mit einem Mal strömten aus allen Richtungen solche Fragen auf uns ein. Schließlich stellten die Besucher das Fragen ganz ein und machten einfach Fotos von Marre in ihrem Kinderwagen. Es kam ein Punkt, da war meine fünfzehn Monate alte Tochter vollkommen von Chinesen in Windjacken jeder erdenklichen Farbe umringt, und alle machten Fotos von ihr. Eine gewaltige Menge. Ich bekam es mit der Angst zu tun. Wir konnten unser Baby nicht mehr sehen, und plötzlich stellte ich mir vor, die Menge würde sich auflösen und das Baby wäre nicht mehr da. »Genug!«, brüllte ich. »Genug!« Natürlich konnte die Menge kein Englisch, und wahrscheinlich stellten sie sich vor, ich riefe etwas wie »Machen Sie Gratis-Aufnahmen von dem sensationellen weißen Baby!«. Immer mehr Windjacken kamen zusammen. Schließlich blieb mir nichts anderes übrig, als Leute beiseite zu schubsen, um meine kleine Marre zu packen und vor diesen chinesischen Paparazzi zu retten.

Natürlich war sie nicht in Gefahr gewesen. Aber an dem Tag ging mir auf, dass ich der stolze Vater des Achten Weltwunders bin. Oder zumindest des Achten Wunders von China.

Die Mausefalle

Letzen Sommer bin ich mit meiner Familie in Urlaub gefahren. Na, ich will es lieber gleich sagen: Wir waren in Disney World. Ich hatte ein paar Auftritte in Orlando und Clearwater, und da dachte ich, ich gehe mit Jeannie und den Kids zu Disney. Ich werde ein Held. Todsichere Sache.

Allerdings hatte ich nicht bedacht, dass in Orlando im August ungefähr die gleiche Temperatur wie auf der Sonnenoberfläche herrscht und dass ich nicht gern im Freien bin. Mir war auch nicht klar, dass ein Besuch bei Disney für einen Erwachsenen ungefähr so spannend ist, als stellte man sich bei der Stadtverwaltung zur Erneuerung des Führerscheins an. Der einzige Unterschied ist, dass man bei der Stadtverwaltung am Ende einen neuen Führerschein hat.

Wissen Sie noch, wie Sie als Kind einen Ausflug mit der Familie gemacht und dabei gedacht haben: »Warum hat Dad denn nur dauernd so schlechte Laune?« Tja, ich weiß jetzt, warum. Es ist unglaublich, wie viel Geld man dafür zahlt, es einen ganzen Tag lang unbequem zu haben und sich anzuhören, wie die Kinder quengeln und klagen. Für ein kleines Kind mag Disney tatsächlich »der glücklichste Ort auf Erden« sein, aber die Menge an Reizen ist einfach zu groß. Die Karussells, die Comicfiguren, die Parade, das Eis, die Süßigkeiten alle drei Schritte. Das können sie nicht verarbeiten. Es verwandelt sie in Monster. »Ich will ... alles!«

»Urlaub bei Disney« ist ein genauso unsinniger Ausdruck wie »Pizza Hut Feinschmeckerrestaurant«. Urlaub bedeutet Nichtstun am Pool unter einem sehr großen Sonnenschirm, und jemand bringt einem eisgekühlte Getränke. Bei den meisten Familienausflügen verstehe ich nicht, wie man so etwas für Erholung halten kann. Was ist denn das für eine Logik? »Wir haben hart daran gearbeitet, unser Leben hier zu Hause so angenehm und praktisch wie nur möglich zu gestalten. Lasst uns doch jetzt mal irgendwohin fahren, wo wir noch nie waren, und sehen, ob wir eine Woche dort durchstehen.« Zu den meisten

Urlaubsreisen gehört der Augenblick, in dem man in einem unbekannten, unbequemen Bett aufwacht und sich fragt: »Wo kriege ich jetzt Kaffee her?« Sie können sicher sein, dass der Kaffee schlecht ist. Und teuer. Aber ich schweife ab. Zurück zu Disney.

Ich bin dahintergekommen, was Disney so »magisch« macht. Es liegt daran, dass man zwölf Stunden lang auf den Beinen sein und sich den Arsch abschwitzen kann, und trotzdem nimmt man noch zu dabei. »Ich weiß, wir haben vierzig Grad im Schatten, aber diese Fritten, die schmecken so gut.« Wir essen, weil wir uns wohlfühlen wollen. »So ein Churro, das hebt die Laune, stimmt's?« Darauf laufen nach meiner Erfahrung Urlaube und Ausflüge immer hinaus. Man isst an Orten, an denen man noch nie war. »Warum essen wir nicht was, und dann besorgen wir uns was zu essen? Dann sollten wir uns das ansehen, weswegen wir hergekommen sind; wahrscheinlich haben die eine Snackbar da, dann können wir auch gleich was essen. Danach müssen wir aber dann wirklich sehen, dass wir was zu essen bekommen.«

Wir essen die ganze Zeit, weil man nämlich im Urlaub unter dem Druck steht, es sich gut gehen zu lassen. Wenn man Glück hat, kann man zwei von sieben Tagen in der Schlange bei den Sicherheitskontrollen am Flughafen verbringen. Den Rest des Urlaubs schwebt ständig die »Macht schneller! Habt Spaß, bevor wir wieder zurückmüssen«-Wolke über uns.

Wenn schon in normalen Urlauben Druck ausgeübt wird, Spaß zu haben, dann ist es bei Disney verzweifelter Druck. Man sieht es an den angespannten Gesichtern der Eltern. Überall steht in ihren Zügen der »Das war ein riesiger Fehler«-Ausdruck. Meinen Kindern habe ich damals gesagt: »Ich hoffe, es macht euch Spaß. Wir hatten die Wahl, euch entweder hierher zu bringen oder aufs College zu schicken. Also jetzt los und amüsiert euch. Ein zweites Mal gibt es das nicht.«

Man will sich mit dem Amüsieren beeilen, aber eins hält einen bei Disney immer auf: Für jede Karussellfahrt muss man anstehen. Ich habe eine Stunde und zwanzig Minuten bei vierzig Grad Hitze für den Dumbo Ride angestanden. Schon nach einer Minute war mir klar: »Der Dumbo bin ich. Ich stehe hier an, um mich selbst zu sehen.« Fast rechnete ich damit, dass am Ende der Warteschlange ein großer Spiegel kam, darauf jemand, der einfach nur mit dem Finger auf mich zeigte: »*Dumbo!*«

Bei manchem in Disney World merkt man, wie sehr sich Vergnügungsparks weiterentwickelt haben. Ich bin zum Beispiel in »It's a Small World« gegangen und habe mich nur gefragt: »Gab es eine Zeit, zu der Leute das unterhaltsam gefunden haben?« Selbst wenn man auf Speed wäre, würde man noch denken: »Hier ist aber überhaupt nichts los. Ich glaube, da starre ich lieber meine Hand an. Ja, das ist viel besser. Hätte ich doch nur zwei davon.«

Fairerweise muss man sagen, dass viele der Attraktionen bei Disney aus den Siebzigerjahren stammen, als es noch keine Konkurrenz gab. Man hat den Eindruck, viele Gedanken hat sich damals niemand gemacht. »Okay, wie wär's mit einem Autoscooter, der in einen dunklen Raum fährt, und drin ist ein Bild von Pu dem Bären? Dafür würden die Leute doch eine Stunde lang anstehen, oder? Wie wär's, wenn wir einen Baumstamm aushöhlten, und damit springen sie über einen Wasserfall?« Da hat sich wohl jemand gedacht: »Das Eintrittsgeld haben wir, wie halten wir sie nun beschäftigt?« Ich muss sagen, am besten hat mir die Fahrt im klimatisierten Bus zurück zum Flughafen gefallen. Die war das Anstehen wert.

Für Eltern ist Disney wirklich ein grausamer Witz. Ein Jahr später fragt man einen Fünfjährigen, was ihm bei Disney am besten gefallen hat, und er antwortet: »Wir waren bei Disney? Weiß ich nicht mehr. Fahren wir noch mal hin?« Geht nicht. Die haben dichtgemacht.

Disney ist das perfekte Beispiel für etwas, das man *nur* für die Kinder macht. Von einem Besuch bei Disney trägt ein Erwachsener absolut nichts Positives davon, außer dass er in den Augen seiner Kinder Superdad ist. Es gibt Erwachsene, die gehen ohne Kinder zu Disney. Solche Leute nennt man Spinner. Sehr nette Leute. Vollkommen durchgedreht. Selbst die abartigsten Freaks bei einem Comicfan-Treffen finden, dass solche Leute in die Klapsmühle gehören. »Hey, zugegeben, ich habe ein Batman-Kostüm an – aber du stellst dich an, damit *Aladin* dir ein *Autogramm* gibt? Werd endlich erwachsen, du Armleuchter!« Ich weiß, das klingt nicht nett, aber wenn Sie Ihre Kinder zwei Stunden lang in der Gluthitze unterhalten müssten, weil vor Ihnen vier Fünfzigjährige zusammen für Peter Pan anstehen, dann würde Sie das auch ein wenig irritieren.

Sieh dir das an!

Vor Kurzem habe ich Schulfotos von meinem Sechsjährigen bestellt. Jetzt habe ich nur ungefähr dreihunderttausend Fotos von ihm für dieses Jahr. Ich habe so viele Fotos von meinen Kindern, so viele Male hat mein Vater mich nicht einmal *angesehen*. Als ob ich Material sammeln wollte, mit dem ich später beweisen kann, dass ich ein guter Vater war. »Euer Ehren, als Beweis für die Unschuld des Beklagten möchte ich eineinhalb Millionen Fotos vorlegen, die mein Mandant vom Kläger aufgenommen hat.« Als Vater oder Mutter kann man einfach nicht aufhören, Bilder von seinen Kindern zu machen. »Hey, mach ein Foto davon. Das sehen wir uns nie an.« Wir machen Aufnahmen vom Alltagsleben und tun, als hielten wir Geschichte fest. »Unglaublich! Die Katze schläft.« Klick. Ich habe ausgerechnet, dass ich, wenn ich Ihnen auch nur sämtliche Fotos zeigen würde, die ich von meinem Sechsjährigen habe, ungefähr sechs Jahre bräuchte. Das kann doch nicht der Sinn der Sache sein, oder?

Wahrscheinlich kommt das daher, dass man heute mit dem Telefon auch fotografieren kann. Brauchen wir das? Es ist ja nicht so, als ob wir vor zehn Jahren gedacht hätten: »Jetzt würde ich gern ein schlechtes Foto von meinem Nachtisch machen und es jemandem, den es nicht interessiert, per SMS schicken.«

Erinnern Sie sich noch an die Zeit, in der Fotos etwas Besonderes waren? So lange ist das noch gar nicht her. »Der Schulfotograf kommt! Da schicken wir den Kleinen noch vorher zum Friseur. Er soll ja gut aussehen. Die Arbeit von dem Fachmann soll sich schließlich lohnen und er soll nicht den teuren *Film* verschwenden.« Wenn man zu den jüngeren Kindern der Familie gehörte, waren Fotos von einem selbst sogar noch seltener. Von mir als dem Jüngsten von sechsen hatten die Nachbarn vermutlich mehr Fotos als meine eigenen Eltern. Wenn heute jemand käme und mir ein Bild von mir als Zehnjährigem zeigte, wäre das eine regelrechte Sensation. »Du hast Bilder von *mir*, als ich *zehn* war? Hat ein Archäologe die bei Grabungen gefunden?«

Das Jahr, in dem ich den Quadratschädelpreis bekam.

Heute zeigen wir unsere Telefonfotos und entschuldigen uns: »Ich habe keine aktuellen Aufnahmen von meinem Kind. Das hier ist schon über einen Monat alt. Inzwischen sieht er vollkommen anders aus.« Weil unser Telefon eine Kamera hat, haben wir mehr Fotos, als wir je ansehen können. Was sollen wir mit all diesen Bildern von unseren Kindern machen? Sicher, sie sorgen dafür, dass unsere Computer langsamer laufen, vollgestopft mit Tausenden von Fotos in der immer gleichen Pose, aber das ist auch der einzige Nutzen. Trotzdem machen wir immer weiter. *Klick, klick, klick.* Wir packen sie alle auf die Festplatte. Wir schmeißen nicht mal die misslungenen weg. »Ach, ich kaufe einfach einen neuen Computer. Diesen hier erkläre ich zum Disneycomputer. Meine Eltern hatten Schachteln mit Fotos in den Schränken. Jetzt haben wir alte Computer in den Schränken. »Schau mal, Schatz, da ist unser Hochzeitscomputer.« »Da ist mein Computer aus der Zeit, als ich noch Single war. Den sollte ich wohl besser vernichten.«

Pistenjäger

Im letzten Winter sind Jeannie und ich mit den Kindern – damals sieben, fünf, zwei Jahre und der Jüngste sechs Monate alt – am anderen Ende des Landes im Skiurlaub gewesen. War doch eine gute Idee, oder? Na, dem Schreiber dieser Zeilen kam es jedenfalls so vor. Ich hätte vier Monate Zeit gehabt, um darauf zu kommen, dass es eine Schnapsidee war. Nein, ich lag nicht im Koma. Ich arbeitete in dieser Zeit fleißig und plante arglos unsere Reise.

Die Geschichte beginnt im Oktober. Ich hatte gerade für das Wochenende des Martin-Luther-King-Tags im Januar ein paar Auftritte in Salt Lake City zugesagt. Und plötzlich ein großartiger Einfall: Ich nehme die ganze Familie mit, und dann können meine Kinder ein paar Tage lang in Park City Ski fahren. Perfekt. Ein Spaß für alle. Der Schnee. Der heiße Kakao! Meine Stadtkinder brausen die Hänge hinunter. Das wird ein Vergnügen! Sieht zwar vielleicht ein bisschen merkwürdig aus, so eine Großfamilie mitten im Mormonenland, aber wir machen es trotzdem. Gibt es eine bessere Art, den Gedenktag an Martin Luther King jr. zu begehen, als zusammen mit einem Haufen reicher weißer Leute Ski zu fahren?

Mein Leben fühlt sich an wie eine Skipiste bergauf.

Ich dachte tatsächlich, ich hätte es geschickt eingefädelt. Ich selbst bin kein großer Skifahrer, aber die Kinder sollten das Vergnügen haben. Freunde hatten immer davon geschwärmt, wie viel Freude ihren Kindern das Skifahren machte. Dann wollen wir das auch! Und da ich kein Skiexperte bin, machen wir alles so einfach wie möglich. Ich beschloss, dass wir in einem hübschen Wintersportort wohnen würden. Teuer, aber das Geld wert. Natürlich muss ich mit sämtlichen Kindern nach Salt Lake City fliegen, das ist auch nicht billig, aber dann erklären wir die Reise eben zum Jahresurlaub für die ganze Familie. Wahrscheinlich kann ein Kind von sechs Monaten noch nicht Ski fahren; wir müssen also ein Kindermädchen dabeihaben, und das geht auch wieder ins Geld. Sicher, ich kaufe keine Skier oder Skihosen – die leihen wir. Weitere Unkosten, aber es wird ja auch *der* Jahresurlaub. Wären doch nur die Unkosten meine einzige Sorge geblieben.

Leider ist mir erst auf dem Flug nach Salt Lake City wirklich zu Bewusstsein gekommen, was für eine Dummheit die ganze Unternehmung war. Immer, wenn ich mit meinen Kindern reise, fällt mir eine wichtige Regel für das Reisen mit Kindern wieder ein: Reise nicht mit deinen Kindern. Der Flug von New York nach Salt Lake City dauert fünf Stunden, doch mit vier kleinen Kindern kommt es einem eher wie fünfzig vor. Nicht nur für mich war es eine Tortur. Sagen wir so: Wenn man mit einer Siebenjährigen, einem Fünfjährigen, einer Zweijährigen und einem Sechsmonatigen quer durchs Land fliegt, macht man sich bei seinen Mitreisenden nicht gerade beliebt. Wenn Sie so tun, als würden Sie Ihre Kinder nicht kennen, wird der Geschäftsmann, der auf dem Fensterplatz neben Ihnen schlafen will, das nicht lustig finden. Nicht mal Apple hat bisher ein Gerät erfunden, das eine Zweijährige beschäftigt hält. Vier Stunden lang habe ich versucht, ihr zu erklären, dass sie den Kopfhörer aufsetzen muss, wenn sie zu dem Film, den sie sich auf dem iPad ansieht, den Ton hören will, und danach wusste ich, dass diese Reise ein Riesenfehler war. Bis wir in Salt Lake City landeten, war mir auch wieder eingefallen, dass die Freunde, die mit ihren Kindern in Skiurlaub fuhren, unglaublich reich waren. Und ihre Kinder waren Teenager und es war überhaupt nur ein Kind und sie hatten eine Skihütte in Vermont und ich war ein Trottel.

Am Gepäckband in Salt Lake City hatte ich Zeit, den Realitäten ins Auge zu blicken: Ich bin ein Trottel, ich kann mir diese Reise nicht leisten, und mit dem Baby wird es eine einzige Quälerei. Aber jetzt waren wir einmal da und ich war fest entschlossen, das Beste daraus zu machen. Wir würden noch unser Vergnügen bekommen. Nur noch ein paar Schritte, dann wären wir im Hotel und ich würde mich für den Auftritt am Abend vorbereiten können.

Nach der einstündigen Fahrt vom Flughafen im Hotel angekommen, bekamen wir von der Empfangsdame den Rat, wir sollten gleich in die Stadt gehen und unsere Skier abholen, dann kämen wir am Morgen nicht in das Gedränge. (Später erfuhr ich, dass es zum Serviceangebot des Hotels gehörte, dass jemand aufs Zimmer kam und alle mit Skiern ausstattete, aber die Frau an der Theke hatte davon noch nie gehört. Sie arbeitete ja auch nur in dem Hotel, das diesen Service anbot.) Nach der unnötigen Fahrt in die Stadt war das eigentliche Ausleihen der Skier noch einmal ein Abenteuer für sich. Ich will ehrlich sein: Die meisten Menschen auf dieser Welt sind geduldiger als ich, und keiner dieser Menschen ist eins meiner Kinder. Kindern Skier anzupassen und dann nicht mit ihnen Ski fahren zu gehen, das kann nicht gut ausgehen. Allerdings muss man zur Rechtfertigung ihrer Rüpelhaftigkeit auch sagen, dass wir nach der langen Reise auch noch mit ihnen einkaufen gingen und ihnen nichts kauften.

Der nächste Tag war der erste, an dem wir tatsächlich auf unseren Skiern standen. Kleine Kinder zum Skifahren anzuziehen, ist keine leichte Arbeit und dauert eine Weile, und spätestens wenn man den letzten Reißverschluss zuzieht, müssen sie alle aufs Klo. Nun fragte ich mich auch, wie ich je auf den Gedanken gekommen war, mit einer Zweijährigen, die gerade erst Laufen gelernt hat, zum Skiunterricht zu gehen. Aber schließlich war doch jeder bei seinem Skilehrer angekommen, und Jeannie und ich fuhren für zehn Minuten Ski – dann war es Zeit, sie wieder abzuholen.

Katie nach ihrer hundertfünfzig Dollar teuren zwanzigminütigen Skistunde.

Nach einem überteuerten Essen lieferten wir den Zweijährigen zum Mittags-
schläfchen ab, und dann gingen wir vier anderen auf die Piste. In gewissem
Sinne. Ich nehme an, es gibt beim Skifahren die verschiedensten Ansätze. Jeannie und die siebenjährige Marre wagten sich mit etwas mehr Vorsicht und mit
weniger Ehrgeiz an den Berg. Jeannie sagte mir deutlich, dass sie mit zwei
kleinen Kindern im Hotel keine Experimente auf der Skipiste machen würde.
Den Ansatz des fünfjährigen Jack hingegen kann man nur beschreiben als »den
Berg runter, bis du auf der Schnauze liegst«. Es gibt Leute in *Jackass*, die fänden
diesen Ansatz leichtsinnig. Wie um alles in der Welt hatte ich glauben können,
so ein Urlaub sei entspannend? Schon die Fahrt im Skilift mit Kleinkindern, die
ihren Eltern gern einen Schrecken einjagen, strapaziert so sehr die Nerven, dass
man schreien könnte.

Aus irgendwelchen Gründen sind die Skipisten mit Symbolen markiert, die
wie Glücksbringer oder Marshmallows aussehen. Es gab blaue Rauten, gelbe
Monde. Ach, ich weiß nicht mehr; ich erinnere mich nur noch, dass ich mich
immer an Grün gehalten habe und den gefährlichen schwarzen Rauten aus
dem Wege gegangen bin. Gegen Ende des zweiten und letzten Skitags riskier-
ten alle ein bisschen mehr, und wir waren bereit, in den blauen Bereich überzu-
wechseln. Jedenfalls die Kinder und ich. Jeannie zögerte. Sie wollte nicht riskieren, dass ein Sturz der Herausforderung, mit den Kleinen zurückzufliegen, in die
Quere käme. Am Ende des Tages und mit ein wenig Überredungskunst brachte
ich Jeannie dazu, mit mir und den größeren Kindern eine der anspruchsvolle-
ren blauen Pisten zu probieren. Gar kein Problem, versicherte ich ihr, das wird
ein Spaß – also wagten wir uns in den Sessellift und fuhren nach oben.

Unmittelbar nach dem Aussteigen verwandelte unser Fünfjähriger sich in
eine Kanonenkugel, schoss den Hügel hinunter und lag schon im nächsten Augenblick im Schnee. Ich fuhr nach unten und half ihm auf. Dann half ich meiner
Siebenjährigen auf. Dann wieder meinem Fünfjährigen. Anschließend erneut
der Siebenjährigen. Dann halfen die beiden mir auf. In einer langen Folge von
spektakulären Abgängen arbeiteten wir uns nach unten. Unten warteten wir
auf Jeannie. »Wo ist Mama?«, fragten die Kinder. Ich grinste bei dem Gedanken,
wie wütend Jeannie auf mich sein würde, weil ich sie überredet hatte, diese
schwierige Strecke zu nehmen. Viel zu lange starrten wir den Hügel hinauf
und warteten auf Jeannie, und dann wurde der Skilift abgestellt – das Ende des
Skibetriebs an diesem Tag. Allmählich wurde ich doch unruhig und bat einen
Aufseher um Hilfe. Er versicherte mir, sie ließen niemanden auf dem Berg zu-

rück. Zurücklassen? Auf dem Berg? Die Kinder wurden stiller, ich mühte mich, cool zu sein. Eine halbe Stunde lang durfte ich zuhören, wie die Männer von der Bergwacht Pläne für den Abend schmiedeten. Gut. Ich gebe es zu. Jetzt hatte ich Angst. Ich musste dem Gedanken ins Auge blicken, dass meine Frau von einer Klippe gestürzt und tot war, dass sie mich mit vier jungen Kindern zurückgelassen hatte, und das alles, weil ich sie quer durchs Land zum Skifahren geschleppt hatte. Und ich hatte sie überredet, eine Piste zu nehmen, die sie nicht gewollt hatte. Ich war nicht nur der schlechteste Vater aller Zeiten, man konnte mich mit gutem Grund des Mordes anklagen.

Eine Stunde lang verhandelte ich mit Gott, dann erfuhren die Bergwacht-Leute per Funk, dass auf einer der Pisten ein Snowboarder eine Frau angefahren hatte. Das war Jeannie! Aus Versehen war sie auf eine der Strecken mit den gefürchteten schwarzen Rauten geraten. Offenbar hatte der als »Extra« geliehe-ne Helm ihr das Leben gerettet. Sie war in einer Station der Bergwacht betreut worden und kam jetzt auf ihren Skiern herunter, angeschlagen, doch unverletzt. Ich atmete wieder, setzte meine stoische Daddy-Miene auf, trocknete den Kin-dern die Tränen und verkündete ihnen, Mommy gehe es gut. Zum Glück war Jeannie zu erleichtert, um wütend auf mich zu sein.

Als wir schließlich wieder in New York und unserer vollgestopften Wohnung angelangt waren, zählte ich durch. Alle noch da, alle am Leben. Ein wenig är-mer, aber am Leben. Alles in allem war dieser Skiurlaub doch sein Geld wert gewesen. Wir kommen ein Jahr lang ohne Lebensmittel aus, aber ich keinen Tag ohne meine Frau.

On The Road Again

Im Sommer und in den Frühlingsferien fahre ich mit meinen Kindern campen. Genauer gesagt nehmen wir einen riesigen Überlandbus, damit Jeannie und ich arbeiten können, und die Kinder können so tun, als machten wir einen Campingurlaub.

Ich wünschte nur, Camping gefiele mir. Aber natürlich wünsche ich mir auch, ich nähme an Marathonläufen teil oder äße Gemüse. Ich weiß, meine Kinder würden lieber zelten, ich weiß auch, meine Kinder hätten gern einen Hund, aber bei der Größe unserer Wohnung und da Jeannie auf Hunde vermutlich allergisch reagiert, wird auch das nie Wirklichkeit werden. Ich glaube, sie ist nur allergisch gegen den Gedanken, dass sie dann den Hund allein versorgen müsste.

Wahrscheinlich könnte man bei mir sagen, ich sei allergisch gegen Camping. Jeannie liebt Camping, sie erzählt, dass es in ihrer Familie Tradition war. Ich antworte ihr dann immer, dass vor Erfindung des Hauses Camping eine Tradition in jeder Familie war. Ich verstehe einfach nicht, warum die Leute im Freien ihre Zelte aufschlagen. »Hey, willst du ein paar Ferientage das Klo runterspülen und draußen auf dem Erdboden schlafen? Gute Aussichten, dass du irgendwann von der Kälte aufwachst und feststellst, dass du einen Ausschlag bekommen hast – klingt gut?« Nein danke. Wenn Camping so eine tolle Sache ist, warum versuchen Insekten dann immer, ins Haus zu kommen? Meine Eltern sind mit mir nie zelten gefahren, und ich denke, das lag daran, dass sie mich liebten. Hat es je einen glücklichen Camper gegeben? Wenn wir von einem glücklichen Camper sprechen, meinen wir einen Einfaltspinsel. Das ist Sarkasmus. »Er ist kein glücklicher Camper.« Warum sagen wir dann nicht einfach »Er ist ein Camper«? Dem geht's dreckig. Wissen Sie, was ein glücklicher Camper ist? Einer, der gerade den Campingplatz verlässt. Zu Hause wartet die Dusche. Meinen Kindern mache ich klar, dass wir eine andere Art von Camping betreiben, und dazu gehören der Überlandbus, Hotels und, am allerbesten, kein Camping.

Wozu der Bus? Zwar klage ich über meine Kinder, aber ich bin doch nicht gern von ihnen getrennt. Ich habe früh gelernt, dass man, wenn man einmal anfängt, ein Wochenende wegen Auftritten wegzubleiben, schnell auch eine Woche wegbleibt. Anfangs versuchten wir es damit, unsere Kinder an langen Wochenenden mitzunehmen, wann immer das möglich war. Als der Clan größer wurde, verbot sich das aus Kostengründen. Unsere Lösung war der Tourbus.

Ja, der Tourbus. Die Leute denken oft, wir meinen ein Wohnmobil oder einen größeren Kleinbus, aber wir sprechen hier von einem echten Omnibus, die Art Bus, mit der Rockstars auf Tournee gehen, nur dass es in unserem keine Stange für die Stripperin gibt. Das hört sich vielleicht übertrieben an, ist aber schiere Vernunft. Der Bus ist ungefähr so groß wie unsere Wohnung, und es kommt noch besser. Ein Tourbus, das heißt keine Flughäfen. Kein Anstehen beim Sicherheitscheck, keine kleinen Kinder, die durch die Kontrollen müssen. Der Bus holt uns an unserem Apartmenthaus ab, wir laden die ganze Familie und alles, was wir brauchen, ein, und schon sind wir unterwegs zu unseren Auftritten. Der Bus kostet eine Menge Miete, deshalb treten wir jeden Abend auf, wenn wir damit kreuz und quer durch Amerika gondeln, meist zwei Wochen am Stück. Manche Kinder gehen nach Florida, oder die Eltern haben ein Sommerhaus. Unsere Kinder werden sich später ans »Buscamping« erinnern.

In dem Tourbus gibt es sechs Kojen und ein großes Bett. Perfekt für mich, Jeannie, unsere fünf Kinder und einen Babysitter, wobei unsere Betreuerinnen anscheinend jedes Mal kündigen, wenn wir von der Buscampingtour zurück sind. Wir nehmen auch unser tragbares Kinderbett (das »Reisekörbchen«) mit. Meist fahren wir nachts, weil Kindern die Vorstellung, dass man im fahrenden Bus nicht laufen soll, nur schwer zu vermitteln ist.

Der glückliche Camper.

An einem typischen Tag wachen wir im Bus in einer neuen Stadt auf und nehmen uns als Erstes ein Hotelzimmer. Wir brauchen das Zimmer eigentlich nicht,
wir haben ja den Bus, aber wir brauchen den Hotelpool und das Frühstück. Es
sind in der Regel einfachere Hotels, die ein Frühstück »auf Kosten des Hauses«
anbieten. Ich brauche nicht eigens zu erwähnen, dass die Kosten des Früh-
stücks in Wirklichkeit geringer als die des Hauses sind, und auch als Gast kommt
man selten auf seine Kosten. Wir sind trotzdem dankbar, aber man hat doch das
Gefühl, dass es eher das ist, was von einem Frühstück noch übrig ist.

HOTELMANAGER: Okay, die Firmenleitung hat bestimmt, dass wir
                   kostenloses Frühstück anbieten müssen, aber wir
                   bekommen kein Geld dafür.
ERSTER ANGESTELLTER: Vielleicht könnte man Brötchen aus Pappmaschee
                   machen?
ZWEITER ANGESTELLTER: Ich habe gehört, dass eine Mittelschule hier zumacht –
                   vielleicht könnten wir von da den Saftautomaten
                   bekommen. Der ist zwar aus den Fünfzigern, aber ist
                   doch egal.
HOTELMANAGER: Gute Vorschläge. Dann weiter auf unserer Liste. Wie
                   überteuert kann der Internetzugang sein?

Die Enten beim Peabody Hotel haben wir geliebt. Ein Gaumenschmaus!

Nach dem Frühstück sehen wir uns immer gern ein paar der örtlichen Touristenattraktionen an. Ich bin mit meinen Kindern schon in Parks, auf Jahrmärkten, in Zoos überall in den Vereinigten Staaten und in Kanada gewesen. Ich bin mit ihnen am Mount Rushmore gewesen. Die Wahl fiel nicht schwer. Wir waren in Rapid City und konnten uns nur entweder Mount Rushmore ansehen oder überhaupt nichts unternehmen. Mount Rushmore ist eine Pracht, auch wenn meine Kinder enttäuscht waren, dass es keinen Spielplatz gab. »Ist das eine Rutsche?« »Nein, das ist Thomas Jeffersons Nase.« Die Black Hills von Süd-Dakota sind atemberaubend. Den Lakota-Indianern sind sie heilig, und aus Respekt hat die amerikanische Regierung die Köpfe von vier weißen Männern in ihre Berge meißeln lassen.

LAKOTA-INDIANER: Diese Berge sind uns heilig.

STEINMETZ: [*hämmert*]   Ja, ja. In ein paar Jahrzehnten bin ich fertig. Die
                                 Burschen, deren Gesichter ich hier reinhämmere, haben
                                 sich alle für die Freiheit eingesetzt. Besonders die, die
                                 Sklaven hielten.

Nach dem Besichtigungsprogramm geht es in der Regel an den Hotelpool. Wir steigen in einem Hotel nur ab, wenn es einen Pool hat. Dass es ein Hotel mit Pool ist, ist für uns wahrscheinlich wichtiger, als dass es ein Hotel mit Betten ist. Die Schwimmbecken der Hotels sind für meine Kinder immer das Beste an den Bustourneen. Kinder sind begeistert von Pools jeglicher Art. Drinnen, draußen, Pfütze, Jauchegrube, ihnen ist alles recht. Sie wehren sich gegen die Badewanne, aber immer wollen sie in den Pool. Es könnte März sein, das Wasser im Becken könnte eiskalt sein, voller Blätter und Insekten, und trotzdem würde eines meiner Kinder betteln: »Daddy, können wir baden? Och, bitte. Bitte!« Ich sage ihnen dann immer, sie sollten ihre Mutter bitten, den Badeanzug anzuziehen.

Die ganze Familie am Mount Rushmore. Die Babysitterin kündigte am Tag unserer Rückkehr nach New York.

Man merkt immer sofort, ob ein Hotel ein Innenbecken hat, denn dann riecht die Hotelhalle wie ein Eimer Chlor. An der Rezeption bin ich jedes Mal in Versuchung zu fragen: »Haben Sie einen Innenpool oder ist hier gerade der Schauplatz eines Mordes sauber gemacht worden? Mir sticht es in den Augen.« Mit den Kindern zu baden, das ist wirklich ein Spaß. Nicht ganz so viel Spaß für den Geschäftsreisenden, der zur Entspannung eine Runde schwimmen wollte. Wenn wir unsere fünf Kinder in einem Hotelpool haben, sehen die Leute uns immer an, als führten wir eine ganze Hundemeute spazieren. Mehr als einmal habe ich gesehen, dass ein Geschäftsreisender in den Schwimmbadbereich eines Hotels kam, unsere kreischenden Kinder im Wasser sah und sofort kehrtmachte und wieder hinausging. So jemand sieht wahrscheinlich tatsächlich keinen Unterschied zwischen einem Bad in einem Becken mit fünf kleinen Kindern und einem Bad in einem Klobecken. Das Schwimmbecken ist der Ort, an dem Kinder Multitasking lernen. »Ich kann spielen und pinkeln zugleich? Das ist ja toll.« Wohlgemerkt, ich habe keinerlei Beweise, dass meine Kinder je in ein Becken gepinkelt haben, doch andere Kinder von schlechteren Eltern tun das bestimmt.

Seltsamerweise ist das Wasser in diesem Bereich viel wärmer.

Nachdem meine Kinder den Swimmingpool verferkelt haben, geht es zurück zum Hotelzimmer, das noch auf das Verferkeln wartet. Ich setze mich in den Bus und mache mich für den Auftritt am Abend bereit. Jeannie und die Babysitterin baden und füttern die Kinder und legen sie dann im Bus schlafen. Jeannie trifft sich mit mir in dem Lokal, in dem ich auftrete. Nach dem Auftritt kehren Jeannie und ich zum Bus zurück, und die Fahrt geht los.

Warum legen wir die Kinder im Bus schlafen, wenn wir ein Hotelzimmer haben, das wir bereits bezahlt haben? Damit dieses Arrangement funktioniert, bezahlen wir sogar oft *zwei* Nächte im Hotel, ohne dort zu schlafen. Wenn man nachts unterwegs ist und um acht Uhr morgens ankommt, kann man selten vor drei Uhr nachmittags einchecken. Das heißt, wir müssen das Zimmer auch für die Nacht davor bezahlen. Und um die Sache noch interessanter zu machen, erwartet das Hotel, in dem wir um acht Uhr morgens ankommen, dass wir bis drei Uhr nachmittags ausziehen. Aber wir haben unseren Auftritt am Abend um acht, und um elf brechen wir mit dem Bus aus dieser Stadt auf, um zur nächsten zu fahren. Und obwohl wir auch in dieser Nacht nicht in dem Hotel schlafen, müssen wir trotzdem für die Übernachtung zahlen. So kommt es, dass wir zwei Nächte zahlen und trotzdem nicht dort schlafen. Dieses Paradox bleibt bestehen, bis es mir gelingt, einen Tourbus mit Pool aufzutreiben.

Nach der Vorstellung brechen wir, wie gesagt, vom Hotelparkplatz auf und fahren zu unserem nächsten Campingplatz. Ein Zeltplatz ohne Zelt, ohne Lagerfeuer, ohne Mückenspray. So gefällt mir das Camping. Mit Internetzugang und Dusche.

Vanilleeis

Jeden Abend, bevor ich in meinen einstündigen Schlaf versinke, derselbe Gedanke:»Tja, wieder ein Tag um, an dem ich getan habe, als wüsste ich, was ich hier mache.« Ich wünschte, das wäre übertrieben, aber das ist es nicht. Die meiste Zeit denke ich, dass ich für das Elterndasein vollkommen ungeeignet bin. Diese Phasen bezeichne ich auch gern als »Wachsein«. Ich versuche wirklich, ein guter Vater zu sein. Die Betonung dabei liegt auf dem Versuch, denn alles, was ich zum Thema Elternschaft weiß, habe ich nach der Methode »Versuch und Irrtum« gelernt. Einmal im letzten Sommer – damals hatten wir vier Kinder – sollte es Vanilleeis als Nachtisch geben, und ich stellte fest, dass nur noch drei Packungen im Gefrierfach waren. Mein erster Gedanke war:»Da werde ich wohl am besten alle drei selber essen.« Am Ende habe ich aber, auch wenn mir elterliche Intuition noch so sehr fehlt, instinktiv das Richtige getan. Ich aß nur eins. Danach konnten die beiden anderen gleichmäßig unter den vier Kindern verteilt werden. Wie, wenn nicht an solchen Beispielen, sollen sie das Rechnen lernen? Es war meine väterliche Pflicht.

Es gibt kein Trainingslager für Eltern. Keine Schule dafür, kein Daddy-Diplom. Ich versuche zu lernen, indem ich andere beobachte, aber ich habe den Eindruck, anderen fallen diese Dinge einfach von Natur aus leichter. Das trifft auch auf meine Frau zu.

Sieht man Jeannie, sieht Elternschaft so einfach aus. Ihr bei der Elternarbeit zuzusehen, das ist, als verfolgte man einen gymnastischen Tanz. So mühelos, so kraftvoll, so heiter. Ich finde es unfair, dass Mütter all das so viel besser können. In puncto Bindung zwischen Mutter und Kind haben sie neun Monate Vorsprung. Das Baby kennt bereits die Stimme, den Herzschlag und Körperrhythmus der Mutter. Natürlich wird es sie automatisch lieber mögen. Die reinste Vetternwirtschaft! Sicher, es heißt immer, Männer sollen während der Schwangerschaft eine Beziehung zum Baby aufbauen, aber mir kommt das irgendwie unnatürlich vor. Man soll mit dem Baby im Mutterleib sprechen und dazu den Mund an den Bauch legen. Sieht ja auch kein bisschen peinlich aus. Gerade, wenn Ihr Sechsjähriger mit einem Freund hereinkommt. »Was macht dein Dad denn *da*?« Ich finde, auch was die Ernährung angeht, behandelt die Natur mich nicht fair. Ich habe ja nicht mal Brüste. Na, genau genommen schon; aber nicht die Art, für die ein Neugeborener oder sonst jemand sich interessiert. Für eine Mutter ist das Nähren etwas Instinktives. Wenn sie ihrem Baby die Brust gibt, dann füttert sie es nicht einfach nur, sie hegt und betreut es. Und von dem Augenblick an hat alles, was die Mutter macht, dieses Element des natürlichen Hegens. Mahlzeiten, Geschichten, die Wäsche, selbst das Aufräumen der Kinderzimmer haben dieses Element des Hegens. Das sind nicht einfach nur »Haushaltsarbeiten«. Es ist ein natürlicher Instinkt; die Mutter will, dass das Kind sich in Sicherheit fühlt, beschützt, geborgen. Sie spürt den Drang zu all diesen Dingen und *will* sie tun. Ich kann das sehr gut nachfühlen, denn ich kenne solche natürlichen Impulse selbst; bei mir sind es Käse und Nickerchen.

Ich glaube, die meisten Männer müssen erst lernen, wie man einen Säugling pflegt. Als unser erstes Kind kam, habe ich tatsächlich »Mann Beziehungsaufbau Neugeborenes« gegoogelt. Ich brauche Regeln. Meist muss man Männern sagen, was sie tun sollen. Deshalb mögen Männer auch Navigationsgeräte. Es kommt nicht von ungefähr, dass die Stimme des Navis weiblich ist. Was Männer bräuchten, wäre ein »Daddy-Navi«.

Navi-Stimme: In einer Zehntelminute wird Ihr Kleinkind sich den Kopf am Couchtisch stoßen. Bereiten Sie sich darauf vor, Anteilnahme und Fürsorge zu zeigen ... Die Route wird neu berechnet!

Damit Sie nicht denken, ich wolle hier auf dem Unterschied zwischen Männern und Frauen herumreiten, will ich gestehen, dass es nicht mein Geschlecht allein ist, was mich zu einem so ungeschickten Vater macht. Ich wünschte, es ließe sich so einfach erklären. Viele Männer haben sehr wohl einen Hege- und Pflegetrieb, einen, für den man keine Brüste braucht und der sich darin äußert, dass man männliche Dinge, typische Vaterdinge, mit seinen Kindern macht. Nicht einmal dafür habe ich Sinn. Andere Väter schüchtern mich vollkommen ein. Ich habe sogar den Eindruck, dass mir einige männliche Gene fehlen. Ich habe keine Werkbank und keinen Werkzeugkasten. Ich muss nur Baumarktreklame im Fernsehen sehen, schon komme ich mir wie ein Schwächling vor. Ich mache mir nichts aus Golf und nichts aus Autos. Wenn ich nicht so verrückt nach Fußball und Steak wäre, müsste ich wahrscheinlich meine Hoden abgeben. Ich werde nie meinen Sohn mit in die Werkstatt nehmen, damit wir zusammen ein Gokart bauen. Kann man die nicht sowieso fertig kaufen? Wahrscheinlich werden sie sogar geliefert.

Und nicht nur im Vergleich zu Müttern und anderen Vätern fühle ich mich unterlegen; ich fühle mich einfach generell *Eltern* unterlegen. Andere Eltern kommen mir klüger vor, besser organisiert, geduldiger. Andere Eltern denken daran, dass beim Eisessen die Serviette genauso wichtig ist wie Eis und Hörnchen. Vielleicht sogar wichtiger. Andere Eltern denken daran, etwas zum Trinken in den Park mitzunehmen und ein Handtuch an den Strand. Nicht ich. »Heute lassen wir dich mal an der Sonne trocknen. Wenn du Durst hast, da drüben ist ein Brunnen, da, wo der Obdachlose schläft.« Andere Eltern wirken ruhiger, ihre Geduld scheint unbegrenzt. Ich kann nur staunen, wenn ich sie im Park sehe. »Hunter, Mommy findet dein Benehmen jetzt gerade aber gar nicht gut.« Ich muss immer an mich halten, die ungezogenen Kinder anderer Leute nicht anzubrüllen. »Halt den Sabbel, Hunter, sonst komme ich zu dir nach Hause und mache dein sämtliches Spielzeug kaputt! Hunter – was ist denn das für ein bescheuerter Name? Viel Spaß damit.« Nebenbei gesagt, versuchen Sie nie, die Kinder anderer Leute zu erziehen, es sei denn, Sie sind Lehrer oder Bademeister. Sie stehen wie ein Trottel da. Das hat mir jedenfalls ein Freund gesagt.

Es gibt für mich auch Augenblicke der Hoffnung. Gerade wenn ich überzeugt bin, wirklich der schlechteste Vater aller Zeiten zu sein, bekomme ich mit, wie einer meiner ach so beherrschten Freunde die Nerven verliert und sein Kind anbrüllt. Sofort ist mir zumute, als hätte ich gerade in der Lotterie gewonnen. Die Wahrheit ist: Jedem Vater und jeder Mutter wird es einmal zu viel. Ich bin sicher, selbst Deepak Chopra hat seine Kinder angebrüllt. Eigentlich sollte ich mich winden, wenn meine Freunde gegenüber ihren Kindern laut werden, aber ich muss sagen, es ist immer eine große Erleichterung für mich.

Ich gebe mein Bestes. Wie alle Väter. Na ja, die meisten. Zugegeben, die meisten tun es nicht. Aber seien wir mal ehrlich, die Aufgabe ist einfach zu viel für uns. Deshalb haben die meisten Väter auch lächerliche Hobbys wie Golf oder Eisfischen. Wieso sollte jemand freiwillig frühmorgens aufstehen, einen winzigen Ball über eine Wiese schlagen und sich dabei einen Sonnenstich holen oder mitten im Winter an einem eiskalten Teich sitzen, wenn ihm das nicht leichter fiele, als ein vollwertiger Vater zu sein? Im Vergleich zu den natürlichen Instinkten einer Mutter werde ich mir immer unvollkommen vorkommen, und da ist es besser davonzulaufen wie ein echter Mann. Da ich prinzipiell gegen den Aufenthalt in der Natur bin, setze ich mich, wenn ich davonlaufe, hin und schaue mir ein Fußballspiel an. Ich habe viel Sympathie mit dem Stürmer. Mein ganzes Leben fühlt sich an, als sollte ich einen Elfmeter schießen, und es bleiben noch achtundvierzig Sekunden Spielzeit. Die Wahrscheinlichkeit, dass ich es schaffe, ist nicht groß, aber ich muss es doch wenigstens versuchen, oder?

Das wird Ihnen fehlen

Mir kommt es vor, als sei es erst gestern gewesen, dass Jeannie ein Baby bekam. Es *war* natürlich erst gestern, dass Jeannie ein Baby bekam, aber was ich sagen will: Sie wachsen so schnell. Wenn ich mit meinen Kleinen zusammen bin, sagen mir Leute mit größeren Kindern oder Teenagern immer:»Das wird dir später mal fehlen.« Ich gehe davon aus, dass sie die Jugend meiner Kinder meinen und nicht das Gespräch, das ich gerade mit ihnen führe, denn Leute, die mir Ratschläge zu meinen Kindern geben, fehlen mir nie.

Von dem Augenblick an, in dem die Wölbung des Bauches zu sehen ist, sehen Wildfremde darin die Erlaubnis, uns unaufgefordert Rat zu allem zu geben, was mit Babys zu tun hat.»Ihre Frau sollte nicht die Treppe hochgehen!«»Der Bauch Ihrer Frau sieht ganz so aus, als würde es ein Junge.« Und wenn das Kind dann da ist:»Ist Ihrem Baby nicht zu heiß?«»Ist Ihrem Baby nicht zu kalt?« Oder meine Lieblingsfrage zum Baby in der Trageschlaufe:»Kriegt er denn da Luft?« Nein, natürlich nicht. Und dich stecke ich als Nächsten rein. Zugegeben.»Das wird Ihnen fehlen« ist keine typische Reaktion. Im Grunde gestehen Eltern mit größeren Kindern damit ein, dass sie sich nicht genug Zeit genommen haben, das Chaos zu genießen. Es ist ein ernst gemeintes, aufrichtiges Eingeständnis. Deshalb biete ich Leuten, die»Das wird Ihnen fehlen« sagen, immer an, sie könnten gern, um die alten Erinnerungen wieder aufleben zu lassen, vorbeikommen und um vier Uhr morgens Patricks Windeln wechseln oder meiner Dreijährigen fünf Stunden lang immer wieder dieselbe Scooby-Doo-Geschichte vorlesen.

Ich verstehe es. Jedenfalls glaube ich das. Ich weiß, dass meine Kinder nicht immer so klein und süß bleiben und dass mir das später fehlen wird. Mir fehlt jetzt schon, dass sie letzten Monat noch viel weniger wogen, wenn ich sie ins Bett trug. Mir wird die Aufregung fehlen, wenn sie zu Daddy kommen. Der fünfzehn Monate alte Michael hält mich für den größten Bewohner dieses Planeten. Aber er kennt mich ja auch erst seit fünfzehn Monaten.

Es wird mir fehlen, dass ich sie belügen und tatsächlich damit durchkommen kann. Es wird mir fehlen, dass ich klüger bin als sie. Die Schale mit konfiszierten Süßigkeiten im Schrank wird mir fehlen. Freier Zugang zu Kindernahrung wird mir fehlen. Wussten Sie, dass man ohne Kind bei der Fast-Food-Kette Chuck E. Cheese nicht reindarf? Wo, wenn nicht von überall, bekomme ich jetzt grässliche Pizza her?

Es wird mir fehlen, wenn ich mich nicht mehr für das Betragen der Kinder, etwa in Lebensmittelläden, schämen muss:»Das darfst du nicht essen!« Gerade wenn sie sich dann auch noch für *mein* Betragen in Lebensmittelläden schämen:»Dad, das darfst du nicht essen!« Nach allem, was man mit Kleinkindern in der Öffentlichkeit erlebt hat, ist es schon ironisch, dass eines Tages *ich* meinen Kindern peinlich sein werde. Der Tag wird kommen. Ich weiß, dass alle Eltern sich damit abfinden müssen. Ich könnte mir vorstellen, dass es sogar Gott zu schaffen gemacht hat:

JESUS: Setz mich einfach nur an der Krippe ab, Dad, und Ostern kommst du mich wieder abholen.

Das soll nicht heißen, dass ich mich für Gott halte, aber meinen Kindern komme ich doch ein klein wenig so vor. Das wird mir von allem am meisten fehlen. Zwar sehen sie mich nicht als den Tyrannen, der ich früher gern sein wollte, aber für sie bin ich allmächtig: Ich bin ihr Schöpfer und Ernährer. Sie lieben mich, und irgendwie fürchten sie mich auch. Sie wollen in meine Arme kommen, wenn sie Angst haben. Sie wollen, dass ich ihnen vergebe, wenn sie etwas angestellt haben:»Daddy, mach ich dich glücklich?« Sie wollen gern bei mir sein. Ich weiß, das bleibt nicht so. Die Erwartungen sind zu hoch angesetzt. Es ist nur eine Frage der Zeit, bis die große Enttäuschung kommt. Dann werde ich von meinem hohen Sockel stürzen und sie werden merken, dass ich selbst nur ein großes Kind bin. Das ist der Punkt, an dem mir ein Vater mit seinem Krabbler begegnet, der mit großen Augen zu ihm aufblickt, und ich werde sagen:»Das wird Ihnen fehlen.« Und er wird antworten:»Hey, sind Sie nicht der mit den Pizzataschen aus der Mikrowelle?«

Dank

Oh, gut, Sie lesen die Seite mit den Danksagungen. Es ist mir wichtig, all denen zu danken, die mir geholfen haben, dieses Buch zur Welt zu bringen. Ich finde immer, vieles, was man als Dank in Büchern liest, klingt wie eine lahme Antritts-rede. »Ich möchte meinem Lektor danken und anderen Menschen auch.« Ich höre es geradezu, wie der Verfasser sagt: »Stimmt, ich habe das Buch geschrie-ben, und der Typ hier, der hat den Vertrag ausgehandelt, und die Lady war auch dabei.« So läuft das nicht bei *Schlafenszeit oder Verhandeln mit Terroristen.*

Manchmal hat man auch den Eindruck, Autoren wollten sich in der Danksa-gung mit großen Namen schmücken. Ich und meine guten Freunde Bono und Bischof Tutu finden so etwas ausgesprochen lästig.

Ich möchte meinem Manager Alex Murray danken und meinem Agenten Simon Green, der jahrelang geduldig gewartet hat, während ich überleg-te, wie das Buch aussehen sollte, das ich über meine Vaterschaft schreiben wollte. Danken möchte ich auch meiner Lektorin Suzanne O'Neill, ihrer As-sistentin Anna Thompson und der ganzen Bande bei Crown Archetype, da-runter Christina Constable, Mauro DiPreta, Meredith McGinnis, Tammy Blake und Tommy Cabrera, die von Hand dreitausend signierte Exlibris verschick-ten, die verdächtig wie die »Hallo, mein Name ist …«-Schilder für Kleinkinder aussahen.

Dank gilt den vielen Fotografen, die die hervorragenden Abbildungen bei-steuerten, darunter Mindy Tucker, Kai Cheung, Corey Melton und natürlich Monsignor Donald Sakano von der Saint Patrick's Basilica.

Ein Dankeschön an die großartigen Babysitter und Lehrer meiner Kinder, die auf unseren wertvollsten Besitz aufpassten, während wir an dem Buch arbeite-ten, und an die großartigen Kindergärten und Schulen – Nazareth Nursery, Little Missionary, WCLA, Avenues und Marymount, die es uns nachsahen, wenn wir vergaßen, ein Kind abzuholen.

Etliche Freunde (Tom Shillue, Karen Berggreen und Rob Hubbs) und Familienangehörige (Felicia Noth, Dom Noth und Joe Gaffigan) halfen mit Inspiration und Ermutigung. Auch den anderen »Cincos« (Eltern von fünf Kindern) in meinem Leben, Trey und Nora Fitzpatrick sowie Mitch und Chris Gaffigan, gebührt Dank für die wertvollen Einsichten, die sie uns in die unmögliche Aufgabe der Aufzucht einer Basketballmannschaft vermittelten; ebenso Mike und Tracy Murphy, bei denen es aussah, als sei alles ganz einfach. Und schließlich sollte ich Joe Jackson danken, dem Vater der Jackson Five, der bewiesen hat, dass man gut aussehen und trotzdem Vater von fünf Kindern sein kann. Ja, zugegeben, die Jacksons hatten sechs Kinder. Da gab es Janet. Und, Augenblick, La Toya. Ach, vergessen Sie Joe Jackson.

Über den Verfasser

Jim Gaffigan ist ein Comedian, Schauspieler, Schriftsteller und ehemaliger Lebensmittelregaleinräumer aus Indiana. Mehr als dreizehn Jahre lang lebte Gaffigan allein. Heute lebt er in einer winzigen Dreizimmerwohnung in New York City mit seinen fünf kleinen Kindern und seiner um ein Vielfaches talentierteren, weitaus attraktiveren und äußerst fruchtbaren Frau Jeannie.

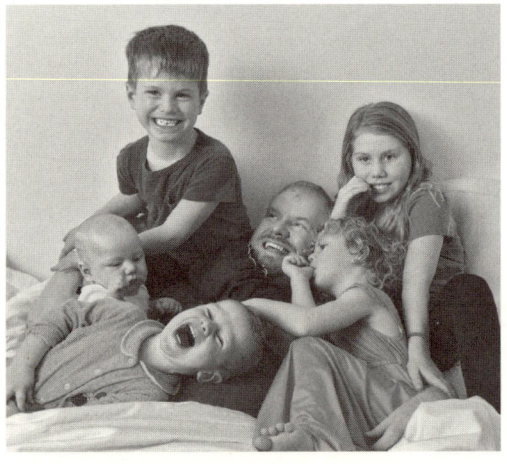

© Corey Melton